Eggers
Adam, Eva & Co.

Theodor Eggers (Hrsg.)

Adam, Eva & Co.

Ziemlich biblische Geschichten für den Religionsunterricht

Patmos Verlag
Düsseldorf

1980 Patmos Verlag Düsseldorf

1. Auflage 1980
Umschlaggestaltung: Ursula Kahrl
Satz: Genreith & Gerards, Kaarst
Druck und Bindung: Bercker, Kevelaer
ISBN 3-491-74509-8

INHALT

Die mit * gekennzeichneten Überschriften stellen nicht die Originalüberschriften dar; sie wurden vom Herausgeber formuliert.

„KEIN HÄNDESCHÜTTELN MIT DEM LIEBEN GOTT“[1]

Ein Vorwort zu ziemlich biblischen Geschichten für den Religionsunterricht

1. Zum Beispiel Kain. Die Geschichte hat seine Geschichte wichtig gemacht. Eine vielschichtige, sperrige, unsagbar finstere Geschichte. Eine Geschichte, die mit betretenem Schweigen quittiert, akademisch gelehrt analysiert, tendenziös vereinnahmt worden ist. Ein beredtes Beispiel von Wirkungsgeschichte.

„Adam und Eva blieben nicht die einzigen Menschen. . . Adam und Eva bekamen zwei Söhne; der ältere hieß Kain, der jüngere Abel. Als sie größer wurden, sagte Adam zu den beiden: ‚Nun habe ich genug gearbeitet; ihr sollt von jetzt an die Arbeit tun. Du, Kain, sollst auf dem Felde arbeiten, und du, Abel, sollst die Herde hüten. Vergeßt aber auch den lieben Gott nicht! Bringt Gott Opfer dar, damit er euch und eure Arbeit segne!‘. . . Aber sie waren nicht beide brav. Nur Abel war brav und fromm; doch Kain war sehr böse.
Darbietung des biblischen Wortlautes: Adam und Eva bekamen zwei Söhne: Kain und Abel. Abel wurde ein Hirt, Kain wurde ein Ackersmann. Abel war gerecht, Kain war böse.
Nun werdet ihr mir erzählen können, was ihr auf diesem Bilde seht. Zwei Altäre, darauf Holz und Opfergaben, Rauch. Sage etwas von dem Rauch bei beiden Altären! Er steigt aufwärts – seitwärts. . . Schaut nun auf die beiden Brüder! – Sprich von Abel! Er hat ein frohes Gesicht, kniet, erhebt die Hände und betet. Seht auch Kain! Er lauert neidisch und zornig. . .
Zusammenfassung: Abel, der brave Knabe. – Kain, der böse Jüngling. – Das Opfer der beiden Brüder. . .
Erzählt noch einmal: Wie Kain opferte. – Wie Abel opferte. – Wer also dem lieben Gott etwas schenkt, opfert es ihm. Beide Brüder haben geopfert; aber Abel hat es besser gemacht als Kain. Sprich davon! – Auch ihr könnt schon Gott etwas opfern. Ihr habt ein Gebet gelernt, darin steht, was ihr Gott opfern wollt. Das Herz. . . Es gibt auch noch andere Opfer, die ein Kind darbringen kann. Ein Kind hat ein Stück Schokolade bekommen. Es denkt: ‚Ich esse die Schokolade nicht. Weil der liebe Gott es gern sieht, schenke ich sie einem armen Kinde.‘ Das ist auch ein Opfer. Oder ihr habt zum Namenstage Geld bekommen. Ihr nehmt davon 10 Pf. und tut sie in die Sparbüchse für die Heidenkinder. Da schenkt ihr das Geld dem lieben Gott, und das ist auch ein Opfer. Ein Kind hat Zahnschmerzen; es tut so weh, daß es schreien möchte. Aber das Kind weint und schreit nicht. Es denkt: ‚Ich will dem lieben Gott Freude machen und die Schmerzen still aushalten.‘ So kann ein Kind schon viele Opfer für Gott bringen.
Nun gehen wir in Gedanken wieder auf das Feld, auf dem Abel liegt. Was sehen wir? – Schrecklicher Kain, was hast du getan! Gott macht die Menschen lebendig, und du hast deinen Bruder getötet. Gott will von Kain nichts mehr wissen. Erzähle davon! – Gott hat allen Menschen befohlen: Du sollst nicht töten! Aber wie hat das denn angefangen, daß Kain so böse gegen seinen Bruder wurde?

[1] Mit diesem Titel überschreibt *Josef Reding* einen Aufsatz zur Frage: Was ist christliche Literatur? Wann ist ein Autor christlich? In: ders., Papierschiffe gegen den Strom. Kurzgeschichten, Aufsätze, Tagebuchskizzen und Hörspiele, Recklinghausen 1963, 76-83.

Er war zuerst neidisch und zornig. So fängt es immer an. Auch Kinder sind manchmal zuerst neidisch und zornig; dann fangen sie an, zu zanken und zu schimpfen, und dann wird's noch schlimmer: Sie schlagen und stoßen sogar. Denkt daran: Gott mag nichts wissen von den Menschen, die andern etwas zuleide tun. Merkt euch:
Ich darf nicht neidisch und zornig sein.
Ich darf nicht zanken und schimpfen.
Ich darf nicht schlagen und stoßen.
Seid verträglich! Macht es wie Abel! Er war immer lieb und freundlich gegen seinen Bruder. Er hat nicht darauf gesehen, ob sein Bruder mehr hatte als er oder ob dessen Opfer besser brannte als das seine. Wollt ihr ein Abel werden oder ein Kain?"[2]

Zum Beispiel Kain. Seine Geschichte,[3] mit den Augen des Historikers gelesen, scheint weder nach vorne noch nach hinten zu passen, zu offensichtlich sind die Widersprüche.
Legt man aber das Fossil der alten Stammessage frei, auf dem die biblische Geschichte aufruht, so wird im Bild Kains der historische Stamm der Keniter greifbar, der sich, unstet und gewalttätig, in kleinen Sippen zwischen 1200 und 600 vor Christus im palästinensischen Raum zwischen den seßhaften Stämmen bewegte und so auch in Berührung mit den Stämmen Israels geriet, die damals in Kanaan Wohnung genommen hatten. Israel mußte staunend entdecken, daß dieses „fahrende Volk von Musikanten und Schmieden" sich zum Jahwe-Gott bekannte, ohne zum Bundesvolk zu gehören, ihm sogar in besonderer Treue anhing (vgl. Jer 35 und 1 Chr 2,55) und sein Stammeszeichen, wahrscheinlich eine auffällige Tätowierung, auf göttliche Stiftung zurückführte, wie Israel selbst die Beschneidung.
Auch eine stärker kulturgeschichtliche Lesart erscheint nicht ohne Sinn: In der biblischen Geschichte von Kain (und Abel) ist demnach ein Zeugnis von der Feindschaft zweier verschiedener Kulturkreise aufbewahrt. Abel repräsentiert das Ideal des nomadisierenden Hirten, dem der siedelnde, seßhafte Bauer, verkörpert in der Gestalt des Kain, Anlaß zum Argwohn ist, gilt doch in den Augen des Nomaden die feste Stadt als Sitz des Bösen und als Gefahr für den Glauben (vgl. Gen 11,1-9; 18, 16-19, 29; Jer 35).

„*Metamorphose* (→ meta, grch. morphe ‚Gestalt') die, *Gestaltwandel,* 1) *Botanik:* die Umwandlung eines Pflanzenorgans im Laufe der Stammesgeschichte, bes. etwa die Umformung von Blättern, Sprossen oder Wurzeln zu Ranken oder Dornen; auch die Abänderungen während der Ontogenese, meist im Sinne des Entstehens von Mißbildungen. . .

[2] Lebensvoller Religionsunterricht für das zweite Schuljahr. Im Anschluß an den im Auftrage der Fuldaer Bischofskonferenz aufgestellten Normal-Lehrplan für den katholischen Religionsunterricht in der Grundschule, herausgegeben von Schulrat Msgr. Dr. *Gregor Rensing*, Düsseldorf [5]1931, 56-59.

[3] Die folgenden Ausführungen zu Gen 4,1-16 orientieren sich im wesentlichen an folgender Literatur: *Gerhard von Rad*, Das erste Buch Mose. Genesis. ATD 2/4, Göttingen [10]1976; *Diego Arenhoevel*, Ur-Geschichte. Genesis 1-11. Stuttgarter Kleiner Kommentar, Altes Testament 1, Stuttgart [2]1973; *Werner Trutwin*, Erinnerung und Hoffnung. Eine Einführung in die Welt der Bibel, Düsseldorf 1970; *Kurt Frör*, Wege zur Schriftauslegung. Biblische Hermeneutik für Unterricht und Predigt, Düsseldorf [3]1967.

3) *Gesteinskunde:* die Umwandlungen, die ein Gestein erleidet, wenn es unter Druck-Temperatur-Bedingungen kommt, die von denen seiner Entstehung verschieden sind. . . "[4]

„*Metamorphose* (. .), die;. . . 1. (bildungsspr.) Umgestaltung, Verwandlung: eine Metamorphose durchmachen. . .

6. (nur Pl.) (Musik) Veränderungen eines Themas in seiner Grundform (im Unterschied zu Variationen über ein vorgegebenes Thema). . . "[5]

Zum Beispiel Kain. Seine biblisch erzählte Geschichte ist nicht länger die ätiologische Geschichte im ursprünglichen Sinn. Sie wird unter theologischer Perspektive umerzählt, präsentiert sich als verdichtete Glaubensgeschichte.

Kains Geschichte, das ist nun einerseits Beispiel dafür, wie sich die erste Sünde des Menschen in Gewalttätigkeit und Mord fortsetzt; ist somit eine weitere Antwort auf die Frage, die in der biblischen Ur-Geschichte immanent zuhanden ist: Wer trägt Schuld daran, daß es in der Welt so zugeht? Der Mensch, aus dem ursprünglichen Vertrauensverhältnis zu seinem Schöpfergott herausgetreten, ist in seinem Bezug zum Mitmenschen fortan ebenso gestört wie in seinem Verhältnis zur übrigen Kreatur. Wo der andere ihm im Wege steht, wird er weggeräumt.

Kains Geschichte, das ist zudem Beispiel dafür, daß der Mensch, der sich gegen seinen Bruder erhebt, erkennen muß, daß er sich gegen seinen Gott erhoben hat. Seine Geschichte nimmt vorweg, was Jahrhunderte später der Erzähler Jesus von Nazaret in seiner Beispielerzählung vom barmherzigen Samariter neu akzentuiert und verschärft: Wo ist dein Bruder? Wer ist mein Nächster? – Soll ich meines Bruders Hüter sein? Wer ist dem Überfallenen zum Nächsten geworden? Religion und Ethik sind schon in Kains Geschichte zu einer unauflöslichen Allianz verschmolzen. Seitdem kann niemand Gott lieben, der seinen Bruder haßt.

Kains Geschichte, das ist auch die dialektische Geschichte eines Aus-Gezeichneten und die Perversion eines Symbols. Als Brandmarkung des Brudermörders und als Signum der Schuld ist das Kainsmal mißverstanden worden bis in unsere Tage. Ungeachtet seiner eigentlichen Intention, Schutzzeichen zu sein, wurden mit ihm die Andersgläubigen und die Außenseiter behaftet. Nich mehr von Gottes Sorge um den Mörder war die Rede; in gegenläufiger Tendenz wurde die Praxis einer zerstörerischen Stigmatisierung freigesetzt und eine leidvolle Wirkungsgeschichte eröffnet.

Kains Geschichte, das ist schließlich die Geschichte vom Buhlen des Menschen um die Gunst seines Gottes. Kain wollte nicht gegen Gott sündigen. Fast möchte man sagen, er habe um Gottes willen gesündigt. Er ertrug es nicht, vor seinem Gott der zweite zu sein. Er wollte, wenn nicht einzig und erster, so doch zu-

[4] Brockhaus Enzyklopädie in zwanzig Bänden, zwölfter Band, Wiesbaden [17]1971, 469.

[5] Duden. Das große Wörterbuch der deutschen Sprache in sechs Bänden. Herausgegeben und bearbeitet vom Wissenschaftlichen Rat und den Mitarbeitern der Dudenredaktion unter Leitung von *Günther Drosdowski*, Band 4, Mannheim, Wien, Zürich 1978, 1776.

mindest gleicher sein. Abel aber war aufgetreten als sein Nebenbuhler. So mußte er sterben. Ironie für den Mörder, Genugtuung für den Gemordeten: Gott ließ sich nicht durch Gewalt umstimmen, sondern stand ein für das Opfer; auch künftighin findet man ihn auf der Seite der Schwächeren gegen die Mächtigen, auf der Seite der Wehrlosen gegen die Unterdrücker, auf der Seite der Rechtlosen gegen die Ansprüche der sogenannten Gerechten.

„Für die mittelalterlichen literarischen Darstellungen war Abels Ermordung Präfiguration des Opfertodes Christi und der Charakter Kains widergöttlich. Aus dieser Festlegung und größeren Handlungszusammenhängen löste sich der Stoff im 16. Jahrh. Man versuchte K. entsprechend LUTHERS Auslegung als Ungläubigen zu erfassen. . . Das Barock gestaltete den Stoff als Märtyrertragödie; K. erhielt die Rolle des skrupellosen Tyrannen. . . Das Interesse an den Gewissensqualen des Mörders führte im 18. Jahrh. zum Mitgefühl. . . und schließlich zur Entschuldigung. . . Seit LORD BYRONS prometheischem Nihilisten ‚Cain'. . . verschwand Abel meist aus dem Titel der Werke, der sich auf den problematischen Empörer und Außenseiter K. konzentrierte. . . "[6]

Zum Beispiel Kain. Seine Geschichte ist in dieser Linie unterschiedlicher Aspekte und Akzentuierungen nicht nur Mythos aus einer vergangenen Zeit, nicht nur fromme Geschichte eines unfrommen Geschehens. Sie ist durch die Menschheitsgeschichte als Paradigma für die Geschichte des Menschen überhaupt bestätigt; sie ist unsere eigene Geschichte geworden.
Angesichts brutaler und raffiniert verfeinerter menschlicher Aggressionen, angesichts mörderischer Ausbeutung und unterlassener Hilfeleistungen, angesichts einer gnadenlosen Praxis der Stigmatisierung, angesichts eines erbarmungslos geführten Kampfes um den eigenen Vorteil und um die Gunst der Götter: angesichts dieser Erfahrungswerte zieht sich die beruhigende Distanz zu jenem bösen Kain jäh zusammen; eben noch interessierte Zuschauer, sind wir mit einemmal selbst die Täter.
Kains Geschichte, das ist in ihren verschiedenen, doch ineinander verflochtenen Schichten durchgängig auch eine Geschichte Gottes. Die Frage nach dem Motiv Gottes, Kains Opfer abzulehnen, mag dem biblischen Schriftsteller ferngelegen haben. Muß sie deshalb auch dem Menschen heute fernliegen?

„Wann ist ein Autor christlich? Zu viele Mißdeutungen, oft schon den Bereich des Komischen streifend, drängen sich bei oberflächlichem Hinsehen auf. Da ist die rasche Masche des ‚christlichen Schreibens', die Traktätchengeschichte mit christian happy end, der literarische Devotionalienkitsch, im Dutzend billiger. Da ist der Roman des ‚arrivierten' katholischen oder evangelischen Dichters, pürgiert in Sprache und Inhalt, jeder Lyzeumsklasse zu unbeschadeter Gemeinschaftslektüre ein Genuß, weil bereits von der ersten Seite an das Heil signalisierend, das sich spätestens zum Schluß nachhaltig einstellt.
Nicht alle Passagen unseres Lebens pflegen in Lösungen einzumünden. Hinter manchen Abschnitten – und oft nach einem ganzen Leben – darf eine ehrliche Interpunktion nur ein Fragezeichen kennen. Warum hat die gängige christliche Literatur so wenige dieser Fragezeichen? Unterschlägt mancher Autor sie? Das wäre eine Verdrehung des vorgelebten Christseins, eine verdammte faustdicke Lüge, an der der Leser früher oder später seelisch ersticken muß. . .

[6] Brockhaus Enzyklopädie in zwanzig Bänden, neunter Band, Wiesbaden ^{17}1970, 607.

Das Gebaren manch eines ‚christlichen Autors' wäre allenfalls rührend, stünde nicht eine Haltung dahinter, die an die Blasphemie streift. Ich meine das joviale Umgehen mit Gott, jene schweißige Pseudokameraderie, die so tut, als hätte sie einen direkten Draht zum Himmel, als wisse sie die Privatnummer des dreifaltigen Mysteriums. Vielleicht hat eine bestimmte Leserschaft manchen Schriftsteller und Dichter in dieses abgeschmackte Händeschütteln mit dem lieben Gott hineingedrängt. . .
Furchtbar, wenn das mit christlicher Dichtung gemeint sein sollte. . .
Die konstruktive Kritik wird immer von der Liebe getragen sein. Auch da, wo der Kritiker feindselig ist, hat er immer noch ein Verhältnis zum kritisierten Gegenstand. Entsetzlich jedoch, wenn der Friedhof der Gleichgültigkeit sich um einen Menschen oder eine Institution breitet. Wieviel Wahnsinniges mußte geschehen, bis nach der Selbstzerfleischung des Menschen im letzten Krieg Wolfgang Borchert in ‚Draußen vor der Tür' Gott als hilflosen alten Mann begreift, als ausgedientes, gleichgültiges Requisit. Welche Hybris diktierte Sartre in die Feder, mit der er die ‚Fliegen' schrieb, daß Gott vielleicht der Gott der Steine, Fische, der Sterne sein möge, aber als Gott der Menschen nicht existent sei. Der Bereich des Religiösen wird mit wenigen Sätzen abgetan. Der Mensch geht an Gott vorbei und begibt sich in die Leichenstarre."[7]

Zum Beispiel Kain. Nach dem *Kafka*-Motto „Ich könnte mir einen anderen Abraham denken. . ." (vgl. in dieser Auswahl Seite 67) findet sich seine biblisch erzählte Geschichte bei Autoren des 20. Jahrhunderts aufgegriffen und einer neuerlichen Metamorphose ausgesetzt.
„Das verwandelte Testament"[8], das *Robert Wolfgang Schnell* und *Wolfgang Hildesheimer* vorlegen, hält sich nicht an die natürliche Ordnung, derzufolge man mit dem Opfer fühlt und den Mörder zumindest mit Verachtung straft. Die hier schreiben, sind keine Parteigänger Abels. Ihre Sympathie gilt nicht dem Opfer. Sie gilt noch weniger dem Richter und seinem Urteilsspruch. Die hier schreiben, suchen nicht das Händeschütteln mit dem lieben Gott. Bestenfalls indirekt respektiert, wird er in einem einzigen Punkt beim Wort genommen: in seiner Warnung, den Mörder nicht totzuschlagen. So stirbt denn Kain nicht nachträglich einen literarischen Tod, daß seine Tat solcherart zweifach und endgültiger noch gesühnt werde. Nein, in dieser für den biblisch orientierten Leser ungewohnten und provokativ-anstößigen Perspektive zeitgenössischer Prosa erscheint, nach dem Gesetz von Ursache und Wirkung, der Mörder als das Opfer, der Angeklagte als der Ankläger, der Richter als der Gerichtete.
Schnells „Der gute Kain. Sein Bericht" (vgl. in dieser Auswahl Seite 39 ff) macht aus der Glaubensgeschichte vom Brudermord das autobiographisch anmutende, psychoanalytisch eingefärbte Dokument eines Vater-Sohn-Konflikts, der für die gestörte Beziehung, ja Rivalität zweier Brüder ursächlich wirksam wird und sie mit tödlicher Konsequenz in die spätere Katastrophe steuert. In dieser Version wird Kain von Geburt an verkannt. In den Augen des Vaters widerspricht er schon von seinem Äußeren her den heimlich genährten Wünschen: Mit viel zu

[7] *Josef Reding*, Kein Händeschütteln mit dem lieben Gott, in: ders.; Papierschiffe gegen den Strom, a.a.O. 77 f, 81.

[8] So lautet der Titel des Buches, in dem *Robert Wolfgang Schnell* fünf Umerzählungen biblischer Texte vorlegt, darunter die in diese Auswahl aufgenommene Umerzählung „Der gute Kain".

großen Händen und vorgewölbten Knien ist er beileibe kein herrlicher Sohn. Kaum geboren, nimmt daher nach dreizehn Jahren der Bruder, ausgezeichnet mit makellos schlanken Gliedern und zarter Haut, später leichtfüßig und sauber, den von Kain sehnsüchtig gewünschten Platz in der Gunst der Eltern ein und verdrängt ihn gar aus der Wohngemeinschaft unter demselben Zeltdach; empfängt dieser die Zärtlichkeiten der Mutter in eben dem Maße, in dem Kain ihrer verlustiggeht; wird dieser vom Vater als sein Gotteskind gehätschelt und verzärtelt und jener mit dem Makel behaftet, sündig zu sein von Anfang an; wird dieser, was er, Kain, gerne geworden wäre, wozu allein er Lust hatte. Mit der Geburt des Bruders vollzieht sich der Überschritt in eine von physischen und psychischen Qualen gekennzeichnete Jugend, hinter der die Tage der Kindheit, in denen er auf den Schultern des Vaters reiten und verspielt mit dem Schaf aus der väterlichen Herde herumtollen durfte, bald als Episode verblassen und künftig nur mehr belastende Erinnerung an vergangenes, durch den Bruder gestohlenes Glück sind. Fortan begegnet Kain seinem Vater, der alles, was er sieht, sich untertan glaubt und zur Durchsetzung seiner Vorstellungen den Stock erbarmungslos zu gebrauchen sich bei seinem Älteren nicht scheut, mit Haßgefühlen und ist versucht, ihn zu erschlagen. Ohnmächtige Trauer ob des Verlustes einer niemals unproblematischen Beziehung zum Vater, ödipal besetzte Störungen im Verhältnis zur Mutter und eine wachsende Einsamkeit werden zu trübsinnigen Gefährten ins Erwachsenwerden. Weil er sich vom Vater nicht akzeptiert weiß und, aller wachgehaltenen Sehnsucht nach ihm zum Trotz, demzufolge selbst den Vater immer weniger zu akzeptieren vermag, verliert er nicht nur den Glauben an den Vater, sondern damit zugleich die Teilhabe an dessen Glauben, der sich bei ihm nicht einwurzeln kann. So bleibt er ohne Halt und festes Vertrauen und lebt wie ein Herumirrender. Zukünftig weigert er sich, die tägliche Arbeit, diese Schufterei, Plackerei und Schinderei, als den von einem beleidigten Gott vorbestimmten Weg in eine bessere, herrliche und glückliche Zukunft zu interpretieren. Er entlarvt die Rede vom schöpferischen Freund Gott als Projektion. Was ihm der Vater als Tatsachen erzählt hat, wird für ihn zum Phantasieprodukt, das den Menschen in einer komischen Mischung von Unterwürfigkeit, Angst und Einbildung zum heuchlerischen Rollenträger von Faxen und Spielereien macht. Er sieht da, wo die anderen sich im Opfer bestätigt sehen und sich gerecht glauben wie sein Vater, unendliche Räume voller Fragen.

Und bleibt dennoch, ob dieser unerfüllten und stetig enttäuschten Sehnsucht nach väterlicher Liebe und Anerkennung, zeitlebens gefangen; kann sich letztlich nicht dem Bann des Vaters entziehen; hängt als Erwachsener noch immer von dem ab, was der Vater denkt und wie er urteilt. Diese Haß-Liebe zum Vater vereitelt jede positive Beziehung zum Bruder, macht ihn ausschließlich zum Rivalen, dem mißgönnt wird, was ihm selbst versagt bleibt.

So entlädt sich schließlich über Abel der aufgestaute Haß auf den Vater; muß dieser erleiden, was dem Vater zugedacht ist, ihm jedoch nicht angetan werden kann. Indem der mit väterlichem Wohlwollen reichlich bedachte und ihm ständig vorgezogene Bruder erschlagen wird, wird eigentlich der Vater tödlich verletzt. Die unglückselige Verstrickung Kains in eine unbefriedigende Vater-Beziehung offenbart sich nachgerade in dieser Tragödie: Abels Idee, aus der Ahnung um die Gedanken des Älteren, durch vorgetäuschte Demontage der väterlichen Glaubenspraxis seinen Nutzen ziehen und sein Leben erhalten zu können, schlägt vernichtend auf ihn zurück. „Gott ist eine Erfindung unseres Vaters. Das Opfer ist albern. Wind ist es, der den Rauch stört." – das sind sehr wohl Kains ureigene Gedanken. Doch aus dem Munde des väterlich Begünstigten klingen sie wie unbillige Blasphemie und Lüge, eine nicht akzeptable Kumpanei.

„So pflanzt sich das Unrecht fort von Mensch zu Mensch, wenn einer glaubt, er sei der Freund Gottes und die anderen müßten ihm deswegen untertan sein."

„Der Blick zurück auf Welterfahrung und Weltgeschichte, in der das Schicksal von Sodom und Gomorrha, nämlich Verkommenheit, Verwüstung, Blut und Tränen, Schmerz und Tod, bis heute die Tagesordnung der Geschichte bestimmt, läßt nicht nur Lots Weib, sondern uns alle vor Entsetzen erstarren. Wo bleibt in dieser Geschichte die wissende, die mächtige, die unbegrenzte Güte der Gottheit? Einleuchtend bliebe die christliche Gotteslehre, wenn es die Welt nicht gäbe. Angesichts der Weltverhältnisse aber scheint die Frage unseres Themas (Wer ist das eigentlich – Gott?) nur eine Antwort zuzulassen: Gott ist der, dessen Werke auf einen üblen Charakter deuten... Er ist ein übler Gott, denn er ist passiv. Wir klagen ihn der unterlassenen Hilfeleistung an... Er verbirgt sich in seinem Schweigen und läßt zu, daß dem Durchschnittsmenschen die göttliche Gegenwart zu einer Gespenstergeschichte verkommt... Gott fühlt sich übel an. Die Theologie unseres Gefühlsdenkens folgt einer einfachen Formel: Eine böse Schöpfung muß einen bösen Schöpfer haben. Ein böser Schöpfer aber ist unerträglich und absurd. Also kann es keinen Gott im alten Sinn geben; er ist leider mit Recht verstorben."[9]

Zum Beispiel Kain. Stünde sein Fall neu zur Verhandlung an, so wäre es nicht sein Fall – oder bestenfalls indirekt. Denn seine Geschichte ist nicht seine Geschichte – oder doch nur mittelbar. Kains Geschichte, das ist nicht eigentlich die Geschichte des Brudermörders. Kains Geschichte, das ist auch nicht das Drama Abels. Kains Geschichte, wie sie biblisch erzählt wird, das ist, recht verstanden, der Fall und die Geschichte seines Gottes. Kain ist, wenn man so will, der erste Justizirrtum in der Geschichte der Menschheit. Mindestens dann, wenn man der Version *Hildesheimers* in „Kain und sein Gott" (vgl. in dieser Auswahl Seite 49 f) Glauben schenkt.

[9] *Albert Görres*, Gesichtspunkte der Tiefenpsychologie, in: *Hans Jürgen Schultz* (Hrsg.), Wer ist das eigentlich – Gott?, München 1969, 28 ff. – *Görres* führt diesen Gedankengang, der in der Psychoanalyse von vielen Patienten begangen wird, selbst wie folgt weiter: „Wenn wir unsere Gedanken lange genug auf solchen Wegen haben gehen lassen,... dann wird es eines Tages Zeit, daß wir dasselbe tun, was auch in psychoanalytischen Behandlungen viele Patienten eines Tages nötig finden: Daß wir nämlich unsere Gefühle wieder einmal an die Hand nehmen und zu denken anfangen. Der erste klare Gedanke wird uns sagen: Gott kann unmöglich so sein, wie er sich anfühlt... Jener Gott, auf den der Schatten unserer Projektion fällt und den wir darum für übel halten, ist unsere Erfindung; es gibt ihn nicht. Durchwachsenen Charakters ist der Mensch und nur er" (ebd. 30 f).

Zunächst sieht alles wie ein Zufall aus, ausgelöst durch das nostalgische Requisit eines Betstuhls in einem alten Haus irgendwo im Gebirge, zwischen Nähmaschine, Harmonium, Kinderstall und anderem Gerümpel aus dem Schuppen herausgeholt, geputzt, poliert und aufgestellt. Ein vereinsamter Mann in diesem Haus, der, aus dem Nachkriegsdeutschland mit seiner allgegenwärtigen Nazi-Vergangenheit emigriert, von chronischer Schlaflosigkeit geplagt, angesichts des antiquarischen Mobiliars jede Nacht stundenlang seinen Gedanken nachhängt. Sein Betstuhl ist nicht sein Betstuhl, er benutzt ihn nicht, er betrachtet ihn nur vom Bett aus. Läßt andere darauf knien, seinen Onkel zum Beispiel, um betend ein Verbrechen abzuwälzen. Hört sein atemloses, zischendes und spukkendes Gebet, dieses sinnlose Geschwafel. Assoziiert: heute wie damals ein Kain-Gebet, stinkend, rauchend, schwelend.
„– nein. Das nicht, nicht Kains Gebet.“ Die Assoziation wird, kaum gedacht, zurückgenommen, der Vergleich abgewehrt. Was wie ein harmloses und zufälliges Gedankenspiel begann, entwickelt urplötzlich seine eigene Logik, entpuppt sich gleichsam als das parabolische Vorspiel zur Wiederaufnahme eines Prozesses, der einmal geführt und für immer abgeschlossen schien. Das Urteil will revidiert sein. Das Wort hat der Verteidiger.
Und er weiß, wo er anzusetzen hat. Er kennt den wunden Punkt. Er führt sein Plädoyer wohlüberlegt: für Kain und gegen seinen Gott. Er greift nicht zurück auf spätere dogmatische Verlautbarungen; auch ohne die Selbstoffenbarung dieses Gottes an Mose in seine Beweisführung einzubringen – „Ich werde gnädig sein, wem ich gnädig sein will, und werde mich erbarmen, wessen ich mich erbarmen will“ (Ex 33,19) –, sieht er ihn genügend bloßgestellt, hinreichend entlarvt durch Kains Erfahrung.
Nicht, daß er all dem widerspräche, was in den biblischen Akten zu diesem Fall geschrieben steht. Im Gegenteil, er nimmt sie sehr wörtlich; ergänzt sie durch Materialien, die aus einer langen (Bild-)Tradition zu diesem Fall vor Augen steht; rekapituliert solcherart für ein imaginäres Publikum thesenartig die allzu vertraute Lesart.
Dann aber, pointiert und in einer Deutlichkeit, die nichts zu wünschen übrigläßt, so engagiert, daß sein Plädoyer zum persönlichen Glaubensbekenntnis gerät, formuliert er seine Fragen und Antithesen: Gegen die vordergründige und scheinbar objektive Ordnung des „Es steht da geschrieben“ setzt er sein „So war es, nicht anders“. Gegen die tendenziöse Überlieferung, Kain sei von heftiger, eifersüchtiger Gemütsart gewesen, böse und mißgünstig, Abel dagegen sanft und fromm, gut und rechtschaffen, artikuliert er seinen Zweifel; denn, daß es tatsächlich so gewesen sein könnte, dafür fehlt ihm jeder objektive Anhaltspunkt. Weder aus den Umständen, noch aus der Persönlichkeitsstruktur des Mörders sieht er die Tat erklärt.
Die zentrale Frage in diesem Mordfall muß lauten: Warum erhörte Gott das Gebet Kains nicht – ein gutes, ein anständiges Gebet, indem es um nichts bat, das

Gebet eines Mannes, der seinen Gott ernst nahm, ihn liebte, vergötterte?
In dieser Frage steckt das eigentliche Rätsel, das ihn nicht ruhen läßt, das er nicht überhören und nicht überlesen kann. Es ist dieses Rätsel, über das er frühzeitig und immer wieder beim Studium der Akten gestolpert ist; das ihn erstaunt und verletzt hat; das ihn seitdem nicht losläßt, sondern verfolgt und ihm bis auf den heutigen Tag an x-beliebigen Stellen wieder begegnet. Dieses Rätsel als der Anfang aller Rätsel. Er hat damit gekämpft, wie Jakob mit seinem Gott des Nachts an der Furt des Jabbok, und ging hinkend wie dieser aus dem Kampf hervor; blickte zurück und sah das Rätsel grinsen.
So präsentiert sich ihm und präsentiert er des Rätsels Lösung: Es gab keinen Grund, daß Gott Kain und sein Opfer nicht gnädig ansah. Es war reine Willkür. Gott war anderweitig beschäftigt; es beliebte ihm, das Gebet Kains nicht zu erhören. So einfach war das: Kains Gebet war sinnlos, weil sich sein Gott gegen ihn für Abel entschieden hatte, ihn zu seinem Günstling erwählte; denn er wollte Fleisch.
Gott und nur Gott trägt daher die Verantwortung für die furchtbare Tat. Es ist sein schreiendes Unrecht, das Abel verdirbt, weil es ihm behagte, Kain zu verderben. Kein objektives Kriterium kann zur Entschuldigung herhalten, nur subjektive Laune. Ein Hohn für jeden, der sich ein gesundes Gerechtigkeitsempfinden bewahrt hat. Eine Handlungsweise, an der der Mensch erstickt, so verwerflich ist sie, weniger als menschlich, nur göttlich.
Der Freispruch Kains ist der Schuldspruch Gottes. Der Fall von Brudermord wirft kein schlechtes Licht auf Kain, sondern vielmehr auf seinen Schöpfer. Der Makel haftet nicht an Kain, sondern an seinem Gott.
„Los davon. Los von dieser Hand im Spiel, los von dem Spiel!"

„Der Zweifel (. . .) ist es, der die Literatur konstituiert. . . Wenn daher ein Autor heute ein Thema aus der Welt der christlichen Überlieferung aufgreift – warum sollte er nicht? –, so bedeutet das keineswegs ein Glaubensbekenntnis, sondern ein literarisches Experiment. . . Ihn interessiert, ja ihn fasziniert das Thema. . . womöglich gerade deshalb, weil er als Mann der Literatur sich nicht als ein Glaubender, sondern als ein Zweifelnder zu dem Thema verhält. Er setzt sich mit ihm auseinander, weil er, theologisch gesehen, mit dem Thema, soweit es eine Glaubensaussage enthält, nicht übereinstimmt. Für ihn ist es von anthropologischer, nicht von theologischer Bedeutung; er ist literarisch, nicht liturgisch engagiert. . .
Wenn ein Autor zum Beispiel einige Szenen schriebe, in welchen er den durch Jesus ins Leben zurückgerufenen Lazarus der biblischen Geschichte auftreten ließe, so geschähe es vermutlich, weil ihn die anthropologische Frage beschäftigt, inwieweit ein ehemaliger Toter überhaupt wieder in den menschlichen Alltag zurückkehren könnte und welche Reaktion solch ein mysteriöses Ereignis in seiner Umgebung hervorrufen würde. Die biblische Erzählung schenkt dem wiederbelebten Lazarus nicht weiter Beachtung; sie ist als Predigt gemeint, die die Demonstration göttlicher Macht verkündigen und zum Glauben an Christus als den Herrn über Tod und Leben aufrufen möchte. Dem Verfasser jener fiktiven Szenen wäre dagegen primär an der Erörterung des menschlichen Problems gelegen: ihn fesselte die Fragwürdigkeit der Geschichte, er zersetzte bewußt ihre Erbaulichkeit. . . Literatur ist kein Instrument, das man zu einem theologischen oder ideologischen Zweck benutzen könnte. Sie ist autonom; sie ist selbst der Zweck, und nicht einmal Gott darf ihr Zweck sein. Ver-

kündigung verdirbt die Literatur; der Gott der ekklesiastischen Verkündigung ist abwesend für sie, wenn sie gesund ist. ‚Gott ist ein schlechtes Stilprinzip', lautet ein ärgerlicher Satz von Gottfried Benn, und bei Jean Paul Sartre lesen wir: ‚Das gute Gewissen des mittelalterlichen Geistlichen gedeiht auf dem Grab der Literatur.'
Literatur hat immer mit Häresie zu tun, mag es nun eine theistische oder atheistische Kirche sein, gegen die sie sich zu behaupten hat. Literatur ist häretisch, weil sie ihrem Wesen nach progressiv und liberal ist."[10]

2. Nicht nur Kain und seine Geschichte. Auch die Geschichte des Lazarus und die des Jona zum Beispiel.
Lazarus – muß er nach seiner Erweckung den Tod nicht doppelt und dreifach fürchten, jetzt, da er doch weiß, wie entsetzlich es ist, sterben zu müssen? Für *André Gide* liegt hier die literarische Versuchung zur Metamorphose. Mitnichten so in der anklagenden und gar nicht mehr biblischen Version von *Hans Daiber* (vgl. in dieser Auswahl Seite 163 ff): Sein Lazarus will den Tod, will ihn endgültig und unwiderruflich. Da ist keine Angst, geschweige denn etwa Dankbarkeit für den Erwecker. Vom Tode noch gezeichnet, ins Leben kaum zurückgekehrt, weiß dieser Lazarus von nichts zu reden als von bitteren Vorwürfen; distanziert er sich von diesem Gott; will sich nicht länger als sein Spielball und Demonstrationsobjekt mißbrauchen lassen. Was *Hildesheimer* für Kain, wird *Daiber* für Lazarus: Verteidiger in der Rolle des Anklägers. Seine „Argumente für Lazarus" sind Argumente gegen dessen Gott. Statt Ent-mythologisierung: radikale Enttheokratisierung.
Nicht anders Jonas, „der Mann im Fisch", von *Stefan Andres* konfrontiert mit seiner ganz und gar unprophetischen Reinkarnation aus dem 20. Jahrhundert, dem laisierten Pfarrer Dr. Jonas (vgl. in dieser Auswahl Seite 129 ff). *Adorno* getreu deduziert dieser aus der Bösartigkeit des Menschen den negativen Beweis für die Existenz eines gütigen Gottes. Gott, wäre er an der Welt interessiert, hätte er den Menschen nicht an seinen ungeheuerlichen Taten hindern müssen? Er tut es nicht; so wird die Geschichte des ersten Jonas zum Märchen, erzählt zur Rechtfertigung, um Gott künstlich am Leben zu erhalten. Doch da korrespondiert keine Erfahrung mehr zu dieser Geschichte. Dieser Gott ist nicht mehr als eine kümmerliche Illusion; nicht mehr als das „Blödsinnsprodukt einer Theologie", die sich ihren Gott nach dem Bilde des Menschen geschaffen hat und sich durch die Psychologie entlarvt sieht.
„Schaff mir ein zweites Ninive, und ich glaube an das erste": Was wie der Hämeruf eines aufgeklärten Atheisten gelesen werden kann, läßt sich mit gleichem Recht auch als der ohnmächtige Hilfeschrei eines jener unzähligen Zeitgenossen verstehen, denen der Glaube an einen Gott im Dickicht ihrer Zweifel verlorengegangen ist. Zu ihrem eigenen Leidwesen.

10 *Heinz Flügel*, Gesichtspunkte der Literatur, in: *Hans Jürgen Schultz* (Hrsg.), Wer ist das eigentlich – Gott?, a.a.O. 45 ff. – Vgl. dazu in dieser Auswahl Seite 164 f: *Hans Daiber,* Argumente für Lazarus.

„Kennst du Termiten? Das sind große Ameisen, die fressen ein Ding, etwa einen Tisch, ganz von innen auf und lassen nur eine hautdünne Schicht der Außenwände stehen, um sich auch noch in demselben Ding zu verbergen, das sie ausgefressen haben. So wie diese von innen ausgefressenen Möbel standen in meinem Geist die Hauptsätze meines Glaubens herum, unbenutzt, wie schöne alte Möbel. Mit den Hauptsätzen meine ich die heilige Lehre, das, was unserm Glauben als Offenbarung übergeben ist. Ich pflegte diese Möbel viele Jahrzehnte – und mit zarter Hand: ich wußte, daß sie fast alle von meinen Zweifeln angefressen und hohl seien. Eines Tages blieb ich vor einem Möbel stehen: es war der Glaubenssatz, daß Gott die Welt erhält, liebt und zu ihrem Sinn und Ziel führt. Ich schaute das schöne Stück genau an, nicht, daß ich daran gerührt oder geklopft oder es auf die Seite gerückt hätte. Nein, ich schaute es nur nachdenklich an, und da brach es mit einem kleinen Ächzen zusammen, es stäubte, und da lag ein Häufchen Holzmehl, ein paar Splitter und etwas wie eine Haut aus Lack."[11]

Kain, Lazarus, Jona – unter der Hand und in der Feder namhafter Autoren unseres 20. Jahrhunderts werden ihre vielschichtigen und recht unterschiedlich gearteten Glaubensgeschichten zu Variationen eines einzigen Themas: der uralten und ewig neuen Frage der Theodizee. Hiob-Geschichten also. Hier wie dort, um ein Wort von *Ernst Bloch* aufzugreifen, Geschichten vom „Auszug aus dem scheinbaren Gerechtigkeits-Jahwe", niedergeschrieben von solchen, die wie die „Helden" ihrer Geschichten fromm sind, „gerade indem sie nicht glauben"?[12]
Es bleibt dies nicht die einzige, wohl aber eine sehr zentrale und – unter veränderten Vorzeichen mal direkter, mal indirekter – immer neu artikulierte Frage in den in dieser Auswahl versammelten ziemlich biblischen Geschichten. Diesen anderen Fragen und Autoren-Absichten, Motiven und Baumustern wäre im einzelnen nachzuspüren. Dabei ließe sich zum Beispiel zeigen, daß die *Goethe*-Anregung – „Höchst liebenswürdig ist diese natürliche Geschichte (i. e. die Josefslegende): nur erscheint sie zu kurz, und man fühlt sich versucht, sie in allen Einzelheiten auszuführen"[13] – nicht nur *Thomas Mann* die Feder geführt hat; sie korrespondiert mit jenem Vorverständnis, das *Walter Jens* Autoren unserer Zeit, unter ihnen *Carl Amery*, zur persönlich gefaßten Auseinandersetzung mit dem Gleichnis vom barmherzigen Samariter animieren ließ: „Hier liegt ein Text vor, der . . . den Leser zum Nachdenken bewegend, alle Fragen offenläßt. Wie viel wird hier verschwiegen! Was alles ist zu ergänzen! Wie provozierend: Dieses Mißverhältnis zwischen dem Ungesagten und dem Gesagten!"[14]
Es ließe sich auch zeigen, daß, was von *André Gides* verlorenem Sohn gesagt wird, so oder ähnlich von den Texten von *Paul Schallück, Stefan Heym* oder *Leszek Kolakowski* gesagt werden könnte: „Mit dezentem Raffinement besetzte er die in der Bibel vorformulierte Konfiguration dergestalt mit neuen Akzenten, daß auf engem Raum ein reiches Netz von Beziehungen entstand. . . Zentrales Um-

11 *Stefan Andres*, Der Mann im Fisch. Vgl. in dieser Auswahl Seite 129 ff.

12 *Ernst Bloch*, Atheismus im Christentum. Zur Religion des Exodus und des Reichs, Frankfurt 1973 (st 144), 133, 134.

13 *Johann Wolfgang Goethe*, Dichtung und Wahrheit, zit. nach: *Hans H. Henschen*, Joseph und seine Brüder, in: Kindlers Literatur Lexikon, Sonderausgabe in zwölf Bänden, Band VI, Zürich 1972, 5018.

14 *Walter Jens* (Hrsg.), Der barmherzige Samariter, Einleitung, Gütersloh 1977 (GTB 232), 13.

formungsmerkmal sind die eingefügten Dialoge des Verlorenen mit Vater, Mutter, älterem und jüngerem Bruder, wobei die biblische Konstellation gleichsam ein Gitter bildet, in das die Gespräche eingehängt werden."[15]
Es ließe sich zudem die Chiffrierung, die schon in den Kains-Geschichten mitschwingt, auch bei anderen aufgegriffenen biblischen Figuren nachweisen, so deutlich und vom Autor ausdrücklich deklariert, bei Judas im fiktiven Bericht von *Walter Jens* „Eine Chiffre für Jude und Heide, für Kommunist, Neger und Ketzer – für alle, die man verteufelte und zum Sündenbock machte"; sein Fall wird „ein Fall all jener Anderen. . . , die als Gebrandmarkte auf den Gezeichneten am Kreuz verweisen."[16]
Es ließe sich vielfach aufdecken, wie „das Zentrum von der Peripherie aus (wo sich konkret arbeiten läßt) ins Blickfeld gerückt, die Mitte vom Rand her beleuchtet" wird; „und immer Abstand gehalten: lieber den Soldaten unter dem Kreuz als den Gemarterten, lieber Judas als Jesus, lieber. . . das nahe Fremde. . . als das vertraute Ferne gezeigt."[17]
Es ließe sich weiter deutlich machen, wie, nicht nur bei *Günter Grass*, wenngleich dort in formal blasphemischer Zuspitzung, eine Unbefangenheit des Erzählens Platz greift, das nicht vor Gott und Menschen haltmacht und in zerrspiegelartiger Groteske keine Tabus mehr kennt.
Es ließe sich schließlich belegen, wie in allen diesen Texten „im Modus des Zweifels, der Absage, der Verneinung"[18] die biblischen Akten offengehalten oder neu geöffnet werden, die endgültig geschlossen schienen; wie die Strittigkeit eines Falles gegen die Grenzen des historisch Tradierten und gegen kanonische Grenzpfähle neu behauptet, anders durchgespielt und ungewohnt erörtert wird. Literatur als „angewandte Exegese"[19], die dem Theologen als Alternative zu seiner Perspektive suspekt erscheinen muß, einseitig, vielleicht dilettantisch; wo er sich verpflichtet sieht, seine Position und die Dialektik einzuklagen. Zu Recht. Hierin begründet sich die Notwendigkeit zum Dialog, aber auch die Chance gegenseitigen Korrektivs.
Dies alles und mehr ließe sich zeigen. Ein Vorwort wie dieses kann diese Funktion nicht wahrnehmen; sie sprengte seinen Rahmen und erschlüge den Leser. Auch kann es nicht der frag-würdigen Frage näherhin nachgehen, die sich an diese Art von Literatur als Anfrage unter theologischer Perspektive stellen müßte; ebensowenig der anderen korrelativen Frage, die sich von dieser Art Lite-

15 *Helmut Steinkogler*, Le retour de l'enfant prodigue, in: Kindlers Literatur Lexikon, Sonderausgabe in zwölf Bänden, Band IX, Zürich 1972, 8133.

16 *Walter Jens*, Der Fall Judas, Stuttgart ^{2}1978, 95.

17 *Walter Jens*, Zum Geleit, in: *Karl-Josef Kuschel,* Jesus in der deutschsprachigen Gegenwartsliteratur, Zürich, Köln, Gütersloh 1978, XVIII.

18 *Hans Magnus Enzensberger*, Poesie und Politik, zit. nach: *Karl-Josef Kuschel*, Jesus in der deutschsprachigen Gegenwartsliteratur, a.a.O. 317.

19 *Karl-Josef Kuschel*, Jesus in der deutschsprachigen Gegenwartsliteratur, a.a.O. 317.

ratur als Anfrage an die Theologie stellen müßte. Noch weniger kann es schließlich mögliche Interpretationen und didaktische (oder gar methodische) Hilfen für einen unterrichtlichen Umgang mit diesen ziemlich biblischen Geschichten anbieten. All das muß notwendig einem eigenen Kommentar vorbehalten bleiben, der zugleich die biblischen Bezugsquellen angemessen aufzuschlüsseln hätte, um derart eine wirksame, auf Vergleichbarkeit und kritische Differenzierung zielende Auseinandersetzung anzustoßen.

„Aus Erzähltexten Erzähltexte machen, bedeutet, sie umerzählen. Da gibt es eine lange Tradition. Die historische Kritik hat der Freizügigkeit des Ausspinnens und Ausmalens jedoch empfindliche Riegel vorgeschoben. Wer die ihrer Herrschaft unterstehenden Texte heute umzuerzählen sich getraut, muß eben diese Herrschaft kennen, um ihr den schuldigen Gehorsam aufs Wort mit listiger Phantasie verweigern zu können. Wie das z. B. vor sich geht, ist gut zu studieren an: *Uwe Johnson*: Jonas zum Beispiel...

Wir hatten keine Interpretation der Johnson-Geschichte im Sinn und haben uns doch ein wenig an sie verloren. So gilt es noch einmal zurückzufragen, ob man denn auch vom Verfahren der Umerzählung, wie sie hier begegnet, etwas lernen kann. Mir scheint es dies zu sein. Man kann lernen:

1. Wie man einen Text reduzieren kann, ohne ihn zu verdünnen. Nicht zusammenfassen, sondern auskämmen.
2. Wie man einen Text aktualisieren kann, ohne ihn slangartig anzubiedern.
3. Wie man einem Text einen Vorspann geben kann, der hinführt statt vorwegzunehmen...
4. Wie man durch einen Zusatz eine Geschichte öffnet und in den Zustand der Möglichkeit bringt.
5. Wie die Frage, wofür ist diese Erzählung ein Beispiel, wofür kann sie zum Beispiel werden, Umerzählen möglich und erforderlich machen kann.

Aber vielleicht kann man noch ganz anderes von dieser Erzählung *Johnsons* lernen. Vielleicht kann man auch von anderen Umerzählungen ganz anderes lernen...“[20]

„Erzählungen werden in der Regel nicht (mit einer Deutung) abgeschlossen, sondern setzen sich nach Auflösung der Erzählrunde fort, indem sie von den Zuhörern weiter- und nacherzählt werden. Denn Erzählungen zielen nicht auf das Ja oder Nein der Wahrheit, sondern auf ein Mehr oder Weniger an Relevanz. Die relevantesten Geschichten sind auf den Glauben (fides) gerichtet; sie verlangen von dem Hörer, daß er selber zum Täter der Erzählung wird und den erzählten Handlungen nachfolgt...

Man kann sich nun in der Nachfolge Christi, des erzählten Erzählers aus Nazareth, ein Christentum vorstellen, das sich von Generation zu Generation in einer endlosen Kette von Nacherzählungen tradiert: ‚fides ex auditu‘. Ein Wechsel der erzählten Personen und Umstände bliebe dabei durchaus innerhalb der narrativen Toleranz. Es läge also kein Verstoß gegen die Gesetze der Narrativität vor, wenn eine Geschichte, die am Anfang (aber gibt es in der Erzähltradition überhaupt einen Anfang?) von dem Kindermord in Bethlehem handelt, mit einer Geschichte von der Judenverfolgung des Dritten Reiches oder vom Krieg in Vietnam weitererzählt würde. Das ist etwas anderes, wird jemand hier vielleicht einwenden. Gewiß, das sind andere Geschichten, aber in eben solchen Variationen kann eine Erzählrunde von der einen zur anderen Geschichte übergehen. Auf eine erzählte Geschichte folgt nicht notwendig eine genau gleiche Geschichte oder eine genau widersprechende Geschichte, sondern... eine irgendwie anknüpfende, andere Geschichte, deren Ertrag nicht unmittelbar in der Konfrontation von Richtig und Falsch ‚ausdiskutiert‘ wird, sondern sich allenfalls in der allmählichen Kumulation von erzählter Lebens- und Heilserfahrung zu säkularer Weisheit verrechnen läßt.“[21]

20 *Alex Stock*, Umgang mit theologischen Texten. Methoden, Analysen, Vorschläge, Zürich, Einsiedeln, Köln 1974, 137, 142. – Vgl. in dieser Auswahl Seite 128 f.

21 *Harald Weinrich*, Narrative Theologie, in: Concilium. Internationale Zeitschrift für Theologie 9 (1973) 330 f.

Umerzählen und *Weitererzählen*. Metamorphose und Variation. Die Abfolge der ziemlich biblischen Geschichten in dieser Auswahl ist daran orientiert worden, wie ihre entsprechenden biblischen Originale im Kanon der heiligen Schriften des Alten und Neuen Testaments angeordnet vorliegen. Ich meine, diese beiden Kategorien ließen eine andere Klassifizierung möglich und ebenso sinnvoll erscheinen.

Umerzählungen, dazu rechnete ich die Texte von *Schallück, Kaschnitz, Schnell, Hildesheimer, Carpentier, Meckel, Kafka, Mann, Kolakowski, Kishon, Heym, Holl, Johnson, Handke, Schnurre, P. Roth, Gide, Amery, Daiber, Grass, Dürrenmatt, Pietri, Jens, Hemingway*. *Weitererzählungen*, dazu zählte ich die Texte von *Zeller, Kunert, J. Roth, Andres, Borchert, Kafka, Fussenegger, Dostojewskij, Langgässer, Borchert*.

3. „Je bequemer, sturer, fertiger an einen nur noch auswendig zu lernenden Halt geglaubt wurde, desto bitterer hört der ganz auf, wenn auch nur ein Teil seiner schwindet. Was vorher so bergend schien, so fest wie ein Psalm, wird dann umgekehrt im blassen Lippendienst besonders windig. Der verbindet sich bequem mit dem ganz konventionell gewordenen Halt, mit den Vorschriften: Es stehet geschrieben oder: Die Partei hat immer recht und: An einem Herrenwort soll man nicht drehen noch deuteln. All diese Art von garantiertem Halt verträgt dabei jedoch keinen Stoß. Keinen Denkstoß vor allem; der Halt, den es zu viel hat, nämlich ein Ganzes ohne Kern und Schale, fällt dann auch als Ganzes um. Wogegen wirklicher Halt einzig im Suchen nach ihm, im unenttäuschten Ahnen seiner, in der Treue zum Weg und seinen Zeichen gedeiht. Nur ein Solches kann auch enttäuscht werden, ja muß es, um immer wahrer zu werden."[22]

Die ziemlich biblischen Geschichten, die ich für diese Auswahl zusammengetragen habe, interessieren mich, seit ich sie, über Jahre verstreut, zum erstenmal und seitdem häufiger gelesen habe. Dieses Interesse resultiert nicht unwesentlich aus meinem Interesse an der Bibel selbst. Doch wiederum nicht so, daß es damit erschöpfend erklärt wäre. Wohl besteht da zweifelsohne schon sachlich ein ursächlicher Wechselwirkungszusammenhang. Ziemlich biblische Geschichten, das meint eben nicht biblische Geschichten. Das Modaladverb relativiert und bestätigt doch zugleich jene Korrelation, die diese Prosatexte zeitgenössischer Autoren in direkter Zuordnung zum biblischen Original konstituiert hat. Das Interesse läßt sich aber weder auf jene Faszination zurückführen, die sich einstellt, wenn Vertrautes verfremdet wiederkehrt, noch auf jene Motivation, die argwöhnisch danach ausschaut, in welchem Maße die essentielle Dignität biblischer Tradition von Literaten unserer Tage ausgehöhlt und usurpiert wird. Was aber ist dann gemeint, wenn es heißt: Diese Geschichten interessieren mich?

Das lateinische Kompositum „interesse", aus dem das Wort „(sich) interessieren" abgeleitet ist, meint dazwischen-, dabeisein; teilnehmen, von Wichtigkeit, von Nutzen, von Vorteil sein. Wenn ich sage, diese ziemlich biblischen Geschichten interessieren mich, dann sage ich damit zunächst: Ich selbst bin mehr

[22] *Ernst Bloch*, Atheismus im Christentum, a.a.O. 261.

als nur vordergründig dabei, wenn ich sie lese. Ich komme in ihnen vor. Sie sind mir wichtig; sie zu lesen, ist für mich und mein Leben von Nutzen. Ohne sie bliebe mir ein Defizit.
Zu sagen, diese Geschichten interessieren mich, meint also mehr, als daß ich von ihnen angetan bin. Vielmehr stecke ich selbst darin, und so sind sie – mehr oder weniger stark ausgeprägt – meine Geschichten und damit ein Teil meiner eigenen Geschichte. Gehe ich lesend den Geschichten nach, geht mir nicht nur immer mehr über diese Geschichten auf, sondern es geht mir auch immer mehr über mich selbst auf. Interpretiere ich diese Geschichten, so interpretiere ich in diesem Prozeß auch mich selbst.
Zu sagen, diese Geschichten interessieren mich, bedeutet demnach mehr, als daß ich von ihnen literarisch-ästhetisch fasziniert bin, mich bei ihrer Lektüre wohlfühle, mich gut unterhalten sehe. Mein Interesse ist eine existentiell wirksame Beziehung, ein tiefergründendes Verhältnis.

„Rudolf Bultmann hat, in Anlehnung an Aussagen von Dilthey und Heidegger, den berühmt gewordenen Satz geprägt: ‚Voraussetzung des Verstehens ist das Lebensverhältnis des Interpreten zu der Sache, die im Text zu Worte kommt.' Wenn dieser Satz richtig ist, so müssen wir sagen: Wir können als Theologen die Erzählungen der Bibel nur dann richtig auslegen, wenn wir selbst die gleichen oder zumindest ähnliche Erfahrungen gemacht haben wie der Verfasser und Bearbeiter dieser Erzählungen...
Wir werden Texte des Neuen Testaments, die vom Gebet handeln, niemals richtig verstehen und auslegen können, wenn wir nicht selbst beten. Wir werden Erzählungen, die von der Vergebung für die Sünder handeln, niemals richtig verstehen und auslegen können, wenn wir uns noch nie nach der Barmherzigkeit und der Vergebung Gottes gesehnt haben. Wir werden das ‚Selig seid ihr Armen!' niemals richtig verstehen und auslegen können, wenn wir unseren Reichtum und unsere Sattheit noch nie als Problem empfunden haben. Wir werden das Wort ‚Wo zwei oder drei in meinem Namen versammelt sind, da bin ich mitten unter ihnen' (Mt 18,20) niemals richtig verstehen und auslegen können, wenn wir noch nie in einem kleinen Kreis von Gleichgesinnten gemeinsam die Freude des Glaubens erlebt haben... Wir können das Neue Testament letztlich nicht verstehen und auslegen, wenn wir nicht die gleichen Erfahrungen machen wie die Gemeinden, in denen das Neue Testament entstanden ist. Und wir können genauso das Alte Testament letztlich nicht verstehen und auslegen, wenn wir nicht ähnliche Erfahrungen machen, wie sie Israel immer wieder im Laufe seiner Glaubensgeschichte gemacht hat."[23]

Anspruchsvolle Sätze. Ich möchte sie nicht in Frage stellen, ich akzeptiere sie als Kriterium. Glaubwürdig reden ist auch nach meinem Dafürhalten nur dem möglich, der aus Erfahrung redet, anders: der ein Verhältnis gewonnen hat zu dem, wovon er reden soll (will). Nicht eine Erfahrung, die blind macht und verkrustet. Nicht jene Erfahrung, auf die man sich gerne beruft, um zu demonstrieren, daß man ja alles schon eh gewußt hat. Nicht eine Erfahrung, die abschirmt und über kurz oder lang zur tödlich langweiligen Ideologie erstarrt. Nein, jene andere Erfahrung ist gemeint, die Subjekt und Objekt zu einer wie auch immer

[23] *Gerhard Lohfink*, Biblische Traditionsgeschichte und ihre Konsequenzen, in: ders.; Glaube braucht Erfahrung, Würzburg ²1977, 61 f.

gebrochenen Einheit vorläufig verschmilzt; die dynamisch ist und nicht statisch; die eine veränderte Perspektive aufscheinen läßt und zu einer veränderten Praxis freisetzt; die sich offenhält für neue Erfahrungen und unabschließbar von immer neuen Erfahrungen durchkreuzt und aufgebrochen wird.
Aber dieser Anspruch führt mich zurück zu der Frage, welcher Art mein Interesse an den ziemlich biblischen Geschichten ist und wie sich ihr Verhältnis zur originalen biblischen Tradition bestimmen läßt, und er verstrickt mich zudem in die andere Frage, ob ich zu schweigen verurteilt bin angesichts biblisch-gläubiger Erfahrungsrede, wenn sie sich nur bedingt mit meinen individuellen und sehr subjektiven Erfahrungen in Einklang bringen läßt oder ihnen gar anstößig provozierend zuwiderläuft.
In den ziemlich biblischen Geschichten verdichtet sich eine entscheidende Dimension der Erfahrung des Menschen seit der Aufklärung: die Fragwürdigkeit seiner Existenz. Seine Enttäuschungen und Probleme, seine Ängste und Zweifel, seine unerfüllten Sehnsüchte und Erwartungen sind dialektisch konfrontiert mit den Hoffnungen und Gewißheiten, den Utopien und Optionen, wie sie über Jahrtausende von gläubigen Juden und Christen als Erfahrungen erzählt worden sind. So ist in eigenständig neuer, aktualisierter und gültiger Weise von heute aus jenes religiöse Urgestein freigelegt, auf dem schon der biblische Offenbarungsglaube auflagerte und das von ihm transzendiert wurde.
Ich entdecke mich wieder, ich sehe meine Ausgangssituation im Überschritt von Religion zu Glaube zutreffend gezeichnet.
Zugleich ereignet sich ein anderes: Gleichsam stellvertretend für den heutigen Menschen sondieren die Autoren der ziemlich biblischen Geschichten das Terrain des Glaubens und artikulieren ihre und seine Fragen und Zweifel an diese(r) Theo-logie. Nicht unbedingt vorsichtig, eher aggressiv, durchgängig ehrlich, ohne Pathos, nüchtern und doch sehr engagiert.
Ich erkenne meine Zweifel und Unsicherheiten wieder, mit denen mein Weg des Glaubens gepflastert ist. Ich sehe mich gezwungen, verdrängte Fragen zuzulassen, Scheinsicherheiten aufzubrechen, meinen Glauben der Bewährung auszusetzen.
Beheimatet sowohl in den ziemlich biblischen Geschichten als auch in ihrem Gegenpol, dem biblischen Original, fall- und zeitweise stärker hier, dann wieder da verankert, mache ich bei der Lektüre die Erfahrung, wie ich an den ziemlich biblischen Geschichten für einen produktiven Umgang mit der Bibel lernen kann. Ich übernehme ihre Methode als mein Modell, mit den Urkunden meines Glaubens ins Gespräch zu kommen. Ich bleibe im Gespräch auch da, wo ich sonst geschwiegen habe. Kontaktaufnahme durch Anknüpfung im Widerspruch. Ein Weg, der beredter wäre als distanziertes Schweigen aus Mangel an identischer Erfahrung. Ein Umweg? Wohl kaum, bin ich doch mit meiner ganzen Existenz anwesend. Ein Prozeß, der Abständigkeit und Neutralität aufhöbe in unmittelbare Betroffenheit.

„Der gleiche Brecht, der pfäffische Verneblung mit Brechreiz haßte, antwortete auf die Frage nach seiner liebsten Lektüre: ‚Sie werden lachen, die Bibel.' So schnoddrig wie überraschend kam das, doch überraschend nur für die Art Gebildeter, die nicht alle werden und die Aufklärung mit Aufkläricht verwechseln."[24]

Ich könnte mir das umgekehrte Verhältnis vorstellen: eine Art korrelativer Pendelbewegung zwischen der Bibel und den ziemlich biblischen Geschichten. Lesen und vergleichen, Unterschiede und Gemeinsamkeiten entdecken, sich probeweise in der einen und der anderen Erzählung und ihrer Perspektive ansiedeln, ihre jeweiligen eigentümlichen Spannungen aushalten, sich schließlich aus beiden zurückziehen und sich fragen, um welche Erfahrung welcher Text bereichert hat, den eigenen Standort neu definieren, es bis zum nächstenmal mit der neuen Erfahrung versuchen. Ich könnte mir vorstellen, dies wäre nicht nur ein gangbarer und erfolgversprechender Weg für mich als Religionslehrer. Ich verspreche mir einiges davon auch für meine Schüler, in deren Familien Religion eine Fremdsprache (geworden) ist und die im Religionsunterricht noch weithin behandelt werden, als sei Religion ihre Muttersprache.[25]
Adam, Eva & Co. Ziemlich biblische Geschichten (nicht nur) für den Religionsunterricht. Keine Texte, mit denen leicht hantiert werden kann und die als Material für vorher fixierte theologische Inhalte dienstbar gemacht oder mißbraucht werden dürften.[26] Eher wohl Schlüssel zur anthropologischen Dimension in zentralen Glaubensfragen und biblischer Offenbarungsreligion. Erbauliche Geschichten wohl kaum, sehr wohl jedoch Geschichten nach der Heiligen Schrift zur Belehrung und Warnung.[27]
Ich wünsche diesen Geschichten daher, sie möchten nicht totgeschwiegen werden wie der König-David-Bericht des Ethan aus der Stadt Esrah, sondern leben und Wirkung zeigen.[28]

24 *Ernst Bloch*, Atheismus im Christentum, a.a.O. 10.

25 Vgl. *Günter Lange*, Religion und Kinderbuch, in: *Reinhold Jacobi* (Hrsg.), Kinderbuch und Religion, Regensburg 1979, 20.

26 Vgl. *Gert Otto*, Didaktischer Kommentar, Lehrerheft zu Weltliche Erzählungen von Gott in der modernen Weltliteratur, hrsg. von *Wilhelm Höck*, Hamburg, München 1972, 22.

27 Vgl. den entsprechenden Untertitel bei *Leszek Kolakowski*, Der Himmelsschlüssel, a.a.O.: Erbauliche Geschichten nach der Heiligen Schrift zur Belehrung und Warnung.

28 Vgl. den Text von *Stefan Heym* in dieser Auswahl Seite 94 ff.

1. Der Apfel und das Protokoll

Sie: Ich weiß nicht, wer den Bericht geschrieben hat, mittlerweile ist er in fast allen Sprachen übersetzt worden, er muß eine hübsche Summe eingebracht haben, und Milliarden von Menschen hat er die Überzeugung aufgezwungen, ich sei an allem schuld. Ich bin sicher, es war ein Mann, nur ein Mann konnte sich – ich will nicht sagen gehässig – aber doch so ungalant über eine Frau auslassen, zudem einer, der gar nicht dabei war; denn wenn Sie wollen, schwöre ich, daß wir allein waren in unserem Garten, ganz allein waren wir, mein Mann und ich, kein Augenzeuge weit und breit. Ich halte für möglich, daß er – ich meine mein Mann – interviewt worden ist von dem armseligen Tagesschreiber, gleich danach, als ihm der Schrecken noch in den Haaren stand. Mich jedenfalls hat er nicht und niemand gefragt, was wirklich vorgefallen ist und wie es geschehen konnte. Ich danke Ihnen also, Sie geben mir, indem Sie mir zuhören, Gelegenheit, nun endlich zu sprechen. Zunächst einmal: der Bericht ist unvollständig. Er sagt beispielsweise nichts über den Tag. Und das ist wichtig. Aber so ein Reporter begreift ja nicht, wie folgenschwer es ist, vornehmlich für eine Frau, ob es Mittag war oder Morgen, ob es im Frühling war oder im Herbst. Es war Herbst, denn die Früchte bogen die Äste zur Erde, und vollgesogen war die Luft wie ein Schwamm, mit schweren Herbstdüften, ein Hauch rührte sie an, und Wolken reinsten Fruchtäthers strömten über uns hin, ganz besonders aus der Mitte des Gartens, wo der Apfelbaum stand, und wir lagerten nicht weit davon im Gras. Wir hatten zu Mittag gegessen, ein kräftiges Mahl. Es war Sonntag, Tag der Ruhe und Danksagung. Wir waren zufrieden, ich wenigstens, unser Leben war gut, er war stark und treu, ich befand mich in einer so dankbaren Stimmung, daß ich ihm jeden Wunsch erfüllt hätte, jeden. Aber darüber verliert der Bericht kein Wort, und es war doch entscheidend. Mein einziger Fehler bestand darin, daß ich vergessen hatte. . .

Er: Einen Augenblick bitte. Meine Frau hat recht, wenn sie sagt, wir seien allein gewesen im Garten. Ich gebe auch zu, daß der Bericht unvollständig ist. Heißt das aber, er sei falsch? Frauen können nicht logisch denken. Nun gut. Um der objektiven Richtigkeit willen muß hier jedoch festgestellt werden, erstens: Ich habe niemandem ein Interview gegeben, weder gleich danach, als mir angeblich die Haare zu Berge standen, noch irgendwann später. Zweitens halte ich es für nebensächlich, jedenfalls nicht für ausschlaggebend, welcher Tag es war und wie er war. Es handelt sich bei dem Bericht nicht um ein Gedicht, sondern um die Beschreibung eines Tatbestandes. Ich gehe nur darauf ein, weil, was meine Frau vorgebracht hat, korrigiert werden muß. Also drittens: Es war nicht an einem Sonntag, sondern an einem Freitag. Viertens: Es war nicht Herbst, sondern Herbst und Frühling an einem Tag; meiner Frau ist wahrscheinlich entfallen, daß unser Garten ein Paradies war, auch im Frühjahr hingen Früchte an einigen Bäumen. Wenn sich jemand eine Mischung aus Pfirsichblütenduft und fallenden Birnen, oder aus Heliothrop und dem Geruch von Kartoffelfeuern, Jasmin und feuchter Erde vorstellen kann, dann hat er eine Ahnung von der Stimmung jenes Tages. Sie machte keineswegs zufrieden oder gar dankbar, sie war betörend, durch die Gegensetzlichkeiten zu Unbestimmten hin verführerisch. Fünftens: Es war nicht Mittag, sondern spät nachmittags, fast gegen Abend. Die Sonne war groß, sie schwoll an zu einem grandiosen Abschied, noch nicht rot, aber gefährlich nahe daran, in Feuer zu tauchen. Sie stand genau über dem Apfelbaum in der Mitte des Gartens. Wir hatten den Nachmittag im Schatten einer Dattelpalme verplaudert, recht müßig und faul, auch ein wenig schlummernd. Möglich, daß meine Frau sich gelangweilt hat. Als es etwas kühler wurde, erhob sie sich langsam, reckte sich, kämmte mit den Fingern das lange Haar den schlanken Leib hinunter und lächelte. . .

Es: Arme Menschenkinder! Zu exakter Aussage nicht geschaffen. Mischt sich stets Emotionales hinein und verbiegt die Tatsachen. Ich halte es für nebensächlich. . . und dann damit argumentieren. Dilettantisch. Sie waren nicht allein im Garten. Der Dritte, der Augenzeuge, war ich. Es war weder Sonntag noch Freitag, sondern Mittwoch, weder abends noch mittags, sondern morgens, ein schöner Morgen, jedoch nicht außergewöhnlich schön. Schön heißt: Acht Uhr früh, zwanzig Grad im Schatten, ein paar weiße Kumuli in tausend Meter Höhe, Planet Erde so gedreht, daß Sonnenstrahlen im Winkel von fünfundzwanzig Grad den Baum in der Mitte trafen, Windstärke zwokommafünf pro Sekunde, also kleine Wellen, Blättersäuseln, Luftfeuchtigkeit von mittlerem Wert, weder herbstschwanger, noch frühlingsbetörend, noch beides gleichzeitig, sondern beruhigendes, kaum wahrnehmbares Aroma im Gras, übernächtigter Tau, schon erwärmt, somit: schön. Die beiden hatten die Nacht in der hintersten Ecke des Gartens verbracht, also nicht an einem Ort, wo der Baum in der Mitte sie hätte beunruhigen können. Sie hatte lange und ruhig geschlafen; er traumlos, abgesehen von dem angenehmen Fall beim Eindämmern; sie gegen Morgen von Kindern träumend. Dieses Traumes wegen hätte ich beinahe den Termin verschoben. Aber dann wurde mir klar, daß Träume von Kindern zu ihrer Natur gehörten, und also ihre normale Gefühlslage nicht beeinträchtigten. Für die Ausgangssituation kam es mir sehr auf das Normale des Tages und der körperlichen wie seelischen Verfassung der beiden an: Mitte der Woche, Tag zwischen Frühling und Herbst, im ruhigen Sommer, morgens, nicht zu früh, ausgeglichene Wetterverhältnisse – das alles lieferte mir die Voraussetzungen, die ich für mein Vorhaben brauchte. Ich hatte lange auf einen günstigen Tag gewartet, um mit exakten Ergebnissen rechnen zu können, um die Resultate nicht verfälscht zu bekommen. Arm in Arm kamen sie auf den Baum zu. . .

Sie: Mein einziger Fehler war, ich hatte den Nachtisch vergessen. Sonntags reichte ich ihm auf einem Palmblatt eine halbe Melone zum Nachtisch, gespickt mit überreifen Datteln. Ich merkte es erst, als ich ihn brummen hörte. Sofort stand ich auf, um Melone und Datteln zu holen. Er aber schüttelte den Kopf und knurrte. Er sollte nicht brummen, ich war doch bereit, ihm jeden Wunsch zu erfüllen. Und dann hörte ich: Apfel! sonst nichts. Gut, dachte ich, dann bekommt er heute einen Apfel oder zwei. Und ich ging, einen zu pflücken, von einem Baum, der in der Nähe stand. Aber er streckte den Arm aus und wies mit dem Zeigefinger auf den Baum in der Mitte des Gartens. Ich zögerte. Er ließ den Arm nicht sinken. Ich zögerte länger, weil gesagt worden war – allerdings vor meiner Zeit, und mir wurde es nicht gesagt, und ich begreife es bis heute nicht –: Es ist verboten, von diesem Baum zu essen. Sein Arm zitterte, er sollte nicht zornig werden, nicht am Tag der Dankgebete. Und so ging ich denn. Gehorsam ging ich zu dem Baum in der Mitte und wandte mehrmals den Kopf, vielleicht winkte er mich zurück, vielleicht wollte er nur meinen Gehorsam prüfen. Dann kam auch er, noch immer mit dem ausgestreckten Arm und es war, als treibe er mich vor sich her zum Baum in der Mitte, er sagte nichts, aber ich hörte ihn hinter mir schnaufen. Ich gehorchte. Er wollte es so.

Er: O nein, er wollte es nicht so. Er blieb nämlich im Gras sitzen. Ich ahnte, daß sie sich gelangweilt hatte. Nun begann sie zu spielen, betört vom Gemisch aus Jasmin und Kartoffelfeuer. Wie sie sich erhob, wie ihr Leib sich reckte, wie ihre Finger Haar und Schultern berührten, umgeben vom Licht der späten Sonne, die langsam ins feste Netz des Baumes hinabglitt! Die einzige Frau weit und breit. Ich hatte noch nie eine andere gesehen. Sie spielte das unschuldigste Spiel der Welt: sie ging. Und ich schaute dem berückenden Schauspiel zu, dem erregendsten, das der Garten zu bieten hatte: eine Frau, gekleidet in ihr Haar, geht mit kleinen Schritten und Schultern und Brüsten, Hüften und Schenkeln, Waden, Fesseln und kleinen Zehen auf weichem Gras ins Baumdunkel, ins Sonnenfeuer, dreht sich um alle zehn Schritte unterm langen Haar und lächelt, unschuldig, unverschämt, macht mich glücklich, tötet mich, wenngleich ich nicht ahnte, was das Wort tot bedeutete. Betäubt rätselte ich, schon deshalb kann von einem ausgestreckten Arm nicht die Rede sein, beim Rätseln legt man den Finger an die Nase. Einen Nachtisch brauchte ich nicht, es war abends. Unfähig zu sprechen, habe ich keinen Wunsch geäußert, erst recht keinen Befehl erteilt, es war nicht üblich zwischen uns zu befehlen. Dann stand ich auf. Ja. Heute weiß ich, daß es falsch war. Aber mit dem Manne möchte ich mich unterhalten, der sitzengeblieben wäre an meiner Stelle, ihr nicht nachgegangen wäre von Liebreiz gelockt, von Schönheit und Unschuld verführt.

Es: Arm in Arm kamen sie aus der hintersten Ecke des Gartens, gingen im Gleichschritt, atmeten ruhig, Puls normal, kein Wort, schienen verabredet, nur ein Ziel zu haben. Ich sorgte dafür, daß der Sonneneinfallswinkel über dem Baum in der Mitte von Wolken frei und für diese Minuten konstant blieb. Den Baum sollten sie klar vor Augen haben, ein optischer Magnet. Das war die Prämisse, die einzige Bedingung, die ich diesem Experiment gestellt und sorgsam präpariert hatte. Auf der Strecke zwischen Nachtlager und Baum einige Dinge, die sie ablenken konnten, wenn sie abgelenkt werden wollten: ein üppiger Fliederstrauch beispielsweise, ein Löwe, der mit bauschigen Kugeln, seinen Kleinen, spielte, ein Bach mit reinem Wasser und ein Teich, in dem sie ihr Morgenbad hätten nehmen und meine Berechnungen durchkreuzen können, eine Bodenerhebung zum Spielen oder zum Sonnen. Aber sie ließen sich nicht ablenken. Wie nahe würden sie sich heranwagen, wann würden Augen, Schritte, Gebärden fahrig werden. Herzschlag und Atem sich beschleunigen, bei wem zuerst, wer würde zuerst sprechen, was würde er sagen, wer würde den andern warnen oder zu hindern versuchen, verbal oder handgreiflich, würden sie den Apfel pflücken, wenn gepflückt, würden sie zubeißen, wer zuerst, und wenn gebissen, würden sie schlucken, beide, und hinterher, was würde geschehen? Um exakte Antworten auf diese Fragen ging es mir. Also auf dem Weg nicht die kleinste Regung eines Widerstehens, weder bei ihm noch bei ihr. Ohne Zögern, ohne Umwege gingen sie Arm in Arm auf den Baum zu.

Er: Sie ging vor mir her in ihrem Haar. Und ich, von Schönheit und Unschuld geblendet, verzaubert, ich folgte ihr, ja, ich gebe es zu, und hörte ihre Stimme, ein Lied, eine nie gehörte Melodie: Komm, komm doch, komm; rein und schamlos zugleich, von einem Vogel, von einer Schlange: komm, komm doch, komm. Sie trat in den Schatten des Baumes. Da verfärbte sich ihre Haut, wurde weiß wie Lilienweiß und zart. Und noch immer der melodische Gesang: komm, komm doch, komm. Ich konnte einfach nicht widerstehen. Zwanzig Schritte war ich von ihr entfernt, da drehte sie sich wie im Tanz, gleichsam um mich zu empfangen, stand vor mir in ihrem Haar und hielt die Hand...

Es: Etwa zwanzig Meter, bevor sie Arm in Arm den Baum erreichten, erhöhte sich sein Puls auf hundert. Er atmete schneller. Bei ihr noch kaum eine Spur von Erregung. Aber ihr Arm berührte seine unbekleidete Hüfte. Als sie auf zehn Meter heran waren und in den Schatten traten: sprunghafte Erhöhung auch ihres Pulses, auf fünfundneunzig. Schauten sich nicht an, Blick geradeaus gerichtet auf den einen Apfel, der – übrigens zufällig – in bequemer Höhe vom Baume hing, ein ganz gewöhnlicher Apfel, nur durch einfallende Sonnenstrahlen von den andern unterschieden. Starre Blicke nun, beginnende Verkrampfung der Muskulatur. Wie erwartet.

Er: Und sie hielt in der Hand einen Apfel von dem Baum, der uns verboten war. Sie hatte ihn schon gepflückt, den verbotenen Apfel, groß wie eine Kokosnuß, wunderschön, grün und gelb und rot, saftig wahrscheinlich und hart, wie ich nie zuvor einen Apfel gesehen hatte, und hielt ihn vor ihrer Brust. Komm, komm doch, komm, hörte ich. Ich sprang zu ihr, sie wich zurück und lächelte. Gib her, sagte ich, schrie es vielleicht.

Sie: Ich hatte den Apfel schon gepflückt? Wie ist das möglich?

Er: Gib her, habe ich gesagt, sehr deutlich jedenfalls, und: diese Frucht ist uns verboten! Doch sie lächelte, und ich hörte sie sagen oder singen...

Sie: Es war ganz anders. Ich spürte seinen Finger im Rücken, als ich den Schatten des Baumes betrat. Ich wollte ihm gehorchen, ja, aber nun mußte er sich etwas deutlicher ausdrücken. Darum zögerte ich wieder, ich blieb stumm und wartete auf seine Anweisungen. Ich habe nicht gesagt: Komm, komm doch, komm. Wozu erfindet er diese scheußlichen Dinge? Es war mittagsstill im Garten, alles schlief, die Tiere, die Bäume, die Gräser, alle. Dann faßte er mich und trug mich vor sich her die letzten Schritte zum Baum in der Mitte. Und dann hob er mich, so hoch er nur konnte mit seinen kräftigen Armen, bis meine Stirn an einen Apfel stieß.
Es: Ein sonnenbeschienener Apfel hing bequem in Schulterhöhe, an einem dikken Ast, der von fern und mit viel Phantasie betrachtet einer Schlange glich. Er brauchte sie nicht zu heben.
Sie: Von oben herab fragte ich: Soll ich ihn pflücken? Aber da er nur schnaufte und nicht antwortete, pflückte ich den Apfel nicht.
Es: Puls: hundertzehn bei ihm, hundert bei ihr. Sie lösten sich voneinander, Atemstöße bei Frau und Mann, Gesichtsverfärbungen ebenfalls, ins ungesund Rötliche, fortschreitende Verkrampfung vor allem der Bein-, Arm- und Rükkenmuskulatur, Lippen zusammengepreßt. Aber stumm, beide. Verwunderlich, daß man jetzt nicht mit der naiven Geschichte von der Schlange im Baum argumentiert.
Sie: Wie lange er mich gehalten hat, weiß ich nicht, aber auch der stärkste Mann wird einmal müde. Er ließ mich sinken. Und dann sprang er nach dem Apfel, den ich mit der Stirn berührt hatte, zweimal, kriegte ihn beim zweiten Male zu fassen, hielt ihn aber nicht, er fiel, ich sah es rechtzeitig und fing den Apfel auf.
Er: Den Apfel vor der Brust lächelte sie und ich hörte sie sagen oder singen oder triumphieren nach der Melodie von Komm-komm-doch-komm: Welchen Tages ihr davon esset, so werden eure Augen aufgetan und werdet sein wie Gott und wissen, was gut und böse ist. Auch nach so langer Zeit erinnere ich mich genau an den Wortlaut.
Sie: Ich soll das gesagt haben? Ich?
Er: Nicht gesagt – gesungen oder triumphiert.
Sie: Du hast es gesagt, du, du selbst hast doch gesagt: werdet sein wie Gott und wissen, was gut und böse ist, oder so ähnlich.
Er: Du verdrehst die Tatsachen, wie es dir paßt.

Es: Kein Wort ist gefallen, laut Protokoll, es ist nachzuprüfen. Unter Voraussagen hatte ich vermerkt: vermutlich halluzinatorische Erscheinungen. Bitte, da waren sie: Stimmenhören, Stimmen aus der eigenen Brust – Halluzinationen.
Er: Ich griff jedenfalls nach dem Apfel vor ihrer Brust, um ihn fortzuwerfen, nur darum; es war noch nicht zu spät. Aber sie lachte, sie wollte mit mir spielen, reckte den Arm und hielt den Apfel hoch, ein schon gefährliches Spiel nunmehr. Ich sprang danach, verfehlte ihn aber. Und dann – ich bin bereit, diese Aussagen

auf meinen Eid zu nehmen – dann, so rasch, daß ich es nicht verhindern konnte...

Sie: Nein, nein, es war anders, es war doch ganz anders.

Er: Bitte, reg dich nicht auf. Denk ruhig nach.

Sie: Ich bin nicht aufgeregt, ich weiß, was ich sage.

Es: Stehen einen Augenblick, betrachten den ganz gewöhnlichen Apfel in Schulterhöhe, treten wieder zusammen, der Apfel jetzt zwischen Mund und Mund. Gleichzeitig greifen sie nach dem Apfel, gleichzeitig zerren sie, gleichzeitig pflücken sie die verbotene Frucht. Und ihre Leiber berühren sich.

Sie: Als ich den Apfel gefangen hatte, dachte ich: nun gut, das ist also heute sein Nachtisch, er will es so.

Er: Was du dachtest, ist unwichtig.

Sie: Nicht für mich, für andere vielleicht auch nicht.

Er: Was tatest du?

Sie: Ich gab dir den Apfel.

Er: Nachdem du hineingebissen hattest, so rasch, daß ich dich nicht daran hindern konnte.

Sie: O nein, es war doch dein Nachtisch.

Er: Bleib bei der Wahrheit. Ich mach dir keine Vorwürfe.

Es: Die Wahrheit: Berührung der Leiber, danach stoßartige Erregungswellen. Atem jetzt hechelnd, so schnell, daß sie zum Beißen nicht erst die Münder zu öffnen brauchten. Sie hielt den Apfel mit der Rechten, er mit der Linken.

Er: Hast du zuerst hineingebissen? Ja oder nein?

Sie: Nein!

Es: Und bissen zur selben Sekunde hinein.

Sie: Du hast gesagt: probiere.

Er: Den verbotenen Apfel?

Es: Sie biß ein kleines, er ein größeres Stück heraus.

Sie: Das hast du nicht gesagt, nur: probiere. Aber ich wollte nicht, es war schließlich dein Nachtisch, nicht meiner.

Er: Laß endlich den dummen Nachtisch aus dem Spiel. Also ich habe zuerst hineingebissen?

Sie: Ja, natürlich!

Er: Das ist lächerlich!

Sie: Wütend sogar, weil ich eine Sekunde zögerte.

Er: Es ist zum Verzweifeln! Als sie gebissen hatte, gab sie mir den Apfel in die Hand, schlang ihre Arme um mich, küßte mich...

Sie: Bitte, ich bitte dich...

Er: Küßte mich auf die Stirn, aufs Ohr, auf den Hals, und flüsterte...

Es: Puls hundertunddreißig bei ihm und bei ihr. Äußerster Erregungszustand, Gliederzucken, Muskelschmerzen.

Er: Und flüsterte: Du traust dich nicht, du traust dich nicht.

Sie: Das lügst du, du lügst! Warum lügst du so abscheulich?
Er: Also habe schließlich auch ich hineingebissen, nach ihr, unter dem Zwang ihrer Umarmungen und Küsse.
Es: Kaum gemeinsam gebissen, spuckten sie gleichzeitig wieder aus. Wie erwartet.
Sie: (weint)
Er: War es so oder nicht?
Sie: Nein. Als du gebissen hattest, sagtest du: Los, jetzt du. Ich habe dir gehorcht und in den verbotenen Apfel gebissen, ja, aber nach dir. So war es.
Er: Frauen können nun einmal nicht objektiv sein. Ich wartete, was geschehen würde.
Es: Puls: hundertdreißig. Eingefallene Wangen und Schläfen, körnige Haut, Schweißperlen auf dem Rücken, Verfärbungen vom Rötlichen ins Bleiche. Verengung der Herzkranzgefäße, Angstzustände.
Er: Aber es geschah nichts: Wir fielen nicht tot zu Boden, die Sonne stürzte nicht vom Himmel, kein Blitz, kein Donner, kein Wolkenbruch. Kaum hatte auch ich den Apfelbissen verschluckt, da hockte sie sich nieder und hüllte sich in ihre langen Haare ein, und sie begann zu weinen, leise zunächst, kaum hörbar. Und ich kniete mich zu ihr hin und fragte, warum sie denn weine, es sei nun mal geschehen, und wir müßten versuchen, damit fertig zu werden. Aber sie hörte nicht auf mich, sie weinte, heftiger nun, und ich nahm sie in die Arme und versuchte, sie zu trösten, ihren Kopf legte ich in meinen Schoß, aber sie öffnete die Augen nicht, sie weinte mit schrecklichen Zuckungen und geschlossenen Lidern.
Sie: Mich fror, das ist alles, und ja wohl auch ziemlich leicht zu erklären, nicht wahr, wenn man sich bitte daran erinnert, daß ich aus der Mittagssonne in den Schatten eines dicht belaubten Baumes getreten war. Ich hockte mich nieder und suchte in meinen Haaren ein bißchen Wärme. Warum hätte ich weinen sollen? Was war denn geschehen? Er hatte seinen Nachtisch, wenn auch auf ungewöhnliche Weise bekommen, damit war für mich die Episode beendet. Er aber stand vor mir und geriet in Zorn. Er versuchte, mich bei den Haaren hochzuziehen, und es gelang nicht, und sein Zorn schwoll an. Er stampfte ins Gras und sagte: Zieh dir was an, lauf nicht so schamlos herum! Was sollte nun das bedeuten? Warum denn? fragte ich. Und er sagte mit einer Kälte, die mich noch in der Erinnerung schaudern läßt: weil du nackt bist! Da habe ich gelacht. Ich bin nackt? Na und? Und du? Da lief er davon.
Es: Laut Protokoll: Nachdem sie die Apfelstücke ausgespien, genau dreiundzwanzig Sekunden gewartet hatten und nichts geschehen war, halluzinatorische Nachklänge bei gleichzeitiger Abnahme der Blutstauungen in den Herzkranzgefäßen. Tiefes Ein- und Ausatmen. Beginnende Entkrampfung der Rückenmuskulatur, etwas später in Beinen und Armen, Zurückfluten der natürlichen Röte in beiden Gesichtern, Nachlassen der Schweißaussonderungen, Vermin-

derung der Körpertemperatur und also Gefühl leichter Kälte. Sie setzten sich ins hohe Gras, das in unmittelbarer Nähe des Baumes nicht geschnitten war, beide mit dem Rücken an den Stamm gelehnt. Sie schmiegte ihren Kopf an seine Schulter, er strich ihr das Haar aus dem Gesicht, sie blickten sich an, beide begannen, als sie sich anblickten, lautlos zu weinen. Worüber weinten sie?
Sie: Ich blieb im Gras unter dem Baum sitzen, wärmte mich und wartete, daß er zurückkäme. Er kam auch, und wieder mußte ich lachen, als ich ihn sah. Aus Feigenblättern hatte er sich so etwas wie einen Lendenschurz geflochten und umgelegt und dahinter seine Scham verborgen. Es sah sehr komisch aus. Völlig unnatürlich bewegte er sich unter den Blättern. Ich weiß nicht woher, mir kam der Gedanke: Das ist doch kein Mann mehr. Er war dabei, einen zweiten Schurz zu knüpfen, gab ihn mir, als er fertig war, und sagte: Zieh das an. Ich gehorchte, obwohl es mir lächerlich vorkam, mir war ja schon längst nicht mehr kalt. Die Blätter waren kühl, und sie kitzelten mich. Und da ich wieder lachen mußte über ihn und auch über mich, drehte er mir den Rücken zu, hob beide Arme und sprach mit einer feierlichen Stimme in den blauen Mittagshimmel hinein: Hier bin ich, Herr; ich hörte deine Stimme im Garten und fürchtete mich, denn ich war nackend, darum versteckte ich mich. Der arme Kerl! So stark und männlich zuvor, nun war ihm die Angst vor der verbotenen Frucht in den Kopf gestiegen. Er redete irre.
Er: Bitte, verzeihen Sie ihr. Abgesehen davon, daß Frauen nicht objektiv wiedergeben können, was sie mit eigenen Augen gesehen haben, sind sie auch noch belastet mit einem Zuviel an Phantasie, typisch weiblicher, ausschweifender Phantasie übrigens. Es ist verständlich, daß sie sich nach der grandiosen und ja auch gelungenen Verführungsszene unbehaglich fühlte und bemüht war, dem Unbehagen irgendwie abzuhelfen. Daher das unstillbare Weinen. Die Feigenblätter aber und der Lendenschurz, sie spricht sogar von zwei Schürzen, sind Produkte ihrer weiblichen Phantasie. Ihrer überreizten Phantasie muß man auch das leicht heroisierte Bild zuschreiben, das sie von mir entwirft: Mit erhobenen Armen und so weiter. Verhängnisvoll ist jedoch – ich hätte es lieber verschwiegen, aber... – verhängnisvoll ist, daß sie bis heute unter der Zwangsvorstellung leidet, ein Mann müsse ein Held sein, müsse auf alle Fragen Antworten wissen, dürfe nicht weinen, nicht feige sein, sich nicht fürchten, nicht einmal vor dem Tod, und ein Mann dürfe sich von einer Frau nicht verführen lassen. Bis heute, das Erbe jener Minuten in unserm Garten. Der Text aber, den sie aus meinem Munde gehört haben will, stammt aus jenem Bericht, über den sie sich anfangs beklagt hat. Mehr sage ich dazu nicht. Also: Sie lag im Gras, und ich wußte nicht, wie ich ihr Trost zusprechen sollte, wie ich sie beruhigen konnte. Ich war betroffen von ihrem Weinen. Man muß nämlich wissen: Es war das erste Mal, daß ich sie weinen sah. Bis zu diesem Augenblick hatte ich nicht gewußt, was Weinen bedeutet. Das Wort kannte ich, aber ich gebrauchte es für den Tau, den ich morgens auf Blütenblättern fand, und das Weinen einer Rose

zum Beispiel hatte uns stets froh gemacht. Ihr Weinen machte mich traurig. Schließlich gelang es mir, sie zu bewegen, aufzustehen und ein wenig zu gehen, irgendwohin, das wird sie vielleicht beruhigen, dachte ich. Wir verließen den Baum in der Mitte und spazierten durch den Garten, ziellos, nur um sie zu bewegen. Ich nahm ihren Arm und wollte sie führen. Sie preßte meine Hand mit beiden Händen. Und plötzlich zuckte sie zusammen, blieb stehen und sagte: Der Engel! Der Engel! Siehst du den Engel? Ich sah keinen Engel und sagte es: Sei ruhig, da ist niemand, wir sind allein. Doch, sagte sie, der Engel, der Engel mit dem Flammenschwert, er jagt uns aus unserm Garten. Und sie begann zu laufen, zog mich hinter sich her, ich durfte sie nicht noch mehr verstören, lief also mit, und sie lief und lief, bis wir ans Gartentor kamen, dort wollte ich sie anhalten, aber sie spießte ihre Fingernägel in meine Hand und zerrte und lief mit mir durchs Tor aus unserm schönen Garten hinaus und weiter noch und weiter. Wir haben nie wieder zurückgefunden.

Sie: Es tut mir leid, Ihnen nun die ganze Wahrheit sagen zu müssen. Ich hatte geglaubt, die Jahre würden ihn heilen, muß nun aber leider zugeben, daß ich mich getäuscht habe. Seit jenem Augenblick, da er mit dem Lendenschurz zurückkam, mich ebenso bekleidete und sagte: Weil du nackt bist, seit jenem Augenblick hat ihn die Angst nie mehr verlassen. Es gibt Jahre, da scheint es, als habe er sie vergessen. Aber plötzlich, ohne Ankündigung, steht sie ihm wieder im Gesicht. Es ist, wie mir versichert wurde, ein krankhafter Zustand. Im akuten Stadium seiner Angst scheint ihm alles verboten: Er schreibt Texte, die etwas verbieten, er entwirft Verbotsschilder, er spannt Zäune und läßt Hecken wachsen, wirft Gräben aus und baut Mauern. Zuerst war er nur darauf aus, alles Nackte zu verbieten oder hinter irgendwelchen Grenzen zu verbannen, es mit allem möglichen verschwinden zu lassen. Später entwickelte sich seine Krankheit. Und er sprach den Gedanken aus, daß alles verboten, was nicht ausdrücklich erlaubt sei. In der Krisis weckt er mich nachts und sagt mit der Kälte, die ich im Garten zuerst verspürt habe: Zieh dir was an, du bist nackt. Nun gut, um zu Ende zu kommen: Mir graute bei seinem Anblick, damals, nachdem er die merkwürdigen Worte gesagt hatte. Danach geschah genau das Gegenteil von dem, was er heute berichtet. Nicht er hat mich beruhigt, sondern ich ihn. Nicht er führte mich durch den Garten, sondern ich ihn. Nicht ich war erregt, sondern er, und – ich muß es sagen, obwohl es einen Mann beleidigen kann – nicht ich habe geweint, sondern er, nachdem er mit feierlicher Stimme gesagt hatte: Ich war nackend, darum habe ich mich versteckt. Plötzlich zuckte er zusammen, nicht ich, blieb stehen und sagte: Der Engel! Der Engel! Siehst du den Engel? Ich sah keinen Engel und sagte es: sei ruhig, da ist niemand, wir sind allein. Doch, sagte er, der Engel, der Engel mit dem Flammenschwert, er jagt uns aus unserm Garten. Und er begann zu laufen, zog mich hinter sich her, ich durfte ihn nicht noch mehr verstören und lief also mit, und er lief und lief, bis wir ans Gartentor kamen, dort wollte ich ihn aufhalten, aber er spießte seine Fingernägel in meine Hand und zerrte und lief mit mir durchs Tor aus unserm Garten hinaus und weiter noch und weiter. Richtig an seiner Darstellung ist, daß wir zum Garten nie wieder zurückgefunden haben.

Es: So weit die verschiedenen Berichte der Täter, in eigener Sache. Der Schluß kommt wohl dem einzigen Augenzeugen zu, den es gab und gibt, nämlich mir, an Hand übrigens des wissenschaftlich geführten Protokolls zu meinem Experiment. Heute, nachdem man weiß, wie sie sich nach dem Ereignis verhalten haben, kann mit hoher Wahrscheinlichkeit geurteilt werden, daß sie unter dem Baum gehockt und gemeinsam geweint haben, weil sie enttäuscht waren. Was sie auch immer mit ihrer Tat provozieren wollten: Nichts war geschehen. Ihr Ungehorsam wurde nicht beachtet. Das war beleidigend. Im chronologisch geführten Protokoll steht unter Vermutungen Großeins an dieser Stelle eingetragen, ich zitiere: Sie weinen über ihren Ungehorsam, der nicht beachtet wird, schlafen unter dem Baum ein, erwachen, erklären, was sie getan haben, für einen bösen Traum. Unter Vermutung Großzwei, ich zitiere wieder: Sie kehren zurück zu dem Platz, an dem sie die Nacht verbracht haben, nehmen unterwegs im Teich das Morgenbad, frühstücken, gehen zurück an ihr Geschäft, für Tiere und Pflanzen Namen zu erfinden, beschließen schweigend, den Vorfall zu vergessen, es gelingt ihnen nach angemessener Zeit. Ich gebe zu, beide Vermutungen waren falsch. Es trat etwas ein, das ich nicht vorausberechnet habe. Keine Rede von einem Engel natürlich oder dergleichen, Flammenschwert – emotionale Phantastereien. Als ihre Tränendrüsen nur noch wenig Feuchtigkeit hergaben, trockneten sie sich mit ihrem Haar, blickten sich an. Er sagte: nun gut. Sie antwortete: nun gut. Dann sagte er: gehen wir; und sie: ja, gehen wir, hier ist es mir zu langweilig. Mir ist es hier auch zu langweilig, sagte er. Sie erhoben sich, verließen den Garten, weil es ihnen dort zu langweilig war. Diese Wendung kam überraschend. Aber wer die Folgezeit überblickt, muß zugeben, daß sie konsequent war. Denn seit sie den Garten verlassen haben, können sie sich über Langeweile nicht beklagen. Dafür sorgen sie selbst.

→ Genesis 3

Paul Schallück

2. Adam und Eva

Als Adam und Eva gezwungen wurden, das Paradies zu verlassen, ging es ihnen gewiß lange Zeit ziemlich schlecht. Wie man hört, waren die Tiere draußen unfreundlich, der Boden steinig und das Klima rauh. Adam und Eva hatten nichts gelernt als faulenzen, und die Arbeit fiel ihnen schwer. Kaum daß sie, wie man zu sagen pflegt, auf einen grünen Zweig gekommen waren, geschah das Unglück mit den beiden ältesten Söhnen, die sie schlecht erzogen hatten, so daß der selbstgefällige Abel nun unter dem Rasen lag, während der gewalttätige Kain irgendwo herumirrte und die Eltern sehen konnten, wie sie zurechtkamen ohne den Gärtner Abel und den Jäger Kain. Aber dann wuchsen ihnen neue Kinder heran und immer wieder neue, wenigstens stelle ich mir das so vor, und auch daß Adam und Eva ziemlich alt wurden, ehe sie zu altern begannen. Um diese Zeit hatten sie gewiß längst ein Haus, und Eva ging nicht mehr in Schürzchen aus Palmblättern umher. Obwohl beide an den Garten Eden nur noch eine schwache Erinnerung hatten, ahmten sie doch nach, was sie einmal dort gesehen hatten, indem sie einen Brunnen gruben, der dem Wasser des Lebens glich, einen Garten pflanzten und einige Tiere zähmten, die sich auf dem umfriedeten Grundstück friedlich, wie die Tiere des Paradieses, benahmen. Dies alles war ganz unvollkommen, aber es machte Freude, daran zu arbeiten und abends umherzugehen und darüber nachzudenken, was sich noch tun ließ. Es machte so viel Freude, daß sie mit der Zeit ganz zufrieden wurden und Adam sich manchmal selbst ein bißchen so fühlte, als sei er der liebe Gott.

Es war darum eine große Erschütterung für ihn, als er eines Tages erfuhr, daß er sterben müßte. Nicht, daß er darüber eine bestimmte Nachricht erhalten hätte. Er sah nur eines Abends ein Tier seiner Herde tot umfallen, und da er sich selbst diesem großen starken Leittier oft verglichen hatte, kam ihm mit einemmal der Gedanke, daß er in dieser Beziehung nicht mehr und nichts Besseres sei als ein Tier. Als er zu dieser Erkenntnis gekommen war, wurde er sich verschiedener Mängel bewußt, die er vorher nicht gekannt hatte, einer Schwäche der Augen, einer Unsicherheit der Hände, einer Trübung des Gehörs. Das ist der Tod, dachte er entsetzt, als an diesem Abend ein zerbrechlicher Gegenstand seiner Hand entglitt. Was hast du denn, fragte Eva, weil er wie versteinert dastand, während sie die Scherben zusammenlas.

Diese Frage, was hast du denn, stellte Eva noch einige Male in der folgenden Zeit. Denn Adam begann sich in der Tat wunderlich zu benehmen. Es fing damit an, daß er nicht mehr schlief in der Nacht. Er wälzte sich bald auf die eine, bald auf die andere Seite oder lag auch still auf dem Rücken und starrte zur Dekke hinauf. Er konnte nicht schlafen, weil er zuviel denken mußte, aber die Gedanken, die ihn wachhielten, waren keineswegs erhabene, an den Tod oder an

Gott, vielmehr drehten sie sich mit gräßlicher Beharrlichkeit um kleine häusliche Mißstände, einen Fehler in der Bewässerungsanlage, eine schadhafte Stelle im Dach. Wenn die Nacht vorüber war und alle im Hause sich wieder an ihre Arbeit begaben, überfiel ihn dann eine schreckliche Müdigkeit, und es kam vor, daß er sich gleich nach dem Frühstück wieder hinlegen mußte und eine ganze Weile liegen blieb. Das war ihm selbst verwunderlich, aber noch viel erstaunlicher war die Empfindlichkeit, die er gegenüber den verschiedensten Geräuschen an den Tag zu legen begann. Das Bellen der Hunde machte ihn rasend, noch mehr das Kreischen der Papageien und das alberne Geschrei der Affen, die in den Bäumen hinter dem Hause spielten und von denen er sich bald einbildete, daß sie ihn verfolgten und nur zu seinem Ärger ihren törichten Lärm vollführten. Die Kinder, und zwar noch mehr die halberwachsenen als die kleinen, erregten seinen Unmut auf Schritt und Tritt. Es fiel ihm plötzlich auf, daß sie gewisse idiotische Redewendungen ständig wiederholten und daß sie, ohne die geringste Rücksicht auf ihn zu nehmen, mit schallender Stimme ihre aufreizend stupiden Lieder sangen.

Schließlich bin ich der Vater, dachte er, und ein Mann, der einiges geleistet hat und dem es lange Zeit schlechtgegangen ist, ein Mann, der Anspruch darauf erheben kann, daß man ihn respektiert. Solche Gedanken waren neu, und neu war auch der Wunsch, der ihn jetzt von Zeit zu Zeit überkam, der Wunsch nämlich, sich zu entfernen aus einer Umgebung, in der man ihn so wenig achtete und seinen Worten so wenig Aufmerksamkeit zollte. Er ging ein paarmal fort in der Nacht, bald in dieser, bald in jener Richtung, und schließlich ertappte er sich dabei, daß er bei diesen Spaziergängen etwas ganz Bestimmtes suchte: nämlich die Mauer des Gartens Eden, auf die er im Anfang, also vor vielen Jahrzehnten, herumwandern, noch manchmal gestoßen war, und auf der im roten Abendhimmel die Engelwachen gestanden hatten, sehr schön, mit ihren Wolkenflügeln aus schimmerndem Grau. Aber diese Mauer war nicht mehr da, und er hörte auch bald auf, sie zu suchen. Statt allein fortzugehen, machte er immer öfter die Runde durch sein Anwesen, betrachtete alles, was er gemacht hatte, und fand es schlecht genug. Er beobachtete auch seine Kinder und fand sie faul und leichtsinnig, unfähig, das Werk weiterzuführen, das er begonnen hatte, und das zu vollenden ihm nicht Zeit genug blieb. Und dann versuchte er, über dies alles mit Eva zu sprechen, aber Eva lachte nur, und er war von ihrer Gleichgültigkeit aufs tiefste gekränkt.

In der folgenden Zeit fand er immer mehr Ursache, mit seiner Frau unzufrieden zu sein. Denn wenn Eva auch im Anfang seiner Verdüsterung recht lieb und freundlich gewesen war und sich bemüht hatte, ihm ein wenig Ruhe zu verschaffen, so schien sie doch von Tag zu Tag weniger um ihn besorgt zu sein. Ihre Laune war ausgezeichnet, ihr Appetit vorzüglich, und obwohl sie nicht jünger war als Adam selbst, schlief sie, ohne auch nur ein einziges Mal aufzuwachen, die ganze Nacht. Wenn er sich über den Lärm beschwerte, machte sie ein er-

stauntes Gesicht, wenn er über das Wetter klagte, sagte sie, es wird schon wieder besser werden, und mit dieser Redewendung, die ihm leichtfertig und frech erschien, schob sie seine Leiden und Ängste, das einzige, das er noch hatte, in das Reich lächerlicher Grillen, denen niemand Aufmerksamkeit schuldig ist. Es fehlte nicht viel, daß sie gesagt hätte, ach sei doch still, wenigstens meinte Adam dies herauszuhören und auch einen kleinen Ärger über seine Mutlosigkeit, und dieses Unverständnis kränkte ihn tief. Natürlich konnte er trotzdem nicht schweigen, da ja das Sagenmüssen wie Rauch zum Feuer zu diesem inneren Brande gehört. Also sprach er weiter, sprach mit einer Stimme, die ihm selbst verhaßt war, weil sie so nörglerisch und griesgrämig klang. Er beklagte sich über die Sonne und den Regen, über das Unkraut und die Schädlinge und die Kinder, und Eva sagte in der ersten Zeit noch ein paarmal, das ist doch nicht so arg, und dann sagte sie gar nichts mehr, und er hatte den Verdacht, sie höre ihm überhaupt nicht mehr zu.
Das ist gewiß schlimm für einen Mann, der eingesehen hat, daß sein Leben nicht ewig währt und der angesichts dieser Tatsache an dem Wert alles Geleisteten zu zweifeln beginnt. Es war schlimm für Adam, der jetzt umherging und alles, was er gemacht hatte, gering achtete und der aus seinen früheren Leiden einen glühenden Anspruch zog. Aber es erwies sich, daß dies noch längst nicht das Ärgste war. Denn das Ärgste ist nicht die Gleichgültigkeit, sondern der Verrat. Man muß bedenken, daß Adam, der so vieles kannte, so etwas in seinem Leben nie erfahren hatte. Er war der einzige Mann, der für Eva in Frage kam, da es neben ihm nur Söhne und Enkel gab. Zwar war er früher, wenn Eva allein fortging und lange ausblieb, manchmal ein wenig unruhig geworden. Aber Eva war, wenn sie zurückkam, immer besonders strahlend und liebevoll gewesen, immer hatte sie etwas Besonderes mitgebracht, ja es schien ihm jetzt, als habe er in seinem ganzen Leben nichts als Liebe und Freundlichkeit von ihr erfahren. Aber in dem Augenblick, in dem er sich seines Glückes bewußt wurde, war es mit diesem Glück auch schon vorbei. Denn wenn er bisher niemals in Evas Augen einen verräterischen Glanz gesehen hatte, wenn Eva sich niemals von ihm abgewendet hatte, um ihr Ohr einer andern Stimme zu leihen: Jetzt erfuhr er dies alles, alle Qualen der Eifersucht, nur daß kein Liebhaber, sondern ein Phantom sein Nebenbuhler war, kein Mann, mit dem er hätte kämpfen können, sondern das Traumbild der Jugend und des Lebens schlechthin.
Denn er sah es wohl, der Jugend und dem Leben neigte sich Eva zu. Mit einemmal gewahrte er sie auf der Seite der Kinder, ach, nicht mit Worten, aber mit mancher geheimen Zärtlichkeit, manchem vertraulich wiedergutmachenden Blick. Als Adam den ersten dieser Blicke auffing, zuckte er zusammen wie unter einem Schlag. Von da an wurde er mißtrauisch, horchte und schlich im Hause umher. Einmal, als er sich Eva gegenüber über die stechende Sonne beklagte, bemerkte er, wie sie ihr Gesicht und ihre Arme dieser Sonne entgegenhob, als sei gerade das, was ihn quälte, ihr eine Quelle der Lust. Durch solche Beobach-

tungen wuchs das Gefühl der Verlassenheit in ihm immer mehr. Er erinnerte sich der Zeiten, in denen Eva und er noch allein gewesen waren, und wie sie da, furchtbar allein und aufeinander angewiesen, sich geschworen hatten, einander niemals zu verlassen. Jetzt war Eva noch immer an seiner Seite, sie war nicht fortgegangen, aber es kam ihm vor, als entferne sie sich dennoch, ein wenig weiter mit jedem Tag.

In seinem schrecklichen Mißtrauen zeichnete Adam jede Station dieser Entfernung getreulich auf. Er glaubte zu bemerken, wie bei seinen Worten eine leise Ungeduld über Evas Züge glitt. Wenn er ein längeres Ausbleiben ankündigte, meinte er, auf ihren Lippen ein Lächeln der Erleichterung zu sehen, und wenn er dann fortging, bildete er sich ein, daß ihre Stimme, die er aus der Ferne noch hörte, froher und heiterer klang. Einmal, als sie bei der Abendmahlzeit saßen, faßte er sie ins Auge und stellte fest, daß ihre Haut schlaff wurde und ihre Haare sich zu verfärben begannen. Er bemerkte auch, daß sie Schmerzen in den Gliedern hatte und sich nicht mehr so frei und anmutig bewegte wie vorher. Sie ist nicht jünger als ich, dachte er, aber sie tut, als habe sie unbegrenzte Zeit vor sich, ewige Zeit. Und dann dachte er plötzlich, sie weiß nichts, sie weiß *es* nicht, und er war über ihre Dummheit empört. Nach dem Essen ging Eva noch auf den Hof hinaus, um das Spielzeug der kleinen Kinder zusammenzusuchen. Adam ging ihr nach und blieb bei ihr stehen und sah sie flehend an. Werde mit mir alt, wollte er sagen, werde mit mir alt. Aber natürlich brachte er diese Worte nicht über die Lippen, sondern begann sich statt dessen über die Mücken zu beklagen, in einem wilden und verzweifelten Ton. Was du nur immer hast, sagte Eva, und sah ihn kopfschüttelnd an.

In dieser Nacht beschloß Adam, Eva zu sagen, daß sie sterben müsse. Vielleicht hätte er es nicht getan, wenn nicht der Mondschein so hell im Zimmer und gerade auf Evas Gesicht gelegen hätte und wenn dieses Gesicht nicht so voll von Lebensentzücken gelächelt hätte im Schlaf. Aber dieser Anblick rief in Adam, der schon viele Stunden schlaflos gewesen war, eine dunkle Rachsucht hervor. Er weckte Eva auf, und Eva rieb sich die Augen und fragte, ob etwas mit den Kindern sei. Wir müssen sterben, sagte Adam, und es war ihm zumute, als beginge er einen Mord. Große Neuigkeit, sagte Eva spöttisch. Das weiß ich schon lang. Hast du dir keine Gedanken gemacht, fragte Adam, sobald er sich von seiner Überraschung erholt hatte. Was wir hier zurücklassen, ist unfertig und keinen Pfifferling wert.

Jemand wird es schon fertig machen, sagte Eva.

Die Kinder, sagte Adam streng, sind träge und leichtsinnig. Sie wissen nicht, was arbeiten heißt, und werden elend zugrunde gehen.

Es wird schon noch etwas aus ihnen werden, sagte Eva. Und was wird aus uns, fragte Adam und stützte seinen Kopf auf die Hand.

Wir bleiben zusammen, sagte Eva. Wir gehen zurück in den Garten. Und sie legte ihre Arme um Adams Hals und sah ihn liebevoll an.

Ist er denn noch da? fragte Adam erstaunt.
Gewiß, sagte Eva.
Wie willst du das wissen, fragte Adam mürrisch.
Woher meinst du, fragte Eva, daß ich die Reben hatte, die ich dir gegeben habe, und woher meinst du, daß ich die Zwiebel der Feuerlilie hatte, und woher meinst du, hatte ich den schönen, funkelnden Stein?
Woher hattest du das alles? fragte Adam.
Die Engel, sagte Eva, haben es mir über die Mauer geworfen. Wenn wir kommen, rufe ich die Engel, und dann öffnen sie mir das Tor.
Adam schüttelte langsam den Kopf, weil eine ferne und dunkle Erinnerung ihn überkam. Gerade dir, sagte er. Aber dann fing er an zu lachen, laut und herzlich, zum ersten Mal seit ach wie langer Zeit.

→ *Genesis 3-4*

Marie Luise Kaschnitz

3. Der gute Kain

Sein Bericht

> Da redete Kain mit seinem Bruder Abel. Und es begab sich, da sie auf dem Felde waren, erhob sicl in wider seinen Bruder Abel und schlug ihn tot.
>
> 1. Mose 4, Vers 8

Es heißt, daß mein Vater meine Mutter erkannte, ehe sie mich gebar. Aber ich meine, er hat sie *ver*kannt. Denn er nahm an, daß sein Sohn herrlich und sündenfrei werden würde, besser als er selbst war. Weil ich viel zu große Hände und vorgewölbte Knie hatte, bestimmte er mich zum Bauern. Er brauchte kräftige Hände, denn das Essen wurde knapp in der Zeit, in der er mich zur Arbeit bestimmte. Ich spielte gern mit einem Schaf, in dessen wolligen Pelz ich mich legte. Wenn es herumsprang, setzte ich mich auf seinen Rücken, hielt mich an den Hörnern und drückte es solange mit meinen festen Knien, bis es wieder ruhig stand. An seinem Schwanz hängend, hatte ich mich oft den Wiesenhang her-

unterziehen lassen. Er dehnte sich vor unsrer Palmhütte aus in einer Breite, die so weit war, daß sie den Ruf meiner Mutter verschlang. Nur ihr Gesang drang manchmal an den Rand des Hügels. Das Schaf schlief vor dem Eingang der Hütte, es war von der Herde getrennt und nur mein Spielzeug.
Nun war ich dreizehn, und meinem Vater Adam war das Spielen zu albern. Er sagte, ich sei alt genug, ihm zu helfen. Er lehrte mich, mit einem gebogenen Knüppel die Erde umzuwerfen und Samen zwischen die offenen Schollen zu legen. Mit vier Gerten steckte er jenseits des Hanges ein Quadrat ab. Dieses Quadrat war der Teil des Ackers, den ich an einem Tag bearbeiten sollte. Er nannte das mein Tagwerk. Ich fing mit großer Lust an. Die Sonne stach, aber wenn ich mir mit dem Handrücken den Schweiß von der Stirn gewischt hatte, war ich stolz und besah mir das Stück, das ich umgegraben hatte. Es überkam mich ein Gefühl von Kraft und Glück, wie ich es vorher nicht gekannt hatte. Ich stützte mich auf den Stock und beschattete meine Augen, um zu sehen, was ich schon fertiggebracht hatte. Es war noch nicht allzuviel. Wenn ich das Tagwerk vor Abend beendet haben wollte, mußte ich mich anstrengen. Als ich das überlegte, stieß mich mein Schaf aus lauter Übermut in die Knie. Ich drehte mich um, nahm es bei den Hörnern, sprang auf seinen Rücken und trieb es um das Stück Erde, das ich zum Acker gemacht hatte. Wie wir in voller Jagd waren, kam oben über den Hügel her mein Vater mit seinem Wanderstock. Ich sah ihn langsam größer werden, bis er ganz zu sehen war, stillstand und uns betrachtete. Ich winkte ihm zu. Dabei mußte ich das eine Horn des Schafes loslassen, es schlug hinten aus, und ich fiel herunter. Ich hatte mir wehgetan und blieb einen Augenblick liegen. Als ich aufstehen wollte, stand mein Vater neben mir und schlug erbarmungslos mit seinem Stock auf mich ein. Ich hätte zu wenig getan, und Spiel und Arbeit vertrügen sich nicht. Das Schaf käme wieder zur Herde, und ich müsse solange hier draußen bleiben, bis das Tagwerk getan sei. Mein Vater bildete sich viel darauf ein, daß er außer sich selber und meiner Mutter keinen Menschen kannte. Alles, was er sah, glaubte er sich untertan. Denn ich bin ein Mensch, sagte er. Ich sah ihm nach. Das Schaf zerrte er am Horn mit sich. Er sah sich nicht um.
In dieser Zeit wiederholte niemand seine Worte, so gab es auch keine Gegenrede. Ich grub weiter, obwohl mich mein Kreuz schmerzte. Gegen Abend war ich noch nicht halb fertig. Ich schlich mich auf den obersten Grat des Hügels, an eine Stelle, von der aus ich unsere Hütte gut sehen konnte. Die Hütte lag im Schatten. In der Vorderwand war ein kleines Stück ausgespart, durch das man den Hügel übersehen konnte. In dem Ausschnitt sah ich den Kopf meiner Mutter, das heißt, ich ahnte ihn mehr, denn ihre dunkle Haut und das schwarze Haar verbanden sich vollends dem Dunkel der Hütte. Nur ihre Zähne sah ich blitzen. Sie hatte hochgewölbte Lippen und große weiße Zähne. Unter den Palmen her kam mein Vater, der ihr eine Kußhand zuwarf. Als er vorbeikam, streckte sie eine Hand heraus, und er berührte sie kurz. Da haßte ich meinen

Vater mit derselben Stärke, mit der ich Sehnsucht nach meiner Mutter fühlte. In diesem Augenblick hätte ich gern ihre Brust an meinem Ohr gefühlt und mir den Kopf kraulen lassen, wie sie es in meiner Kindheit stundenlang gemacht hatte. Ich wäre zu gern in die Hütte gegangen, jedoch hatte ich die Worte meines Vaters ihm Ohr. Ich erkannte nicht, daß man gegen das Wort seines Vaters etwas unternehmen kann. So blieb ich, legte mich unruhig an den Rand des umgewühlten Landes und schlief erschöpft ein. Den Rest hatte ich in der Morgenkühle mit frischen Kräften schnell nachgearbeitet.

Dann ging ich zur Hütte. Meine Mutter lag noch auf dem Lager. Mein Vater sagte nichts, winkte mir, und wir bestiegen den Hang, um nach dem Tagwerk zu sehen. Zu wenig für fast zwei Tage, sagte mein Vater. Er zog die vier Gerten aus dem Boden und steckte ein neues Stück ab, das an diesem Abend fertig werden sollte. Dann ging er wieder. Ich stand mit meinem gebogenen Knüppel und hatte große Lust, ihn von hinten über den Kopf zu schlagen, sah aber seinen Nacken und die Schulterlinie. Ich erinnerte mich, wie ich als Kind oft darauf geritten war, so daß ich nicht zuschlagen konnte. Ich grub weiter in dem Boden. In der Wut ging es besser. So brachte ich – und bringe bis auf den heutigen Tag – Wut und Arbeit immer miteinander in Verbindung. Heute, wo vielmehr geredet wird als in den Tagen meiner Jugend, sagt man, daß Arbeit das Leben erst schön macht. Ich bin mein ganzes Leben lang nur Ackerknecht gewesen und habe nichts anderes gesehen, als daß meine Arbeit anderen das Leben schön machte. Mir selbst hat sie alles verdorben. Die Leute haben mir erklärt, daß es so sei, weil auf meiner Arbeit kein Segen ruhe, denn ich sei sündig von Anfang an. Ich denke aber anders, deswegen will ich diesen Bericht aufschreiben.

Ein Vierteljahr, nachdem ich das Arbeiten lernte, bekam meine Mutter einen zweiten Sohn, meinen Bruder Abel. Er hatte, anders als ich, makellos schlanke Glieder und eine zarte Haut, die weicher war als das Fell des jungen Kamels, das seit einiger Zeit mit gefesselten Füßen vor unserer Hütte lag, weil mein Vater es sich gefügig machen wollte. Vater sagte, es sei nicht genug Platz in der Hütte für vier. Ich mußte mir in meinen Freistunden nebenan selber eine kleine Hütte bauen. Dort saß ich dann stundenlang in der Tür und sah gegen den Hang. In der Hütte meiner Eltern hörte ich den kleinen Abel schreien. Mein Vater kam oft heraus, hatte ihn auf dem Arm und krabbelte ihm das Kinn, bis der Kleine wieder lachte. Mir nickte er nur zu oder fragte, wie weit ich mit der Arbeit sei.

Einmal hatte mein Schaf sich wieder von der Herde befreit und mich gefunden. Ich kraulte ihm hinter den Ohren, und wir stießen uns mit den Köpfen, daß es krachte. Mein Vater jagte es mit Fußtritten fort. Wenn ich mich um etwas kümmern wolle, dann könnte ich ja auf den kleinen Abel aufpassen. Das tat ich, und ich war gut zu ihm wie zu dem Schaf. Er liebte mich, griff mir in die Augen, zerrte an meinen Haaren und quiekste, wenn ich ihn um die Hüften faßte. Meine

Mutter Eva sah oft aus ihrer Tür zu. Sie warf eine Apfelsine auf den Hang, hinter der Abel herkrabbelte. Wir waren oft sehr übermütig.

Eines Abends, ich wußte nicht, daß Vater in der Hütte war, warf ich Abel ein Stück in die Höhe, verpaßte ihn beim Auffangen, und er fiel auf den Boden. Er hatte sich nichts getan, denn ich hatte weichen Sand vor meine Tür geschaufelt, aber er schrie in seinem Schrecken laut. Vater stürzte heraus, nahm den Jungen und sagte mit bösem Blick: Vor deiner Tür ruht die Sünde und hat Verlangen nach dir.

Seit dem Tage sprach er nicht mehr mit mir. Mürrisch säte er in die von mir umgegrabenen Tagwerke. Der Teil, den er mir von der Ernte mitgab, wurde immer geringer. Ich nenne sie heute die grauen Jahre, die Jahre des Trübsinns, in denen ich jeden Wurm, den ich in den Schollen fand, mit meinem Grabstock verschonte. Jeden Maulwurf ließ ich leben, und ich verjagte nicht mehr die Vögel, auch wenn ich sah, daß sie an die Körner gingen. Ich fühlte Liebe zu allem Getier, das nicht in einer Hütte leben mußte. Den Raben winkte ich zu. Die Tierleichen, die ich fand, grub ich sorgsam ein, machte kleine Erdhügel, wo sie lagen, spazierte in der Dämmerung vorbei und hatte gute Gedanken nur für die, die unter der Erde lagen. Meine Einsamkeit in den grauen Jahren war so groß, daß ich mich nicht mehr mitteilen konnte. Wenn mein Vater jagte und meine Mutter sich dann einen Augenblick zu mir setzte, schwieg ich beharrlich, so daß auch sie nicht mehr die Kraft fand, mich zu streicheln oder mir einen Kuß zu geben. Einmal sagte sie: Deine Trauer ist das Erwachsenwerden, da ist man allein, doch eines Tages kommt das richtige Leben, dann ist alles wieder anders. Darauf wartete ich und wartete und wurde immer ungeduldiger. Und Abel wuchs heran. Er wurde ein leichtfüßiger, sauberer Knabe, der jedesmal an den Bach ging und sich die Hände spülte, wenn er eine Frucht gegessen hatte. Er kam seltener zu mir. Ich war ihm zu dreckig, denn meine Hände sahen nach und nach aus wie Erdschollen, sie wurden rissig und ihre dunklen Linien waren nicht mehr wegzuwaschen. Meine Fußsohlen blieben dunkel, selbst wenn ich sie mit Sand schrubbte. Sie hatten sich völlig der Erde verbunden.

Als Abel dreizehn Jahre alt wurde, bestimmte ihn mein Vater zum Schäfer, wie er mich zum Ackerknecht bestimmt hatte. Er machte aus ihm, was ich gern geworden wäre, wozu allein ich Lust hatte. Wer das kleine bißchen Welt und was sich darauf abspielt kennt, der weiß, wie ich herumirre. Ich meine damit nicht, daß ich nicht wüßte, wo ich meinen Kopf hinlegen soll. Ich meine auch nicht das Irren von Land zu Land, ohne zu wissen, wo man ist. Ich meine das Suchen nach einem Halt.

Mein Vater hatte seiner Frau ein für allemal beigebracht, daß Sonne und Mond, Tag und Nacht, Regen und Kälte, Schnee und Dürre, die wir nicht ändern und nicht berufen können, den Beweis dafür erbrächten, daß über dem für uns Sichtbaren, weit weg, unsichtbar, unerkennbar, unnahbar und nicht auszusprechen, etwas Höheres, Größeres, ja Allmächtiges lebt, dem er den Namen Gott gab.

Er behauptete, daß er mit diesem Wesen, ehe meine Mutter ihrem Abfall vom Gehorsam die Form eines Diebstahls gab, öfter gesprochen hätte und mit ihm befreundet gewesen sei. Er hielt daran fest, daß sich dieses Wesen, Gott, aus Entsetzen über den Mangel an Ehrfurcht vor ihm, von dieser Welt zurückgezogen habe. Eines Tages, später, wenn alles von Sünde, Elend und Unreinheit befreit wäre, würde er sich einem nächsten, höheren Geschlecht wieder kameradschaftlich zuwenden.
Mit herumirren meine ich, daß ich diesen festen Glauben nicht in mir finden kann. Daß ich, anders als mein Vater und seine ihm völlig ergebene Frau Eva, in meiner täglichen Schufterei auf dem Feld nicht den Weg sehen kann, der in eine bessere Welt führt. Daher erblickte ich hinter der Plackerei nicht das Glück einer herrlichen Zukunft, die mir jeden Schweißtropfen zum Kristall eines Traums von Schönheit und Freiheit macht. Ich sitze einfach vor meiner Hütte als dreckiger Ackerknecht, schwitze, strecke meine müden Beine aus, lege die Hände unter dem Kopf zusammen und erwarte das einzige Glück, das ich kenne, den Schlaf. Mehr ist nicht in mir, und ich nenne es herumirren, weil ich trotz allem Unruhe spüre. Ich mache Dinge mit, die ich nicht begreife, die ich lästig finde und deren Sinn mir immer absurder erscheint, ja, ich nehme manchmal an, mein Vater Adam hat sie erfunden, um seine Langeweile zu betäuben und uns Angst zu machen, daß wir glauben sollen, wenn wir sie *nicht* täten, würde Furchtbares geschehen. So waren wir zu bändigen. Und so erkläre ich es mir, daß ich nicht weggelaufen bin von meiner Arbeit, die mich aushöhlt. Aus Angst lief ich nicht weg, aus Angst vor ihm und dem, was vielleicht kommen würde, wenn ich diesem Zwang den Gehorsam verweigerte.
Die Furcht vor Gott, als Folge der verweigerten Freundschaft zu meinem Vater Adam und damit zu allen Menschen, hatte seltsame Folgen. Mein Vater dachte sich allerhand aus, was seinen schöpferischen Freund, der sogar behauptete, ihn geschaffen zu haben, versöhnen könnte. Er ging davon aus, daß das Liebste, Beste oder Wichtigste ihm zu geben, am schwersten sei, dafür aber dem Beschenkten am liebsten. Er nannte es nicht Geschenk oder Gabe, sondern Opfer, später Opfergabe.
Das Wertvollste für ihn war Eßbares, weil man ohne zu essen nicht leben konnte. Das Eßopfer war doppeldeutig, weil Eva, meine Mutter, durch den Diebstahl eines eßbaren Apfels das gespannte Verhältnis zwischen Adam und Gott hervorgerufen hatte. Da er auch Hammelfleisch aß, opferte er auch Fleisch, meist einen jungen Hammel. Er hatte sich das ziemlich praktisch zurechtgelegt, weil immer mehr Hammel geboren werden als man zur Aufzucht braucht. Bei all den praktischen Überlegungen wandte er viel Phantasie auf die Art und Weise, wie die Opfergaben dargebracht werden sollten. Er schichtete Steine aufeinander wie kleine Säulen, auf die die Gaben gelegt wurden, unter denen er das Feuer entzündete. Man hätte die Gaben nicht zu verbrennen brauchen, man hätte sie auch eingraben oder ins Wasser werfen können. Das Verbrennen der Ga-

ben war Adams Einfall. Es war ihm darum zu tun, die Antwort seines ehemaligen Freundes Gott zu erkennen oder wenigstens eine Andeutung davon zu haben, ob Gott diese mühsam erdachten Spielereien anerkennen werde als einen Weg, die entstandene Feindschaft auszuräumen. Da jedes Feuer und alles, was man verbrennt, Rauch entwickelt, nahm er an (und erzählte es seiner Frau und mir als Tatsachen), daß die gerade aufsteigende Rauchsäule die gnädige Beurteilung der Opfergabe anzeige, die flackernde und nach der Seite ausschlagende aber nichts als den Zorn Gottes, der dieses Opfer nicht billigte. Er baute, als ich noch ein kleiner Junge war, zwei Steinsäulen als Opfertische in der Nähe unserer Hütte und nahm einen windgeschützten Platz. Hätte er die Opfertische auf dem Grat des Hügels errichtet, wäre es ihm nicht möglich gewesen, jemals eine gerade aufsteigende Rauchsäule zu bekommen, denn auf dem Hügel ging immer ein leichter Wind. Flammen und Rauch wären dort hin und her geschlagen. Bei den Opferzeremonien war mein Vater fast komisch. Sein Benehmen, eine Mischung von Unterwürfigkeit, Angst und Einbildung, war eine gedemütigte Aufgeblasenheit. Ehe er den kleinen Holzstoß anzündete, ging er dreimal um die Opfersteine herum, betrachtete die Erde, sah zum Himmel auf und versuchte meiner Mutter und mir damit einzureden, daß er mit seinem unnatürlichen Schritt und den langsamen Blicken und Verbeugungen eine ganz besondere Stimmung hervorrufe, etwas Außergewöhnlichem Gestalt verleihe, in dem der kleine Hammel und die unschuldigen Äpfel, Ähren und Apfelsinen besondere Bedeutung bekämen. Er erlitt eine Art von Koller, als ich als fünfjähriger Junge von dem aufgeschichteten Häufchen von Früchten in aller Ruhe eine Apfelsine aß. Zur Strafe durfte ich an dem Tag an der Zeremonie nicht teilnehmen.
So war mein Vater Adam, der sich stets als der erste Mensch bezeichnete, der Erfinder des Gedankens, daß der Mensch nicht nur der Mensch und das Leben nicht nur das Leben sei, sondern auch noch etwas ganz anderes. Und dieses ganz andere sollten die paar Faxen deutlich machen, denen meine Mutter sich um des Friedens willen unterwarf, und ich mich aus Unwissenheit. Als Abel geboren war, wurde das noch schlimmer. Er nannte ihn sein Gotteskind und erfand eine Menge Möglichkeiten, von Abels Opfertisch aus glatte und gerade Rauchsäulen aufsteigen zu lassen als Beweis dafür, daß dieser Sohn von Gott besonders geliebt wurde. Die Schönheit des Kindes zeige das ohnehin an, sagte er. Unser bescheidenes, einfaches Leben unter Sonne, Mond, Regen, Sternen, Wind und Wärme und Kühle hatte mein Vater durch seine phantastischen Zutaten zu einem komplizierten und widerspruchsvollen Gebilde gemacht, dessen Undurchschaubarkeit meine Mutter, mich und all unsere Nachfolger fest an ihn banden. Daß die unglaubliche Schinderei auf meinen Äckern nicht Vaters Befehl, sondern ein höherer Auftrag sei, um Gottes Wohlgefallen zurückzuerobern, versuchte er mir mit kleinen Rauchwölkchen zu beweisen, die an einem windstillen Tag von meinem Opfertisch gerade in den Himmel stiegen. Er gab seinen Worten einen Ton von unerreichbarem Wissen, so daß mir, trotz meines Mißtrau-

ens, kaum etwas andres übrigblieb, als ihm zu glauben. Auch das förderte mein Herumirren, meine Unruhe.

So kam der Tag, an dem Vater meinen Bruder Abel und mich zwang, zur selben Stunde auf unseren Opfertischen, die er nebeneinander gebaut hatte, ein Opfer zu bringen. Abel kam mit einem kleinen Hammel mit lebendigem Kopf, aber ich sah gleich, daß er ihn ausgewählt hatte, weil sein linkes Hinterbein nicht in Ordnung war und er sein Leben lang gelahmt hätte, wenn er aufgezogen worden wäre. (Noch heute verstehe ich aus einfacher Liebe zu ihnen mehr von Tieren als die meisten Hirten.) Ich brachte Weizenähren, Apfelsinen, Datteln und eine Kokosnuß, die ich gefunden hatte. Abel und ich machten unsere Verbeugungen und umschritten den Opfertisch in der vom Vater erfundenen und vorgeschriebenen Weise. Die Eltern saßen im Eingang der Hütte und beobachteten uns. Ob freundlich oder unfreundlich, das war nicht zu erkennen, denn zu diesen Zeremonien gehörte ein undurchdringliches Gesicht der Beteiligten. Dieses Gesicht wurde bei der weiteren Verbreitung des Menschengeschlechts zu jener Heuchelei, hinter der bei harmloser äußerer Unbewegtheit das gefräßige Krokodil im Menschen seine Vernichtungspläne brütet.

Abel schlachtete sein Tier unbekümmert, sein Messer traf die Halsschlagader. Ich sah die elegante Kälte. In diesem Augenblick bedauerte ich nicht, Ackerknecht zu sein, denn es geht weniger ans Herz, Früchte ins Feuer zu legen. Abel bemerkte, daß ich ihn nicht mit guten Gedanken betrachtete. Aber er war, wie ich, erzogen, sich während der Opferhandlungen zu beherrschen. Schwer atmend legte ich meine Früchte in die Flammen. Mein Atem ging so heftig, daß der Rauch bedenklich flatterte. Aber nachdem ich alles ins Feuer gelegt hatte, trat ich zurück, und die Rauchsäule stieg ebenso gerade empor wie die Abels. Vater und Mutter verneigten sich, sie sahen ihre eigene Sündlosigkeit an diesem Tag in ihren Kindern bestätigt. Während die Rauchwolken gerade emporstiegen, entwickelte sich unter den vier Menschen, die ihnen zusahen, eine merkwürdige Spannung. Ich kann nicht genau sagen, ob sie auch meine Mutter ergriff, vielleicht bestand sie nur unter den drei Männern, die auf verschiedene Art mit den Rauchsäulen verknüpft waren. Mein Vater, der erfunden hatte, daß Rauchsäulen auch noch andere Bedeutung hätten als Rauchsäulen zu sein, fühlte sich natürlich als Herr über alle Rauchsäulen. Die Frage der Annahme unseres Opfers durch Gott machte mich und meinen Bruder zum Opfer, zum Opfer meines Vaters und zum Opfer unserer eigenen, unterschiedlichen Glaubensstärke, mit der wir der von unserem Vater erfundenen Bedeutung selber Bedeutung beimaßen. So kalt Abel seinen jungen Hammel tötete, so kalt und erfolgsgewohnt betrachtete er auch seinen Rauch. Würde er flackern und ungnädige Annahme andeuten, würde ihm nicht mehr geschehen, als von meinem Vater bedauert zu werden. Geschah mir dasselbe, legte Vater mir Ungeheuerlichkeiten unter, vor allem die gottlose Faulheit.

Nun beugte sich Abel in die Nähe meines Opfersteins, machte so heftig demü-

tige Bezeugungen gegen Gott, daß sie die Luft bewegten, die meine Rauchsäule erst erzittern, dann flackern ließen. Ich beobachtete ihn mit wachsender Wut. Nicht einen Augenblick dachte ich an ein leichtsinniges Spiel, ich wußte, daß er mich treffen wollte. So vergaß ich alles, was uns Vater als strenges Gebot auferlegt hatte. Ich gab Abel einen kräftigen Schlag in den Nacken. Er sprang auf, wollte sich auf mich stürzen. Aber ich war schneller und ergriff ihn an den Schultern, ehe er sich über mich werfen konnte. Er schlug mit der Stirn an meinen Opferstein. Meine Rauchsäule flackerte dabei wüst hin und her. Ich sah Vater aufspringen, meine Mutter blieb reglos sitzen. Abel rannte in Angst, denn ihm lief das Blut über Backe und Hals, den Hügel hinauf. Besinnungslos rannte ich ihm nach. Auf dem Grat blieb er einen Augenblick stehen, sah sich um und sah, daß ich nahe bei ihm war. Ängstlich rannte er weiter.
Auf meinem Acker trat er die jungen Halme nieder. Am Rande des Feldes hatte ich meinen Grabstock liegen lassen. Ich nahm ihn auf und rannte mit erhobenem Stock Abel nach. Er stürzte hin, und ich stand mit meinem Stock über ihm. Sollte ich ihn schlagen, wie mich damals mein Vater schlug, als ich ihm nicht genug gearbeitet hatte? Abwehrend streckte er mir die Hände entgegen und sagte leise: Es war ein Scherz. – Es war mein Opfer, antwortete ich. – Was ist ein Opfer, Kain? – Ich hatte eine frische Kokosnuß dazugelegt. – Du wirst bald eine neue finden. – Du hast einen Hammel genommen, der lahmte. – Nein. – Ich hab es gesehen. – Was weißt du von meinen Tieren? – Ich kniete mich neben Abel und sah ihn lange an. – Das Opfer ist Unsinn, sagte Abel und sah zu mir auf, daß ich ihm zustimmen sollte. – Ich dachte dasselbe, aber ich wollte nicht, daß Abel so sprach wie ich dachte. Er tat ja auch bei Vater so, als sei ihm das Opfer wichtig. Ich wollte keine Gemeinschaft mit ihm. – Ich blute, sagte er. – Warum solltest du nicht bluten für diese Bösartigkeit? Meine Hände haben oft von Arbeit geblutet. – Warum hast du gearbeitet? fragte er. – Ich mußte, antwortete ich. Und du, Abel, hast mein Opfer gestört, um mich lächerlich zu machen. – Gott? Er tat so, als ob er lachte. Gott ist eine Erfindung unseres Vaters. – Ich merkte an seinem lauernden Auge, daß er sich bei mir einschmeicheln wollte, indem er aussprach, was er als meinen Gedanken vermutete. Aber ich wußte, daß er das nie gedacht hatte. Statt zu denken, hatte er nachts neben Mutter geschlafen, angekuschelt und geborgen, während ich allein in meiner winzigen Hütte lag und die Nacht hereinkam, kriechend mit Schlangenarmen sich um meinen Hals legte und mir die Kehle zuschnürte, bis ich den ersten Vogel wieder hörte. – Du hast mein Opfer gestört, sagte ich. – Das Opfer ist albern, sagte er, das weißt du doch. Wind ist es, der den Rauch stört, sonst nichts. Langsam erhob er den Oberkörper. – Bleib liegen! flüsterte ich. Bleib liegen in deiner Lüge, es ist nicht gut, daß ein Lügner aufrecht geht unter Menschen. – Er legte sich wieder hin, durch seine halbgeschlossenen Lider sah er mich genau, verfolgte meine Bewegungen, aber ich saß ruhig und regte mich nicht. – Plötzlich schrie er laut: Du lügst auch! sprang auf und lief weiter. – Er hatte recht. Ich hätte das von jedem

ertragen können, nur nicht von ihm. Ich lief ihm nach. Ich war mehr gewohnt durch die Äcker zu rennen als er, der auf den Wiesenhängen seine Schafe weidete. Ich erreichte ihn, ehe er in dem Hain verschwinden konnte, in dem es leichter war, mir zu entkommen. Als ich nahe genug war, schlug ich ihm mit meinem Grabstock in den Nacken. Sein Kopf kippte nach vorn, und er stürzte auf das Gesicht, gleich am Waldrand. Ich schlug auf ihn ein, bis sein Rücken eine blutige Masse war, die bewegungslos vor mir lag. An einem Arm zerrte ich ihn in den Wald und bedeckte ihn mit Ästen und Blättern. Dann ging ich den Weg seiner Flucht zurück und setzte mich an die Stelle, an der ich meinen Grabstock aufgehoben hatte.

Als ich abends zur Hütte zurückkam, sagte mein Vater: Wo ist dein Bruder Abel? – Ich antwortete: Ich weiß es nicht. Soll ich meines Bruders Hüter sein? – Nach einer langen Pause sagte mein Vater: Das Blut deines Bruders tränkt den Acker. Ich habe Gott gefragt, ob ich dich töten soll, aber er sagte, wenn Kain getötet wird, wird er siebenfach gerächt werden. Ich soll dir ein Mal geben, ein Zeichen, das jedermann abhält, dich zu erschlagen, damit du dein Leben unstet und flüchtig verbringst. –

Mit einer Lianenwurzel band er meine Hände und schnitt mit dem Messer in meine Stirn. Das ist heute eine große Narbe. Drei Tage ließ er mich liegen, dann verbannte er mich aus der Gegend, in der er lebte.

So pflanzt sich das Unrecht fort von Mensch zu Mensch, wenn einer glaubt, er sei der Freund Gottes und die anderen müßten ihm deswegen untertan sein. Wenn ich auch später eine ganze Stadt baute, die Stadt Henoch, über die ich hinsah, als ich dies schrieb, so bin ich doch herumirrend geblieben. Ich habe kein Vertrauen, und da, wo die anderen sich im Opfer bestätigt sehen und sich gerecht glauben wie mein Vater Adam, da sehe ich unendliche Räume voller Fragen. In meinen Ohren donnert es, wenn ringsum Stille ist, und wenn der Schein der Sonne ruhig auf dem Land liegt, füllen sich meine Augen mit Schrecken.

→ Genesis 4,1-17 *Robert Wolfgang Schnell*

4. Kain und sein Gott

Außer Bett und Vierbeinern ist da mein Betstuhl. Er muß, wie beinah alles in diesem Haus, meinem Onkel gehört haben. Woher er ihn hatte, weiß ich nicht, er betete jedenfalls nicht. Auch ich bete nicht, dennoch habe ich ihn zwischen Nähmaschinen, Harmonium, Kinderstall und anderem Gerümpel aus dem Schuppen hervorgeholt, habe ihn geputzt, poliert und hier aufgestellt. Ich denke, daß sich Celestina seiner bedient, wenn sie hier beim Aufräumen der Drang zum Beten befällt; ich selbst betrachte ihn nur vom Bett aus, nicht weil er schön wäre, obgleich er nicht häßlich ist –, ich sehe nicht auf seine Schönheit, ich sehe auf den, der da kniet und betet, sehe den feisten, fleischigen Rücken des Königs von Dänemark, ich bin Hamlet, ich sehe meinen Onkel Claudius, kauernd oder rutschend vor dem Stuhl, im Versuch, sein Verbrechen betend abzuwälzen, aber ich töte ihn nicht, ich verzichte, ich handle nicht, andere handeln, ich nicht. Ich sehe über die Schulter auf diesen Rücken, ich höre sein atemloses zischendes spuckendes Gebet, die Worte, wie sie ihm aus dem Munde purzeln, um am Boden zu zerbrechen, oder wie sie in Schwaden stehen bleiben, sinnloses Geschwafel, stinkend, rauchend, schwelend wie Kains Gebet – –

– nein. Das nicht, nicht Kains Gebet. Kains Gebet rauchte nicht und schwelte nicht. Es war, indem es um nichts bat, ein gutes, anständiges Gebet, vielleicht eines der letzen guten Gebete – da mag ich mich täuschen –, bestimmt aber das erste. Nur war es eben sinnlos, denn der Gott, an den es sich richtete, war anderweitig beschäftigt, es beliebte ihm, das Gebet nicht zu erhören, das wirft kein schlechtes Licht auf Kain, sondern vielmehr auf seinen Gott. Und warum erhörte Gott es nicht? Dieses Rätsel ließ mich lange nicht ruhen. Ich habe nie so recht über es hinweggehört oder hinweggelesen. Und unerwartet leuchtet es noch heute mitunter rot zwischen den Zeilen eines x-beliebigen Buches oder einer Zeitung auf. Es war das erste Rätsel, das mir entgegentrat, es ließ mich stolpern und hinfallen. Ich stand mühsam auf, verletzt und erstaunt, ich hatte kein Rätsel erwartet, zumindest nicht gerade hier, so nah am Anfang und nicht so früh, ich ging weiter, ein wenig langsamer als zuvor, ein wenig hinkend, aber mein leichtes Hinken nach Möglichkeit verbergend, mich seiner schämend, ich blickte auf das Rätsel zurück, da sah ich, wie es mich angrinste, offensichtlich hatte es schon manchen anderen zu Fall gebracht und freute sich jedesmal über den Fall. Es grinst noch heute unter all den grinsenden Rätseln, aber es war das erste, der Anfang aller Rätsel. Es ist aber auch der Anfang alles Unrechts, Anfang der Schuld Gottes, der aus keinem Grund Kain nicht gnädig ansah und sein Opfer aus Früchten des Feldes verschmähte, es in schwarzen rauchenden Schwaden am Boden schwelen ließ, so daß es den Opfernden zum Husten

brachte, ihn beinah erstickte, während er Abels Opfer, dampfendes Fleisch und Blut von ihm selbst zum Ruhme seines Gottes geschlachteter Tiere, Gedärme und Innereien und alles, zu sich aufsteigen ließ, genüßlich und in wohlgefälliger Betrachtung des Opfernden, der seinen Gott erkannt hatte und ihm die Wünsche vom Gesicht ablas, Gott wollte Fleisch. So war es, nicht anders. Diese Willkür, diese verletzende Laune Gottes glaubte Kain nicht ertragen zu können, er hatte seinen Schöpfer ernst genommen, hatte ihn geliebt, vergöttert, und in furchtbarer Enttäuschung erschlug er dessen Günstling, den eigenen Bruder, ja, so war es, und wurde dafür auf immer und ewig von ihm verdammt.
Es steht da geschrieben, Kain sei von heftiger, eifersüchtiger Gemütsart gewesen, Abel dagegen sanft und fromm. Aber wer hat das geschrieben? Der eifersüchtige Bauer und der fromme Jäger und Schlächter: Kain böse und mißgünstig, Abel gut und rechtschaffen –, nein, das ist nicht gut genug, diese Ordnung nehme ich dem Schöpfer der beiden nicht ab, geschweige denn seinen Chronisten, ich wüßte auch nicht, wer sie abnähme außer den fragefeindlichen Abnehmerverbänden –, ich frage, und meine Frage hallt durch das Haus durch die Nacht, und auch Celestina soll sie spüren –, ich frage: was gab es zu Kains Zeit an Gegenständen der Mißgunst, der Eifersucht, der Bosheit, der Niedertracht, schlechter Gelüste, unsauberer Gedanken? Die Erde soeben erst erschaffen, bevölkert von nicht mehr als vier Menschen, zwei davon schon ungerecht bestraft, ihr Leben verwirkt, was gab es da an Dingen und Gedanken, an denen das Böse sich hätte bilden können, was stand auf der Erde, an dem es sich hätte aufranken, in welchem Loch hätte es sich einnisten können? Wo war der Ansatz, an dem es sich eingefressen, sich ausgebreitet und weitergefressen hätte? Nirgends. Nichts da als ein trügerisches Paradies und Wüste und das schreiende Unrecht Gottes, dem es behagte, Kain zu verderben. Eine schwere Belastung, ein Makel, ein Zeichen an der Stirn, das haftet, nicht an Kain, sondern an seinem Schöpfer. Los davon!
Los von dieser Hand im Spiel, los von dem Spiel!

→ *Genesis 4,1-16* *Wolfgang Hildesheimer*

5. Die Berufenen

... et facta est pluvia super terram...

Der Morgen bevölkerte sich mit Kanus. Über das große stille Wasser, ein See oder Binnenmeer, das entstanden war aus der unsichtbaren Vereinigung des Flusses-rechterhand und des Flusses-von-oben, dessen Quellen niemand kannte, kamen die Boote, ungestüm anfahrend in dem Wunsch, die Wendigkeit der Schiffskörper vorzuführen, ehe sie mit einem einzigen Gegenzug der Ruder dort anhielten, wo andere, bereits ruhende Boote in Trauben Bord an Bord aneinanderlagen, reichlich besetzt mit Männern, die, um sich als Possenreißer aufzuspielen, zwischen Bug und Heck hin und her sprangen, Witze rissen und Grimassen schnitten an die Adresse derer, die sie nicht gerufen hattten. Dort drüben lagen ohne kriegerische Absicht, als hätten sie die unbereinigten Streitfälle vergessen, die feindlichen, seit Jahrhunderten wegen Frauenraub oder Mundraub sich befehdenden Stämme und sahen sich schwammig lächelnd an, wenn sie auch nicht so weit gingen, Gespräche anzuknüpfen. Hier lagen die aus Wapishan und die aus Shirisan, die dereinst – vielleicht vor zwei, drei, vier Jahrhunderten – einander die Hundemeuten niedergemetzelt und sich auf Leben und Tod bekämpft hatten, manchmal derart erbittert, daß keiner übriggeblieben war, der darüber hätte berichten können. Aber nichtsdestoweniger sprangen die Possenreißer mit ihren gelackten, mit Baumsäften bemalten Gesichtern von Boot zu Boot, stellten das um ein Präputium aus Hirschhorn verlängerte Geschlecht zur Schau und klapperten mit den Schellen und Rasseln, die sie sich um die Hoden gebunden hatten. Diese Eintracht, dieser Friede erstaunte die zuletzt Angekommenen, deren Waffen, mit rasch aufzuknüpfenden Schnüren gebündelt, wohl vorbereitet, aber dem Blick von außen verborgen, in Reichweite der Hand auf dem Boden des Kanus lagen. Die Ansammlung der Schiffe, die zwischen feindlichen Brüdern hergestellte Harmonie, die Dreistigkeit der Possenreißer: dies alles war nur, weil den Völkern allen verkündet worden war – den Völkern von oberhalb der Stromschnellen, den Völkern ohne Land, den feuerlosen Völkern, den Wandervölkern, den Völkern aus den roten Bergen, den Völkern vom Sehr-fernen-Zusammenfluß-der-Ströme –, daß der Alte Unterstützung brauchte bei einem großen Werk. Alle Völker, Freund oder Feind, achteten den Alten wegen seiner Weisheit und allumfassenden Kenntnis, wegen seines guten Rats und der vielen Jahre, die er nun schon auf dieser Welt verlebt hatte, und auch, weil es in seiner Macht gestanden hatte, dort oben auf dem Kamm des Berges drei Monolithe aufzustellen, die alle, sooft es donnerte, die Amaliwak-Trommeln nannten. Amaliwak war kein richtiger Gott, aber er war ein Mensch, der *wußte,* der vieles wußte, was den gewöhnlichen Sterblichen zu

wissen verwehrt war, der möglicherweise schon einmal Zwiesprache gehalten hatte mit der Großen-Schlange-lebenspendend, die auf dem Gebirge lag, seinem Umriß angeschmiegt wie eine Hand dem Umriß einer anderen Hand, und die jene furchtbaren Götter hervorgebracht hatte, die das Geschick der Menschen lenken, ihnen das Gute verleihen durch den regenbogengleichen Schnabel des Tukan und ihnen das Böse schicken durch die Korallenschlange, deren kleiner, zarter Kopf das schrecklichste aller Gifte birgt. Es war ein alltäglicher Witz, zu sagen, Amaliwak sei schon so alt, daß er mit sich selbst rede, daß er mit krausen Worten seine eigenen Fragen beantworte, daß er Krüge, Körbe und das Holz der Bogen befrage, als ob es Personen wären. Aber wenn der Alte von den drei Trommeln zur Versammlung aufrief, dann geschah dies, weil irgend etwas bevorstand. Und daher kam es, daß der sehr stille See aus der Vereinigung des Flusses-rechterhand und des Flusses-von-oben an diesem Morgen bevölkert und überfüllt war, verstopft mit Booten.
Als auf der Felsplatte, die wie eine gewaltige Tribüne die Wasser überragte, der alte Amaliwak erschien, entstand eine große Stille. Die Possenreißer sprangen in ihre Boote zurück, die Zauberer kehrten ihm das weniger taube Ohr zu, und die Frauen hörten auf, den runden Handstein über dem Maismahlstein zu rühren. Die letzten Reihen der Boote standen so fern, daß nicht zu erkennen war, ob der Alte älter geworden war oder nicht. Wie ein gestikulierendes Insekt, wie etwas sehr Winziges, Geschäftiges sah er auf der Felsplatte aus. Auf das Leben der Menschen, sagte er, kämen große Umwälzungen zu; die Schlangen, sagte er, hätten in diesem Jahr ihre Eier in die Wipfel der Bäume gelegt, und um großes Unheil zu verhüten, sagt er, sei es das beste, auch wenn sich Gründe dafür nicht angeben ließen, in die Hügel, in die Berge, in die höchsten Gebirge umzuziehen. „Dorthin, wo nichts wächst!" sagt ein Wapishan zu einem Shirishan, der dem Alten spöttisch lächelnd zuhörte. Doch nun erhob sich ein Geschrei auf dem linken Flügel, wo die Boote aus dem Oberland lagen. Einer schrie: „Und um das anzuhören, sind wir zwei Tage und zwei Nächte gerudert?" – „Was geht in Wirklichkeit hier vor?" schrien die von der Rechten. „Immer müssen die Schwächeren draufzahlen!" schrien die Leute von der Linken. „Zur Sache! Zur Sache!" schrien die von der Rechten. Wieder hob der Alte die Hand. Und wieder verstummten die Possenreißer. Der Alte wiederholte, daß er kein Recht habe, auszusprechen, was er erfahren habe durch Offenbarung. Daß er jedoch unverzüglich Arme brauche, Männer, die in kürzester Frist gewaltige Mengen von Bäumen fällten. Er würde sie in Mais bezahlen – seine Pflanzungen waren ausgedehnt – und in Yucamehl, wovon seine Lagerhäuser voll waren. Die hier Anwesenden, die mit ihren Kindern, ihren Zauberern und ihren Possenreißern gekommen waren, sollten alles bekommen, was sie brauchten, und noch weit mehr auf die Heimreise mitnehmen. In diesem Jahr – und das sagte er in einem merkwürdig heiseren Ton, der alle, die ihn näher kannten, überraschte – müßten sie keinen Hunger leiden und müßten nicht Erdwürmer essen

während der Regenzeit. Bäume fällen jedoch müßten sie, und zwar sauber. Sie unten in Brand stecken, dann fällen, danach die größeren und kleineren Äste abbrennen und die Stämme makellos abliefern, sauber und glatt wie die drei Trommeln, sagte er und wies hinauf, wo sie standen. Zu Wasser oder zu Land müßten die Stämme gebracht und in dieser Lichtung gestapelt werden, und hier – er wies auf eine große, natürliche Esplanade – würde auch mit Steinchen darüber abgerechnet werden, wieviel jedes Volk abgeliefert hatte. Der Alte hatte gesprochen, der Beifall war verklungen, die Arbeit begann.

„Der Alte ist verrückt." So sagten die Wapishan, so sagten die Shirishan, so sagten die Guahibos und Piaroas, so sagten alle mit Roden beschäftigten Völker, als sie sahen, daß der Alte mit den sauber abgelieferten Stämmen ein so ungeheuer großes Kanu zu bauen begann – einem Kanu jedenfalls glich, was er machte –, wie menschlicher Geist es nie hätte ausdenken können. Ein widersinniges, auf dem Wasser untaugliches Schiff, daß vom Fuß des Berges mit den drei Trommeln bis an das Ufer des Sees reichte und das inwendig Abteilungen hatte, vollkommen unerklärliche verstellbare Verschläge. Und dieses drei Stockwerke hohe Kanu, auf dem jetzt auch noch so etwas wie ein Haus entstand, mit einem Fenster auf jeder Seite und einem Dach aus vier dicken Lagen Palmblättern, hatte überdies einen so großen Tiefgang, daß die hiesigen Gewässer mit ihren vielen Sandbänken und den oft kaum überfluteten Felsblöcken es niemals würden tragen können. Deshalb war das Allerwidersinnigste, das Allerunbegreiflichste, daß dieses Ding wie ein Kanu gebaut war, mit Kiel und Heck und Vorrichtungen, die der Fortbewegung auf dem Wasser dienten. Niemals würde es fahren. Auch als Tempel taugte es nicht, da ja die Götter auf den Bergen in offenen Höhlen angebetet wurden, in welche die Altvordern Tiere und Jagdszenen und Frauen mit schwellenden Brüsten gemalt hatten. Der Alte war verrückt. Aber von seiner Verrücktheit lebte man. Es gab Maniok und Mais und sogar Mais, um in den Krügen Chicha anzusetzen. Und mit der Chicha wurden große Feste gefeiert im Schatten des Kanu-ungeheuer, das von Tag zu Tag höher wuchs. Jetzt verlangte der Alte das weiße Harz, das aus dem Stamm eines fettblättrigen Stammes quillt, um die Ritzen zu stopfen, die zwischen schlecht aufliegenden Stämmen entstanden waren. Nachts wurde im Schein der Lagerfeuer getanzt; die Zauberer holten die großen Vogel- und Dämonenmasken hervor; die Possenreißer ahmten Hirsch und Frosch nach; es gab Streit und Widerrede und unblutige Herausforderungen zwischen den Volksstämmen. Neue Völker kamen und boten ihre Dienste an. Es war ein einziges Fest, bis Amaliwak eines Tages einen blühenden Zweig auf dem First des Hauses befestigte, das auf dem Kanu-ungeheuer thronte, und entschied, die Arbeit sei nun beendet. Jeder wurde mit Mais und Yuca ordentlich ausbezahlt, und nicht ohne Wehmut machten sich die Völker auf und traten die Rückkehr in ihre jeweiligen Gebiete an. Zurück blieb unter dem Vollmond das widersinnige Kanu, das unerhörte Kanu, das auf dem Land gebaut worden war und nie auf dem Wasser schwimmen würde, mochte es auch aussehen wie ein Schiff-mit-Haus-dadrauf, mochte auch Amaliwak auf dem vierfachen Blätterdach stehen und fuchtelnd gestikulieren. Die Große-Stimme-des-der-alles-schuf sprach zu ihm. Er hatte die Schranken der Zukunft überschritten, und das Geheimnisvolle erteilte ihm Weisungen. „Die Erde mit neuen Menschen bevölkern, sorgen, daß seine Frau Palmsamen über die Schulter hinter sich werfe." Manchmal ertönte, schauerlich in ihrer todbringenden Süße, die Stimme der Großen-Schlange-lebenspendend, unter deren Singsang das Blut zu Eis erstarrte. „Warum muß gerade ich das große Geheimnis empfangen, das den anderen Menschen verborgen bleibt?" dachte Amaliwak. „Warum bin ich dazu berufen, die große Beschwörung zu sprechen und so große Aufgaben zu übernehmen?" Ein neugieriger Possenreißer war in einem Boot zurückgeblieben, um zu erfahren, was nun geschehen werde an dem Seltsamen-Ort-des-Kanu-ungeheuer. Und als der Mond hinter den Bergen verschwand, erschallten unerhörte, unbegreifliche Beschwörungen, von einer so gewaltigen Stimme ausgesprochen, daß es die Stimme Amaliwaks nicht sein konnte. Und etwas, das weit hinter dem Kahlschlag aus der Pflanzenwelt kam, aus den Bäumen, aus dem Boden, aus dem Geäst, fing zu gehen an. Springendes, Fliegendes, Kriechendes, Galoppierendes und Ruckendes rückte in einem fürchterlichen Getümmel gegen das Kanu-ungeheuer vor. Eine Masse aus Gebrüll und Prankenhieben, Rüsseln und Schnauzen, Aufbäumen und Hornstößen, eine entsetzliche, hastige, alles niedertrampelnde Masse schob sich in das unmögliche Schiff, das zugedeckt war von Vögeln, die zwischen Hörnern und Geweihen, aufgereckten Tatzen und nach dem Wind schnappenden Mäulern nur rasch, rasch hineinkommen wollten. Danach brodelte der Boden von Gewürm des Wassers und der Erde, unter dem weder die Rieseneidechse fehlte noch das Chamäleon noch die kleineren Schlangen, die mit dem Schwanz Musik machen, sich als Ananas tarnen und Bernstein- oder Korallenringe um den Leib tragen. Bis weit nach Mitternacht konnte man Tiervölker ankommen sehen, die, wie das Rotwild, die Nachricht nicht rechtzeitig empfangen hatten oder die, wie die Schildkröten, lange Reisen nur mühsam bewältigen konnten, zumal jetzt in der Laichzeit. Als der Greis Amaliwak sah, daß auch die letzte Schildkröte im Kanu war, schloß er die Große Luke und stieg zur höchsten Stelle des Hauses hinauf, wo die Frauen seiner Familie – das heißt, seines Stammes, da seine Leute mit dreizehn heirateten – singend am Maismahlstein mahlten. An diesem Mittag wurde der Himmel schwarz. Es war, als wäre die schwarze Erde schwarzer Landstriche von Horizont zu Horizont in ihn aufgestiegen. Da ertönte die Große-Stimme-des-der-alles-schuf: „Bedecke deine Ohren", sagte sie, und kaum hatte Amaliwak gehorcht, als ein langer Donner so schaurig hallend dahinrollte, daß alle Tiere im Kanu-ungeheuer verstummten. Dann fiel Regen. Aber kein Regen, wie wir ihn kennen, sondern ein Gotteszorn-Regen, eine unendlich dichte, von oben herabgelassene Wasserwand, ein unaufhörlich einstürzendes

Wasserdach. Da es unmöglich war, unter einem solchen Regen auch nur zu atmen, ging der Alte ins Haus. Schon tropfte es drinnen, schon weinten die Frauen, schon heulten die Kinder. Man wußte nicht mehr, ob es Tag oder Nacht war. Alles war Nacht. Natürlich hatte Amaliwak einen Vorrat an Dochten mitgenommen, die, wenn man sie anzündete, einen Tag oder eine Nacht lang brannten. Aber jetzt, in dieser gänzlichen Abwesenheit von Tageslicht, vertat er sich in seinen Berechnungen und gab Nacht als Tag und Tag als Nacht aus. Und in irgendeinem Augenblick, den der Greis niemals vergessen würde, begann plötzlich der Kiel des Kanus zu schlingern. Eine Kraft hob, schob, stemmte den Bau, der errichtet worden war auf Geheiß der Gewaltigen der Berge und des Himmels. Und nach einer Weile der Spannung, der Unschlüssigkeit, einer Furcht, die Amaliwak zwang, einen ganzen Krug Maisschnaps auszutrinken, gab es einen dumpfen Ruck. Das Kanu-ungeheuer hatte seinen letzten Halt auf der Erde verloren. Es schwamm. Und steuerte einer Welt von Sturzbächen entgegen, die von den Bergen herabbrausten in einem unaufhörlichen Getöse, das die Brust von Mensch und Tier mit Schrecken erfüllte. Das Kanu-ungeheuer schwamm.

Zu Beginn standen Amaliwak und seine Söhne und Enkel und Urenkel und Ururenkel breitbeinig auf Deck und versuchten unter großem Geschrei mit dem Steuerruder zu manövrieren. Es war ganz nutzlos. Zwischen Bergen und unter Blitzen trieb das Kanu-ungeheuer von Schnelle zu Schnelle, umschiffte Kurve um Kurve die Hindernisse, ohne irgendwo anzustoßen, da es sich, seiner Schwäche wegen, dem wütenden Strom der Wasser überließ. Als der Alte über Bord seines Kanu-ungeheuer spähte, sah er, daß sie sehr geschwind führungslos und richtungslos (aber waren da etwa Sterne?) dahinfuhren in einem Meer flüssigen Schlamms, in dem Berge und Vulkane immer kleiner wurden. Einem von diesen konnte man aus der Nähe schon in den engen Schlund schauen, aus dem er einst Feuer gespien hatte. Seine regennassen Lavalippen beeindruckten kaum mehr. Durch zunehmendes Verschwinden der Hänge schrumpften die Berge. Und so gelangte das Kanu-ungeheuer auf unsicheren Bahnen an unbekannte Plätze, drehte sich manchmal um sich selbst, ehe es über eine Wasserschanze einem Katarakt entgegenschoß, den jedoch die steigenden Wasser bereits zahm gemacht hatten. Durch unbekannte Schluchten fuhr es dahin, bis – nach den falschen Berechnungen Amaliwaks hatte es ungefähr zwanzig Tage auf diese entsetzliche Weise geregnet – kein Wasser mehr vom Himmel fiel. Ein großes stilles Gewässer entstand, ein ruhiges Meer zwischen letzten noch sichtbaren Berggipfeln und malerischen, viele tausend Palmen hohen Stränden, und das Kanu-ungeheuer hörte auf zu treiben. Es war, als ob die Große-Stimme-des-der-alles-schuf ihm eine Ruhepause verordnet hätte. Die Frauen kehrten an ihre Maismahlsteine zurück. Die Tiere unten waren ruhig: seit dem Tag der Offenbarung hatten sie sich mit einer täglichen Ration Mais und Yucamehl abgefunden,

mochten sie auch Fleischfresser gewesen sein. Amaliwak, der sehr müde war, goß sich einen großen Krug Chicha in die Kehle und legte sich in seiner Hängematte schlafen.
Am dritten Tag erwachte er von einem Ruck, mit dem sein Schiff gegen etwas gefahren war. Es war nichts Felsiges oder Steinernes, war auch keiner von den sehr alten Baumstämmen, wie sie versteinert und unberührbar in den Lichtungen des Urwalds lagen. Der Stoß war so heftig gewesen, daß allerlei Dinge umfielen: Krüge, Geräte, Waffen, aber es war ein weicher Stoß gewesen, wie wenn nasses Holz gegen nasses Holz prallt oder schwimmender Stamm gegen schwimmenden Stamm und beide mit abgeschundener Rinde traulich wie Mann und Frau ihren Weg gemeinsam fortsetzen. Amaliwak stieg in die oberen Stockwerke seines Gefährts. Sein Kanu war schräg auf etwas höchst Seltsames gestoßen: ohne irgend Schaden zu nehmen, war es gegen ein gewaltiges Schiff gefahren, an dem die Rippen freilagen, die Sparren vorsprangen, als wären sie aus Bambus- oder Schilfrohr, und an dem noch etwas sehr Merkwürdiges war: ein Mast, an dem sich je nach Brise – die großen Winde hatten sich bereits gelegt – vier Vieruckssegel drehten und die von unten einschlüpfende Luft auffingen wie ein Kamin. Während der alte Amaliwak das dunkle Schiff betrachtete, auf dem sich nichts Lebendiges rührte, begann er nach dem Augenmaß, das bei ihm durch den Kauf von Krügen – mit Chicha gefüllten, versteht sich – bestens geschult war, die Ausmaße abzuschätzen. Es war ungefähr dreihundert Ellen lang, ungefähr fünfzig Ellen breit und dreißig Ellen hoch. „Beinahe wie mein Kanu", sagte er, „nur daß ich die Maße, die mir durch die Offenbarung vorgeschrieben wurden, so weit wie möglich gestreckt habe. Denn weil die Götter immer im Himmel herumgehen, verstehen sie von Schiffahrt wenig." Nun ging in dem sonderbaren Schiff eine Luke auf, ein kleiner alter Mann mit einer roten Mütze auf dem Kopf erschien darin und war anscheinend bitterböse. „Was? Wird nicht vertäut?" schrie er in einer eigenartigen Sprache, die Amaliwak aber verstand, weil die weisen Männer in jenen Zeiten alle Sprachen, Dialekte und Kauderwelsche der Menschen verstanden. Amaliwak befahl, Taue zu dem fremdartigen Schiff hinüberzuwerfen, man vertäute, und nun umarmte der eine Greis den anderen, ein wenig gelbgesichtigen Greis, der sagte, er komme aus dem Reich Sin und habe alle Arten Tiere aus diesem Reich im Bauch seines Schiffes. Er öffnete die Luke, und Amaliwak blickte auf eine Welt unbekannter Tiere, die in schrittbeschränkenden Holzverschlägen zoologische Spielarten aufwiesen, von denen er sich nichts hätte träumen lassen. Mit Schrecken sah er, wie ein garstiger schwarzer Bär zu ihnen hochkletterte, und unten standen Tiere, die wie große Hirsche aussahen, aber Höcker auf dem Rücken trugen, und da waren auch ein paar nie ruhende Springkatzen, die Jaguar hießen. „Was tun Sie hier?" fragte der Mann aus Sin Amaliwak. „Und Sie?" fragte Amaliwak zurück. „Ich rette die Gattung Mensch und alle Gattungen Tiere", sagte der Mann aus Sin. „Ich rette die Gattung Mensch und alle Gattungen Tiere", sagte der Greis Amaliwak.

Doch da die Frauen des Mannes aus Sin Reiswein brachten, wurden in dieser Nacht schwer zu klärende Fragen nicht weiter erörtert. Beide waren ein wenig betrunken, der Mann aus Sin und der Greis Amaliwak, als die beiden Schiffe im Morgengrauen unter einem gewaltigen Stoß erdröhnten. Ein viereckiges Schiff, dreihundert Ellen lang, ungefähr fünfzig Ellen breit, dreißig (in Wirklichkeit waren es fünfzig) Ellen hoch und darüber ein Wohnhaus mit einem Fenster auf jeder Seite war auf die vertäuten Schiffe aufgefahren. Am Bug stand ein sehr greiser Alter mit lang wallendem Bart und verlas, ehe er durch ein übles Seemannsmanöver dazu aufgefordert werden würde, was auf einer Tierhaut geschrieben stand: „Jahwe sprach zu mir", sagte er, „Mache dir einen Kasten aus Tannenholz und manche Kammern darin und verpiche ihn mit Pech innen und außen. Und mache ihn so: dreihundert Ellen die Länge, fünfzig Ellen die Breite und dreißig Ellen die Höhe. Und er soll drei Stockwerke haben, eines unten, das zweite in der Mitte, das dritte oben." – „Auch wir haben drei Stockwerke", sagte Amaliwak, doch der andere fuhr fort: „Denn siehe, ich will eine Sintflut kommen lassen auf Erden, zu verderben alles Fleisch, darin Odem des Lebens ist, unter dem Himmel. Alles, was auf Erden ist, soll untergehen, aber mit dir will ich einen Bund aufrichten, und du sollst in die Arche gehen mit deinen drei Söhnen und mit deiner Frau und den Frauen deiner Söhne." – „War das etwa nicht haargenau, was ich getan habe?" sagte Amaliwak. Doch der andere fuhr fort, den Text seiner Offenbarung zu verlesen. „Und du sollst in die Arche bringen von allen Tieren, von allem Fleisch, je ein Paar, Männchen und Weibchen, daß sie lebendig bleiben mit dir: von den Vögeln nach ihrer Art, von dem Vieh nach seiner Art und von allerlei Gewürm auf Erden nach seiner Art: von dem allen soll je ein Paar zu dir hineingehen, daß sie leben bleiben." – „Habe ich das etwa nicht getan?" fragte sich der Greis Amaliwak und fand, daß dieser Ausländer denn doch ziemlich angab mit seiner Offenbarung, die den anderen so sehr glich. Aber als man von Schiff zu Schiff ging, knüpften sich die Bande wechselseitiger Zuneigung. Sowohl der Mann aus Sin wie der Greis Amaliwak wie auch der zuletzt angekommene Noah waren große Zecher. Bei dem Wein des letzten, der Chicha des Alten und dem Reiswein des ersten besänftigten sich die Gemüter. Sie fragten, anfangs noch schüchtern, nach den Völkern eines jeden, nach ihren Frauen, nach ihren Eßgewohnheiten. Es regnete nur noch ab und zu und nur wie um den Himmel heller zu waschen. Der Noah in seiner massiven Arche schlug vor, man sollte etwas tun, um festzustellen, ob alles pflanzliche Leben aus der Welt verschwunden wäre. Er sandte eine Taube aus über die ruhigen, wenngleich unsäglich schlammigen Wasser. Nachdem sie lange gewartet hatten, kam die Taube zurück und trug einen Ölzweig im Schnabel. Darauf warf der Greis Amaliwak eine Ratte ins Wasser. Nachdem sie lange gewartet hatten, kam die Ratte zurück und trug einen Maiskolben zwischen den Pfoten. Darauf schickte der Mann aus dem Lande Sin einen Papagei aus, der mit einer Rispe Reis unter dem Flügel zurückkam. Das Leben nahm wieder seinen Gang.

Es fehlte nur noch eine Weisung seitens Derer, die aus ihren Tempeln und Höhlen das Kommen und Gehen der Menschen überwachen. Die Wasser sanken.

Die Tage vergingen. Es schwieg die Groß-Stimme-des-der-alles-schuf, es schwieg die Stimme Jahwes, der anscheinend längere Gespräche mit Noah geführt und ihm genauere Weisungen erteilt hatte, und es schwieg auch die Stimme-des-der-alles-schuf und schwerelos wie eine Luftblase im Raum lebte, die zu dem Mann aus Sin gesprochen hatte. Ratlos standen die Kapitäne der drei bordseits vertäuten Schiffe und wußten nicht, was sie tun sollten. Die Wasser fielen, die Berge wuchsen empor, über den aus Nebeln auftauchenden Landschaften traten die Gebirgszüge wieder hervor. Und eines Abends, als die Kapitäne tranken, um sich abzulenken von ihrer Unruhe und schweren Gedanken, erschien ein viertes Schiff. Es war fast weiß und von wunderbar zarten Linien, glatt an den Bordwänden, und hatte Segel von hierzulande nie gesehener Form. Geschmeidig legte es an, und gleich darauf erschien, in einen schwarzwollenen Umhang gehüllt, der Kapitän. „Ich bin Deukalion", sagte er, „und komme von dort, wo ein Berg namens Olymp in die Wolken ragt. Der Gott des Himmels und des Lichts hat mich geheißen, die Erde neu zu bevölkern, wenn die furchtbare Sintflut vorbei ist." – „Und wo haben Sie in diesem winzigen Schiff Ihre Tiere?" fragte Amaliwak. „Von Tieren wurde mir nichts gesagt", erwiderte Deukalion. „Wenn alles vorbei ist, nehmen wir Steine, die ja nichts anderes sind als die Gebeine der Erde, und mein Weib Pyrrha wird sie über die Schulter hinter sich werfen." – „Dasselbe soll ich mit Palmsamen tun", sagte Amaliwak. Unterdessen schoß aus dem Dunst, der über den ständig näherrückenden Küsten aufstieg, ein massiges, Noahs Arche ganz ähnliches Schiff hervor, als liefe es Sturm. Durch ein geschicktes Manöver der Besatzung drehte es und legte bei. „Ich bin Utnapishtim", sagte der neue Kapitän und sprang auf Deukalions Schiff. „Der Herr-der-Gewässer hat mir kundgetan, was geschehen würde. So habe ich die Arche gebaut und mich mit meiner Familie und Tieren aller Art eingeschifft. Das Schlimmste, scheint mir, ist vorbei. Ich habe zuerst eine Taube in die Luft geschickt, aber sie kam zurück und hat nichts gefunden, was auf Leben schließen ließ. Das gleiche geschah mit der Schwalbe. Aber der Rabe kam nicht zurück, und das beweist, daß er Futter gefunden hat. Ich bin sicher, daß in jener Gegend meines Landes, die Mund-der-Flüsse heißt, noch Menschen am Leben sind. Es ist an der Zeit, daß jeder von uns in sein Land zurückkehrt. Bei der vielen Erde, die von überall her auf die Felder gewälzt wurde und auf ihr abgelagert ist, werden wir gute Ernten haben." Und der Mann aus Sin sagte: „Bald werden wir die Luken öffnen, und die Tiere werden auf die schlammigen Weiden springen, und dann beginnt wieder der Kampf zwischen den Arten, und eins wird das andere verschlingen. Ich kann mich nicht rühmen, die Gattung der Drachen gerettet zu haben, und das bedaure ich, da diese Gattung nun ausstirbt. Aber im Norden, wo die Elefanten mit geschwungenen Stoßzähnen weiden und die Echsen Eier legen, so groß wie Sesamsäcke, fand ich nur ein Drachenmännchen ohne Drachenweibchen." – „Alles hängt davon ab, ob die Menschen gebessert aus diesem Ereignis hervorgehen werden", sagte Noah. „Sicherlich haben sich viele auf die höchsten Berge gerettet."

Schweigend speisten die Kapitäne zu Abend. Eine große uneingestandene Betrübnis, die sie in tiefster Brust verschlossen hielten, trieb ihnen Tränen in die Kehle. Dahin war all ihr Stolz, sich für die Auserwählten und Gesalbten halten zu dürfen, denn schlußendlich gab es doch mehrere Gottheiten, die auf gleiche Weise zu ihren Menschen sprachen. „Sicherlich fahren irgendwo noch andere Schiffe wie die unseren", sagte Utnapishtim bitter. „Sicherlich gibt es hinter dem Horizont noch andere Berufene, die mit ihrer Fracht Tiere auf dem Wasser unterwegs sind. Sicherlich befinden sich darunter auch die aus dem Land, in dem das Feuer und die Wolken angebetet werden." – „Sicherlich auch die aus dem Norden, die, wie es heißt, unheimlich tüchtig sein sollen." In diesem Augenblick hallte in Amaliwaks Ohren die Stimme-des-der-alles-schuf: „Hebe dich hinweg von den anderen Schiffen und lasse dich treiben von den Wassern." Niemand außer Amaliwak vernahm den ungeheuren Befehl. Doch etwas widerfuhr einem jeden, denn eilig brachen sie auf, ohne voneinander Abschied zu nehmen, und kehrten in ihre Schiffe zurück. Unversehens war der Greis Amaliwak mit seinen Leuten und seinen Tieren wieder allein. „Der Götter sind viele", dachte er, „und wenn der Götter so viele sind wie der Völker, kann keine Eintracht herrschen, sondern in Uneinigkeit wird man leben und in großem Streit um die Dinge des Universums." Die Götter wurden kleiner in seinen Augen. Aber noch hatte er eine Aufgabe zu erfüllen. Er landete mit dem Kanu-ungeheuer an einem Ufer, und da er hinter einer seiner Gemahlinnen herging, hieß er sie die Palmsamen, die sie in einem Sack bei sich trug, über die Schulter hinter sich werfen. Und wunderbar war es anzusehen, wie sich die Samen auf der Stelle in Menschen verwandelten und im Nu von Kindergröße zu Knabengröße und von Knabengröße zu Jünglingsgröße und von Jünglingsgröße zu Mannesgröße aufwuchsen. Mit den Samen, die weibliche Keime enthielten, geschah das gleiche. Als der Morgen zu Ende ging, füllte eine wimmelnde Menge das Ufer. Doch gleich darauf schied eine dunkle Angelegenheit, ein Frauenraub, die Menge in zwei Parteien und Krieg brach aus. Eilig kehrte Amaliwak in sein Kanu-ungeheuer zurück, als er sah, wie die eben erst geretteten, neu geschaffenen Menschen sich gegenseitig umbrachten. Aus den Stellungen, die sie auf dieser zu ihrer Wiederauferstehung auserwählten Küste im Kampf einnahmen, war deutlich zu ersehen, daß sich eine Bergpartei und eine Talpartei gebildet hatten. Schon hing diesem ein Auge mitten im Gesicht, schon quollen jenem die Eingeweide aus dem Bauch, schon hatte einem dritten ein Stein den Schädel gespalten. „Ich glaube, wir haben unsere Zeit vergeudet", sagte der Greis und machte sein Kanu flott. Und in dieser Nacht soff er gewaltig.

→ *Genesis 6,5-9 17* *Alejo Carpentier*

6. Sintflutpiraten

Gut überlebt, dort oben, an den versalzten Hängen des Ararat! Das Büchsenbrot wird nicht alle, und das Bier reicht bis zur nächsten Arche. Proviant der Archen häuft sich in schnell errichteten Vorratshäusern, die eigenen Reserven sind noch nicht angegriffen worden. Für wie viele Ochsenbraten reichte das Holz einer einzigen Arche! Das Holz wird nicht alle, und das Fleisch reicht bis zur nächsten Arche.

Regengüsse, verspätete kleine Fluten, schwemmten das Salz aus Bäumen und Unterholz. Das Gras richtete sich wieder auf, gesättigte Männer sitzen in der Sonne und lassen die Beine von blankgewaschenen Felsen baumeln. Es ist alles da: Pelze und Häute von geschlachteten Tieren, Alkohol, Konserven, Fische und Tabak. Sie liegen im Moos und schloten vor sich hin. Gute Gewißheit, daß alles von nun an Existierende zu ihrem Gebrauch bestimmt ist. Teppiche! Man kann schlafen und die Tage und Nächte vor sich her in einen neuen Kalender schieben. „Eines Tages werden die Tauben aller noch herumschwimmenden Archen in die gähnenden Münder der Ararat-Leute fliegen."

In der Zwischenzeit macht man Kleinholz aus gekaperten Archen und errichtet eigene Unterkünfte: weiträumige Bungalows aus Holz und Blech, Herrschaftsgebäude mit Kaminen, Fliegengittern und überdachten Terrassen. Man richtete Bordelle ein (vorerst spärlich belegte) und stopft in die Salons, was sich an Sofas, Bademänteln, Nippes und dergleichen unter der Ausbeute befindet. Man baut Kneipen, Vorratshäuser und Lagerschuppen (es haben sich Sachen eingefunden, die vorerst nicht zu verwerten sind, wie Pferdesättel, Brautkleider, Uniformen, halbe Fahrräder und kaputte Maschinen).

Menschenfresserische Monotonie der Tage und Nächte. Bleierne Wasserscheibe ringsum mit geschlossenem Horizont, den seit Wochen keine Arche mehr durchbrochen hat; der sich oftmals vom Himmel nicht mehr unterscheidet und glauben macht, man stecke fest in einem heißen, immer dicker werdenden Brei aus Licht. Der Himmel hängt schwer auf die Spitze des Ararat durch. Die könnte den Himmel aufschlitzen, und der ganze Kram von jenseits fiele herunter, das fehlte noch! Wer den Anblick des Wassers, die totale Weltallgrenze nicht erträgt (es gibt solche Leute), zieht sich in einen Schatten zurück und trinkt bis zur Dunkelheit. Es kommt vor, daß sich weit draußen Strudel bilden, geräuschvoll wachsend, Mahlströme, in sich selbst drehende Wasserspindeln von riesenhaften Ausmaßen, die schmatzen, schäumen, saugen, sich hochstülpen und nach Stunden ein Haus in den Himmel spucken, das sofort wieder untergeht. Auf vorgeschobenen Felsen sind Aborte errichtet worden; der Kot klatscht aus großer Höhe in die Dünung, und wenn Wind gegen den Ararat steht, rieselt Urin über essende und über schlafende Männer. O alte Bücher Toilettenpapier!

Das Geschäft heißt: warten, Flinten reinigen und schichtweise nüchtern oder betrunken die Meerflächen im Auge behalten für den Fall, daß eine Taube einfliegt, eine Arche den Horizont befährt. Fliegenwolken kreisen um schweißnasse Sintflutfischer und tote Wale. Fliegen überall, nach langer Magerzeit fett geworden von den Abfällen der ungeheuren Schlachtung. Fliegen: die einzigen Lebewesen, die in Mengen übriggeblieben sind. Warten und Fliegen erschlagen, während die Bärte wachsen, abgenommen werden, von neuem wachsen und die Kinnladen unter Barthaar und schnell angefressenem Fett verschwinden. Die Messer sind lange rostig, die Steine lange salzig gewesen. Jetzt hört man wieder Messerwetzen von Männern, die sich rasieren, weil sie für ihre Messer keine bessere Verwendung haben.

Was für ein Zeug ist mit den Archen auf den Ararat gekommen! Schnell zusammengepacktes Gerümpel der alten Welt, unverständlich, wenn die Zusammenhänge zerstört sind, Kram für unsägliche Bedürfnisse, Menschenklamott – man wirft das der versunkenen Erde hinterher ins dreckige Wasser: Geld, Servietten, Brillengestelle, Prothesen, Akten, Zeitschriften, Formulare und Bilder, Heringsfässer, Fässer voll Melasse und Lebertran, Einwohnerverzeichnisse verschiedener Städte, Götterbilder und Steine. Was sich als eßbar und trinkbar erweist oder einmal Verwendung finden könnte, ist in Lagerhäusern sichergestellt worden. Die Köche und Handwerker suchen sich heraus, was sie brauchen, und Männer, die nichts zu tun haben, flicken Ledersessel und bauen Laufräder für das Mäusepaar.
Die Mehrzahl der Tiere ist ersäuft worden; die Elefanten sackten weg mit gurgelnder Trompete; ein paar Hunde, Katzen und Käfer wurden übriggelassen zum Beseitigen der Abfälle, und ein paar Vögel sind übrig, da sie niemandem im Weg sind. Ein paar Hasen und Maultiere sind übrig, und drei oder vier Wildsäue haben sich rechtzeitig über die Baumgrenze abgesetzt. Fasanen, Bekassinen, Raubvögel und Wildenten garantieren zukünftige Jagden. Die Fleischfresser sind alle ertränkt und weggeschwemmt worden. Keine Frösche und Schlangen mehr. Vielleicht, daß eines Tages Tiere zum Vorschein kommen, die man seinerzeit übersehen hat, und man läßt sie am Leben, weil sie nicht stören oder als Haustiere zu gebrauchen sind. Wenn Verdruß über Enge und Ödigkeit des Insellebens überhand nimmt, ist es gut, sich daran zu erinnern, daß zwischen ihnen und dem Veranstalter der Flut nichts existiert als das Wasser und ein paar Archen, die man ihm zu gegebener Zeit wegnehmen wird. „Wir sind ganz groß in die Sache eingestiegen, und wir werden ganz groß aus ihr herauskommen, zu unserer Zeit."

Die letzte Taube fliegt an vom Meer und läßt sich auf dem Terrassengelände der Küche nieder. Küchenjungen fangen sie ein, man beschlagnahmt sie und steckt sie in einen Käfig. Zum Abend wird eine Vollversammlung einberufen.

Man erörtert die Frage, was man diesmal in den Schnabel tun soll: Ölzweig, Tannenzapfen, Unkraut, vielleicht ein Stück vorsintflutlicher Zeitung? Bis in die späte Nacht hinein verfaßt man einen Text im alten unschuldigen Flaschenpoststil: Position des Berggipfels, Zahl der Überlebenden, Zeitangabe und *hier ist trockenes Land!*
Nach zwei Tagen schiebt sich die letzte der verzeichneten Archen vor den Horizont. Großstadt-Arche, enormen Schatten vorauswerfend. Sie stehen mit Ferngläsern auf ihren Terrassen und grunzen, es herrscht Zufriedenheit. Letzte Aktion vor Weltbeginn. „Wenn wir den Trumm erledigt haben, wird Gott sich vielleicht von uns erklären lassen, wie es dazu gekommen ist."
Das turmhohe Schiff schrotet langsam um den Ararat herum. Eine harmlos erscheinende Gruppe von Ararat-Leuten lotst die Arche in eine günstige Position. Das Umsteigen der Besatzung in Rettungsboote erfolgt schnell. Aufatmen bei Anblick festen Landes und frische Hoffnung macht die Geretteten dumm. Sie steigen an Land und werden beseitigt, spurlos, außer Sichtweite der Arche. Man begibt sich an Bord, verschafft sich Übersicht und sortiert rasch: Die Frauen werden in die Boote verladen und gleich an Land gebracht.
Die Männer der Arche haben Waffen, Wertsachen und Kleider abzulegen, erhalten Schläge ins Genick und werden ins Wasser gerollt. Pferde, Schweine, Rinder und Vögel an Land. Keiner kann verhindern, daß Ratten zu Hunderten die Arche verlassen und an Land schwimmen.
Noch einmal Gerümpel der abgesoffenen Welt und einiges, was man übernehmen kann: Sternkarten und Seife, Hutschachteln, Tierfutter, Heu, Edelhölzer, Betten und Hängematten. Wer Raubfieber hat, plündert die Arche in eigener Sache, sichert sich ein Teil und schafft es in seinen Bungalow. An stählernen Seilen verankert, schaukelt die Arche neben dem Ararat, ein zweiter Gipfel, und ohne Fahne. Dieses letzte Utensil kann bleiben, bis es verfault oder abgetragen ist.
Es folgen lärmende Nächte, Feste und Feiern ohne Ende, anhaltende Berauschtheit. Trunksucht sabbert auf engem Raum und klammert sich an Flaschenhälsen und Frauenbeinen fest. Zertrümmerte Klaviere werden ins Wasser gestoßen. Scherben, Knochenbrüche, ausgeschlagene Zähne. Besinnungslose Bruderschaften. Umarmungen, blutig und endlos. Alles verläuft zur Zufriedenheit. Der neue Kalender tritt in Kraft, während die Männer schnarchend auf ihren Terrassen liegen oder mit Delirien zu kämpfen haben. Das Wasser scheint in unveränderter Höhe stehen zu bleiben, aber es wird fallen, es muß doch fallen. *Das Wasser wird fallen, es muß doch fallen,* und sie steigen ab, langsam, Bergschlitten und Lasttiere im Gefolge. „Wir sind die letzten, und wir sind die ersten! Aus uns wird kommen, was da künftig lebt. Wir taufen, wir richten ein, wir diktieren Zeit, Religion und Legende. Unter dem Wasser eine neue Welt!"
Fieberzonen, Seuchen, Sumpfland, erstickte Wälder. Ödnis, Fischfäulnis und die Ertrunkenen, die Ertrunkenen eines ganzen Erdballs – aber die Sonne frißt

das auf, das Salz nagt es weg, und die Luft wird reinigen. Das Skelett der Arche baumelt am Gebirgshang, Vogelschnäbel rupfen an abgebrochenen Nägeln. Die Tiere, sich selbst überlassen, fliehen voraus oder folgen in weitem Abstand. Wind scheuert das Salz von den Steinen. Ein kleiner Regen schwemmt den Abfall bergab.

→ *Genesis 6,5-9,17* *Christoph Meckel*

7. Der Turmbau

... und wer behauptet, hinter Henrys Kopf sei eine Homerbüste zu sehen und rechts und links davon Arrangements aus Blattpflanzen, überdies an den Wänden Fresken, die nur noch zu erkennen sind, weil Restauratoren sie mit großem Aufwand retteten, also der ist außerstande, Henrys Gedankengängen zu folgen, seinen einleitenden Ausführungen über die Notwendigkeit der Gründung des Zentrums für langfristige Prognostik, über die Misere unserer Städte, welche infolge ihres ungesteuerten Anwachsens zu Ballungszentren entartet sind, in welchen jeden Tag zweimal der Verkehr zusammenbricht, so daß man nicht mehr vorwärts und nicht mehr rückwärts kommt, niemand mehr aus noch ein weiß, in denen auch keine Nachbarschaft mehr stattfinden kann, Menschsein einfach nicht mehr möglich ist, und das wird immer schlimmer.
Henry meint, was diese kranke Stadt am nötigsten habe, seien kompromißlose Entscheidungen, saubere Lösungen, sonst liefen wir Gefahr, neue Altstädte zu bauen oder, um den Bundeskanzler zu zitieren, das modernste Museum der Vergangenheit zu werden; eine Gefahr, der nur mit spektakulären Neuerungen entgegengetreten werden könne, mit Sofortprogrammen, für welche die konventionellen Materialien so wenig ausreichten wie die gewachsenen Baugründe, Sofortprogramme, von denen der Himmel wisse, in welcher Wahlperiode sie ihren Platz fänden und wie sie durch die Instanzen zu ziehen seien, aber, und das stehe völlig außer Frage, die Zeit sei nicht mehr fern, in der bewohnbare Zellenberge nach Art vergrößerter Schäume sich auf den Weltmeeren türmten, ja, sich in deren Untergrund senkten, wie denn, meine sehr verehrten Damen und Herren,

Magnifizenz, liebe Kommilitonen, Utopien legale Mittel sind, um der Zukunft auf den Leib zu rücken.
Wenn er, Henry, seinen bescheidenen Teil dazu beitragen dürfe, wolle er heute und hier in dieser altehrwürdigen Aula, in deren Gestühl schon Gott weiß wer gesessen habe – er zählt auf, wer –, wolle er seinen verehrten Zuhörern unter Zuhilfenahme jenes Modells, über das mancher den Kopf schütteln mag, seine Turmstadt von morgen demonstrieren und ersuche die verehrten Anwesenden dringend, alle gestrigen und heutigen Vorstellungen fahren zu lassen, sich von liebgewordenen Silhouetten frei zu machen und ihm in eine der Raumstädte zu folgen, die mehr in der Luft als auf der Erde beheimatet seien. An die Hand nehmen wolle Henry jeden, der guten Willens sei, um mit ihm gemeinsam das Für und Wider bahnbrechender Entwicklungen zu erörtern, die, darüber müsse man sich im klaren sein, durch nichts aufzuhalten seien, bei denen man aber, und das könne nicht nachdrücklich genug betont werden, immer den Menschen im Auge behalten müsse, denn der Mensch, sagt Henry, sei und bleibe nun einmal der Maßstab für alles, was zu tun und was zu lassen sei, das A und O, an dem Zielmöglichkeiten gemessen werden sollten in eine Zukunft hinein, die schon begonnen habe, deren Morgenröte wir bereits sähen. Amen.
Und nun kommt jener Augenblick, über den sie sich freuen sollte, seine Sternstunde, die Ingangbringung von etwas, das aussieht wie eine saubere Lösung. Er steht nicht mehr vor der Büste des angeblich blinden Sängers, er rückt die Zukunft in Reichweite, schiebt sein Luftschloß in greifbare Nähe, keinen Steinwurf von ihrem Ehrenplatz entfernt, nimmt seine Zuhörer an die Hand, um sie aus dem Dilemma hinwegzuführen in die Richtung, in die er sich entfernt hat. Das geht lautlos vonstatten, denn selbstverständlich ist für Trittschall gesorgt. Auch braucht man sich nichts überzuziehen, die kreuzungsfreien Straßen sind voll klimatisiert unter einer pneumatisch gespannten Haut. Nur Schlachthäuser, Kirchen und Schwerindustrie liegen außerhalb des Turmes, in dem dreißigtausend Menschen eine Bleibe finden, was heißt Bleibe finden, was sie vorfinden werden, ist ein Hotel mit drei Sternen, in dem sie sich mit nichts mehr herumschlagen, nie mehr ihre liebe Not mit etwas haben werden, denn hier kann sich nichts mehr verfestigen, alles ist fließend, alles frei, alles auswechselbar, alle Abmachungen kündbar, ganz neue Menschen beziehen ganz neue Räumlichkeiten. Das eigentliche Stadterlebnis beginnt angesichts der Fassaden. Henry demonstriert ihre totale Flexibilität, indem er mit dem Zeigefinger beliebige Wohnzellen in Richtung des Lichteinfalls dreht. Die Bedürfnisse des modernen Urbanismus könnten nicht unsichtbar bleiben, nur was zu sehen sei, könne auch diskutiert werden. Henry setzt den drehbaren Sockel in Gang, auf dem das Modell steht. Sie sieht sich in den überdachten Gehsteigen zwischen den Pappfigürchen, von denen sie zwei an den Köpfen nicht aufgeschnitten hat, damit sie sich gegenseitig Halt geben. Beim Betreten der Empfangshalle umklammert sie Henrys Hand, obwohl er wiederholt versichert, das Fundament müsse für dieses Projekt

tunlichst auf Felsengrund stehen, dessen bereits verwitterte Schichten abgetragen und der bis zur gewünschten Tiefe ausgesprengt wurde, um dem Druck des Hauses standzuhalten. Nein, Henry hat nicht auf Sand gebaut. Sein Mund sagt mit beredter Stimme, die Hochlegung des Wohnens sei eine zwingende Notwendigkeit und man müsse versuchen, aus der Not eine Tugend zu machen, und dabei auf der Hut sein, nicht wieder das falsche Projekt zu verwirklichen.
Sie weiß auch nicht warum, aber sie streift im Vorgefühl des Kommenden die Schuhe von den Füßen, schließlich betritt sie als erste noch nicht Betretbares. Geht mit der Zeit, das heißt, die Zeit geht mit ihr um, transportiert sie mit Rolltreppen und Paternostern in der dritten Dimension durch das, was Henry seinen bescheidenen Anteil genannt hat. Manchmal gewinnt sie einen eingebauten Durchblick am Ende konisch zulaufender Wände. Noch sieht man unten die fehlgeplante Stadt von anno Tobak liegen, die so festgefahren ist und so unwiederbringlich dahin. Noch aus dem dreißigsten Stockwerk kann sie das Haus erkennen, in dem sie gewohnt haben, aber sie macht sich frei von liebgewordenen Silhouetten, man kann nun einmal nicht mit zurückgewandtem Blick vorwärtsschreiten, sagt Henry, und Träger eines Zeitwillens sein. Henry ist groß im Kommen. Sein Projekt hat eine Gesamthöhe von dreihundertfünfzig Metern einschließlich der Antennengebilde.
Was noch getestet werden muß, ist die Zimmerhöhe in den Wohntrakten, um das Wohlbefinden der Mieter zu gewährleisten. Selbstredend ist sie gerne bereit, diesbezügliche Versuche mit sich anstellen zu lassen. Sie müssen nur die ersten hundert Meter unter sich bringen, in denen Betriebe, Schulen, Theater, Hörsäle, Kindergärten, Spielplätze, Hallenbäder, Shoppingzentren, Krankenstationen et cetera et cetera untergebracht sind. Sie fahren durch umbautes künstliches Licht, vorbei an Ziergärten, Portierlogen, Garderoben. Nicht immer gelingt es ihnen, in denselben Paternoster zu treten. Mitunter wird jeder in seinem eigenen Kasten hochgezogen, sie weiß, als seine Frau macht sie eine unglückliche Figur, eine Frau auf Strümpfen macht immer eine unglückliche Figur. Manchmal sieht sie an der gegenüberliegenden Wand Henry aufkommen, seinen Kopf zuerst, die Büste, Arme, Bauch, Beine. Er trägt einen Wegwerfanzug, den sie nicht kennt. Er redet ohne Punkt und Komma über Müll Feuer- und Bombensicherheit Wasser und Abwässer Frischluft Heizung und Kühlung und wie alle Welt Nutznießer jener Energien sein werde, die er eigenhändig aus dem Kosmos sowie den tiefsten Tiefen der Erde erschließen wird. Von allen Alltagssorgen entlastet, wird der Mensch, Henrys Mensch von morgen, den wir wie gesagt im Auge behalten haben, nur noch zwei Stunden am Tag arbeiten müssen, der Rest ist Zeit, die totgeschlagen werden muß, jeden Tag eine Überdosis freie Zeit. Henry verspricht ihr, während sie großzügig die lichte Höhe durchmessen, ihr künftig alle Schwierigkeiten aus dem Wege zu räumen, obwohl er ihr doch bisher alles aufgehalst. . . aber das wollen wir mal dahingestellt sein lassen, es wird sich alles alles wenden.

Verfahren kann man sich nicht, kein Drängeln, kein Warten, eine sich selbst ergebende Ordnung, am besten, sie nehmen den direktesten Weg nach oben im Lastenaufzug in der Achse des Zylinders stehen, die Köpfe aneinandergelehnt, zwei Pappkameraden, zwischen allseitig verwendbaren nutzungsneutralen maßkoordinierten Materialkombinationen, die zur alternativen oder kombinierten Verwendung auf die Wohntrakte verteilt werden.
Der Lastenaufzug fährt reibungslos. Nichts knirscht mehr. Kein Lärmproblem. Über der Tür leuchten und erlöschen Worte wie *Turm-Stadt-Parlament Hobbyräume Geschirrleihe XI Stätte der Begegnung Spielautomaten Vor- und Garküche Grillraum XXX Entspannungszentrum V*. Sie fahren und fahren. Der Verkehr findet in der Senkrechten statt. Henry sagt, mit dem Ineinanderspiel aller Funktionen denke seine Turmstadt für ihre Gäste, da gebe es kein Kopfzerbrechen mehr, die Turmstadt mache von morgens bis abends Vorschläge, keiner brauche sich Gedanken zu machen; hier wird er gelebt, er wird gelebt werden, und am Ende wird er gelebt worden sein, pack- und stapelbar und allseitig zu verwenden.
Die schloßlose Tür platzt in der Mitte. Wir sind da, sagt Henry, über die Schwelle tragen kann ich dich nicht, weil es keine Schwellen mehr gibt, auch keine Türen mehr außer der Korridortür. Die totale Mobilität erfordert einen wandelbaren Grundriß jeder Wohnung durch weich eingezogene Wände, die mit Hilfe eines elektrischen Schockverfahrens nachträglich die gewünschte Form und Festigkeit erhalten. Mit anderen Worten, du mußt dich entscheiden. Sie läßt sich auf einen der Sessel nieder, die fast in Fußbodenhöhe liegen. Dir tun die Füße weh, sagt Henry, weil du dich immer so abhetzen mußtest. Das wird sich schlagartig ändern. Hier warten keine groben Arbeiten mehr auf dich, der ganze Haushalt macht sich von allein. Kein Putzen Spülen Bügeln Kochen, ein Schlag ins Wasser, wo sie doch so gerne für alle gesorgt hat, und nun kein Handschlag mehr, ein Bummelstreik Leben um den höheren Lohn der Freizeit. Mit geringstem Aufwand werden die Bedürfnisse von dreißigtausend Menschen zufriedengestellt ohne jede Herausforderung.
Entlastet von allen Alltagssorgen geht sie auf Strümpfen durch den wandelbaren Grundriß ihrer Wohnung und soll Entscheidungen treffen. Aber wie sie es auch dreht und wendet, diese Wohnung ist wie alle anderen auch auf zwei Kinder zugeschnitten.
Wir haben aber vier, gibt sie schüchtern zu bedenken, sollen zwei unter den Tisch fallen, Wegwerfkinder, die. . .
Aber Henry bleibt ihr keine Erklärung schuldig, Henry sagt, es sei nie anders gewesen: wer Neuland erschließe, denke eine Sache weiter, indem er Nebenwirkungen wegdenke, das heißt indem er abstrahiere. Erst im nachhinein werde sich zeigen, wovon ein kühner Entwurf vorläufig keine Notiz habe nehmen können, es sei ja schon viel gewonnen, wenn die verehrten Zuhörer Magnifizenz liebe Kommilitonen endlich begriffen, daß mit Wiederbelebungsversuchen abgestandener Zustände kein Hund hinter dem Ofen. . .

Apropos Hund. Wohin sollen wir mit ihm?
Henry dreht die Wohnzelle zwischen Daumen und Zeigefinger hin und her, vorgefertigt mit allen Zu- und Ableitungen. Henry sagt Worte wie Wetterbekämpfungsraketen und infrarotbestrahlt, als sage er Coca-Cola. Sie will sich noch erkundigen, wie das mit der Belüftung sei, die Treibhausluft mache ihr zu schaffen, aber er ist auf sein Podium zurückgekehrt, hat sie ihrem Schicksal überlassen in seinem Hotel erster Klasse. Nur seine Büste in der Kochnische erinnert sie an ihr Versprechen, die Bewohnbarkeit ihrer künftigen Bleibe zu testen. Licht ist noch keins gelegt, aber draußen die drei Sterne sind hell genug. Leider läßt sich aus Gründen der Statistik keins der Fenster öffnen. Ein Druck auf den richtigen Knopf, und die Standardausrüstung dreht sich aus den Wänden und wieder zurück, Wohnelemente zur alternativen oder kombinierten Verwendung aus Materialien, die nie eingewohnt werden können, Mitgift, von der öffentlichen Hand erstellt, und wenn alle dasselbe zur Verfügung haben, sagt Henry, seien Neid und Mißgunst im Keime erstickt, man brauche nicht einmal mehr abzuschließen, denn auch Berufsverbrechern sei das Handwerk gelegt.
Sie legt sich probeweise auf eins der runden Betten, alles ist zu niedrig, auch die Zimmerhöhe, das steht fest, aber Henry wird das später als beabsichtigt ausgeben. Sie geht hin und her auf dem elastischen Fußboden. Nichts kann einem hier zustoßen, alles wird eine glückliche Wendung nehmen, alles ist so wahnsinnig praktisch hier oben weit oberhalb des Existenzminimums, so entwaffnend richtig, sie hat nichts mehr in der Hand, nicht einmal mehr ein Knäuel, einen abzuwickelnden Faden mit verschiebbaren Kugeln zum Abzählen der Etagen, um wieder herauszufinden aus dem systematisierten vorfabrizierten montierbaren demontierbaren variablen klimatisierten multifunktionalen Raumlabyrinth. Mit einem Mal weiß sie nicht mehr aus noch ein, Henry hat sie aus den Augen verloren, sie kommt hier nie mehr raus, sie muß aber raus, bevor es zu spät ist, bevor sein Traum ihr Trauma wird, das darf doch nicht wahr sein, große Ereignisse werfen eben ihren Schatten voraus.
In einem Anfall von Panik schmeißt sie Henrys Büste als das einzig Handfeste durch die freiangeordneten Fensterelemente und springt unter dem brausenden Beifall der Zuhörer hinterher, der direkteste Weg, um Henry ihre Meinung zu sagen.

→ *Genesis 11,1-9*

Eva Zeller

8. Parabel

Ich könnte mir einen anderen Abraham denken, der – freilich würde er es nicht bis zum Erbvater bringen, nicht einmal bis zum Altkleiderhändler – die Forderung des Opfers sofort, bereitwillig wie ein Kellner, zu erfüllen bereit wäre. Der das Opfer doch nicht zustande brächte, weil er von zu Hause nicht fort kann, er ist unentbehrlich, die Wirtschaft benötigt ihn, immerfort ist noch etwas anzuordnen, das Haus ist nicht fertig, aber ohne daß sein Haus fertig ist, ohne diesen Rückhalt kann er nicht fort, das sieht auch die Bibel ein, denn sie sagt: „Er bestellte sein Haus“.

→ Genesis 22,1-9 *Franz Kafka*

9. Jaakob und Esau

Er ging dem Bruder entgegen – im tiefsten gewappnet gegen jede Erniedrigung, die sich etwa als unvermeidlich erweisen würde, gewappnet auch gegen die Unwürde der eigenen Angst vor einer Begegnung, in der sich das ungleiche Gepräge der Zwillinge so sprechend bewähren sollte.
Er wußte nicht, in welcher Gemütsverfassung Esau, von ihm selbst durch Boten benachrichtigt, weil eine Klärung des Verhältnisses unbedingt notwendig schien, sich ihm näherte. Bekannt war ihm nur durch seine Kundschafter, daß jener an der Spitze komme von vierhundert Mann – was eine Ehrung sein konnte als Wirkung der demütigen Schmeicheleien, die er ihm hatte ausrichten lassen, möglicherweise aber auch eine große Gefahr. Er hatte seine Vorkehrungen getroffen. Er hatte sein Liebstes, Rahel und ihren Fünfjährigen, hinten bei den Lasttieren versteckt, Dina, seine Tochter, das Leakind, als tot in eine Truhe gelegt, darin sie beinahe erstickt wäre, und die anderen Kinder hinter sich ihren Müttern zugeordnet, die Kebsweiber mit den ihren voran. Er staffelte die Viehgeschenke, die er von den Hirten vor sich hertreiben ließ, die zweihundert Ziegen und Böcke, die Schafe und Widder in gleicher Zahl, die dreißig säugenden

Kamelstuten, die vierzig Kühe mit zehn Farren, die zwanzig Eselinnen mit ihren Füllen. Er ließ sie in Einzelherden treiben und in Abständen, damit Esau bei jeder Herde, der er begegnete, auf seine Frage erführe, das seien Geschenke für ihn, den Herrn, von Jaakob, seinem Knecht. So geschah es auch. Und wenn Esau's Gesinnung gegen den Heimkehrenden beim Aufbruch vom Seïr-Gebirge noch sehr schwankend, zweideutig und ihm selber unklar mochte gewesen sein, so befand er sich, als er Jaakobs selbst nach fünfundzwanzig Jahren zum erstenmal wieder ansichtig wurde, bereits in der heitersten Laune.
Diese Heiterkeit nun aber gerade empfand Jaakob, so sehr er es sich hatte angelegen sein lassen, sie zu erzeugen, als höchst unangenehm, und kaum hatte er begriffen, daß er sich, für den Augenblick wenigstens, nicht zu fürchten brauchte, als er auch schon Mühe hatte, seinen Widerwillen gegen Esau's hirnlose Treuherzigkeit zu verbergen. Er vergaß nie seine Annäherung... Rebekka's Zwillinge waren zu jener Zeit fünfundfünfzigjährig – das ‚duftige Gras' und das ‚stachlige Gewächs', wie man sie schon als Knaben in der Gegend zwischen Hebron und Beerscheba genannt hatte. Aber das ‚duftige Gras', der glatthäutige Jaakob, hatte es niemals sehr jugendlich getrieben, zeltfromm, sinnend und zag, wie sich der Knabe schon immer erwiesen. Jetzt aber gar hatte er vieles erlebt, Jaakob, ein Mann auf der Höhe der Jahre, würdig von Geschichten, geistig besorgt und von ihm zugewachsenem Gute schwer, – wohingegen Esau, obgleich ergraut, so gut wie der Bruder, noch immer der gedanken- und bedeutungslose, zwischen Geheul und tierischem Leichtsinn schwankende Naturbursch von ehemals zu sein schien und auch im Antlitz sich gar nicht verändert hatte; wie ja das physiognomische Heranreifen der Mehrzahl unserer Jugendgefährten darin besteht, daß sie einen Bart und auch wohl einige Runzeln in ihr Bubengesicht bekommen, welches dann eben ein Bubengesicht mit Bart und Runzeln ist, sonst aber nichts Neues aufgenommen hat.
Das erste, was Jaakob von Esau vernahm, war dessen Flötenspiel, das ihm von früh her bekannte, hoch-hohle Geträller auf einem Gebinde verschieden langer Rohrpfeifen, die in einer Reihe von Querbändern zusammengehalten waren, – einem bei den Seïr-Gebirglern beliebten und vielleicht von ihnen erfundenen Instrument, das Esau früh von ihnen übernommen hatte und worauf er mit seinen wulstigen Lippen recht kunstreich zu musizieren verstand. Dem Jaakob war die blöde und wüste Idyllik dieses Getöns, das unverantwortliche, im unterweltlichen Südlande beheimatete Tu-rü-li, von jeher verhaßt gewesen, und Verachtung stieg in ihm auf, als es ihm wieder zu Ohren kam. Überdies tanzte Esau. Sein Pfeifenspiel am Munde, den Schießbogen auf dem Rücken und einen Fetzen Ziegenfell um die Lenden, sonst aber ohne Kleider, deren er wirklich auch nicht bedurfte, da er so behaart war, daß ihm das Vlies in grau-roten Zotteln buchstäblich von den Schultern hing, tanzte und sprang er mit seinen spitzen Ohren und seiner platt auf der nackten Oberlippe liegenden Nase über das offene Land hin zu Fuß vor Troß und Mannschaft dem Bruder entgegen, blasend,

winkend, lachend und weinend, so daß Jaakob, in Geringschätzung, Scham, Erbarmen und Abneigung, bei sich etwas dachte wie ‚Allmächtiger Gott!' Übrigens stieg auch er von seinem Tier, um, so schnell seine geschwollene Hüfte es ihm erlaubte, gerafften Kleides und eifrig sich hinschleppend, auf den musikalischen Bock zuzueilen und schon unterwegs alle Bekundungen der Unterordnung und Selbsterniedrigung zu vollziehen, die er sich vorgesetzt und die er sich nach dem nächtlichen Siege ohne wirkliche Verletzung seines Selbstgefühls leisten konnte. Wohl siebenmal, trotz seiner Schmerzen, warf er sich nieder, indem er die flachen Hände über das gebeugte Haupt erhob, und landete auch so zu Esau's Füßen, auf die er seine Stirne preßte, während seine Hände auf den von Zotteln überhangenen Knien des Bruders emportasteten und sein Mund immerfort die Worte wiederholte, die das Verhältnis trotz Segen und Fluch zu Esau's unbedingten Gunsten kennzeichnen und ihn entwaffnen, versöhnen sollten: „Mein Herr! Dein Knecht!" Aber nicht nur versöhnlich verhielt sich Esau, sondern zärtlich über alles Erwarten und auch wohl über sein eigenes; denn sein Zustand nach Empfang der Nachricht von des Bruders Heimkehr war eine allgemeine und undeutliche Aufregung gewesen, die sich noch kurz vor dem Zusammentreffen ganz leicht ins Wütende statt ins Gerührte hätte wenden können. Gewaltsam hob er Jaakob vom Staube auf, drückte ihn mit geräuschvollem Schluchzen an seine pelzige Brust und küßte ihn schmatzend auf Wange und Mund, so daß es dem also Geherzten bald zuviel wurde. Dennoch weinte auch dieser – teils weil die Spannung der Ungewißheit und Furcht in ihm sich löste, teils auch aus nervöser Weichheit und ganz allgemein über Zeit und Leben und Menschenschicksal. „Bruderherz, Bruderherz", lallte Esau zwischen den Küssen. „Alles vergessen! Alle Schurkerei soll vergessen sein" – eine peinlich ausdrückliche Hochherzigkeit, eher danach angetan, Jaakobs Tränen sofort zu stillen, als sie inniger fließen zu lassen –, und danach begann er zu fragen, wobei er die Frage, die ihm eigentlich am Herzen lag: wie es nämlich mit den vorangetriebenen Herden gemeint sei, noch zurückstellte und sich zuerst mit hohen Augenbrauen nach den Frauen und Kindern auf den Kamelen hinter Jaakob erkundigte. So wurde denn abgestiegen und vorgestellt: zuerst neigten die Kebsweiber mit ihren vieren sich vor dem Zottelmann, dann Lea mit ihren sechsen, endlich auch die süßäugige Rahel mit Joseph, die man von hinten herbeiholte, und Esau tat bei jeder Namensnennung einen Wulstlippenrutsch auf seinem Flötengebinde, pries die Wohlschaffenheit der Kinder und Brüste der Weiber und bot Lea, über deren Blödgesichtigkeit er sich laut verwunderte, einen edomitischen Kräuterbalsam für ihre wie immer entzündeten Augen an, wofür sie wütenden Herzens dankte, indem sie ihm die Zehenspitzen küßte.

Schon die äußere Verständigung zwischen den Brüdern bot Schwierigkeiten. Beide suchten im Gespäch nach den Worten ihrer Kindheit und fanden sie nur mühsam: denn Esau redete den rauhen Dialekt der Seïr-Leute, der sich von dem in der Landschaft ihrer Kindheit gesprochenen durch sinaiwüstenhafte und midianitische Einschläge unterschied, und Jaakob hatte sich im Lande Naharajim akkadisch zu sprechen gewöhnt. Es war ein gebärdenreiches Sichbehelfen zwischen den beiden, aber in Sachen der fetten Viehherden dort vorn wußte Esau seine Neugier recht wohl zu äußern, und wie er sich zierte, das üppige Geschenk anzunehmen, als Jaakob ihn bedeutete, er hoffe Gnade damit zu finden vorm Angesicht seines Herrn, das zeugte von Lebensart. Er gab dieser Ziererei die Form leichtherziger Gleichgültigkeit gegen Hab und Gut und derlei Beschwer. „Ach, Bruderherz, Unsinn, nicht also!" rief er. „Hab du es und heg's und behalt's, ich schenk' dir's zurück, ich hab's nicht nötig, um zu vergessen und zu verschmerzen die alte dreckige Büberei! Sie ist vergessen und ist verschmerzt, ich hab' mich abgefunden mit meinem Lose und bin vergnügt. Denkst du, wir Unterweltler lassen die Nasen hängen all unsere Tage hin? Eialala und Heissassa, das sind ganz fehlgehende Annahmen! Wir stolzieren zwar nicht einher, den Segen ums Haupt, und verdrehen die Augen, aber wir leben auch und auf unsere Art recht lustig, das glaube du mir! Auch uns tut es süß, beim Weibe zu schlafen, und auch uns ist Liebe ins Herz gegeben zur Kinderbrut. Glaubst du, der Fluch, den ich dir verdanke, du allerliebster Spitzbube, habe mich zum grindigen Bettler gemacht und zum Hungerleider in Edom? Das wäre! Ein Herr bin ich dort und groß unter den Söhnen Seïrs. Ich habe mehr Wein denn Wasser und Honig die Fülle und Öl und Früchte, Gerste und Weizen, mehr als ich verzehren kann. Es liefern mir Gekröpf, die unter mir sind, und schicken mir Brot und Fleisch alle Tage und Geflügel, schon zugerichtet für meine Mahlzeit, und Wildbret habe ich, selbst erlegtes und solches, das sie mir in der Wüste jagen mit ihren Hunden, und Milchspeisen, daß mir aufstößt davon die halbe Nacht. Geschenke? Viehherden als Sühnegaben und Augendecke für die alte Lumperei, die du und das Weib mir angetan? Ich pfeife darauf – Tululüriti" –, und er tat einen Lippenrutsch. „Was braucht's Geschenke zwischen dir und mir? Auf das Herz kommt es an, und mein Herz hat vergeben und vergessen die verjährte Niedertracht und wie du mein Pelzlein nachäfftest vor dem Alten mit Bocksfell um deine Gelenke, du Schalksnarr, darob ich heut lachen muß auf meine alten Tage, ob ich gleich damals blutige Tränen weinte und dir den Eliphas nachschickte zu deinem bleichen Schrecken, du Weiberspott!"

Und er umarmte den Bruder aufs neue und schmatzte wiederum Küsse in sein Gesicht, was Jaakob sich nur leidend gefallen ließ, ohne Druck und Zärtlichkeit zu erwidern. Denn er war gründlich angewidert von Esau's Worten, fand sie höchst peinlich, hirnlos und liederlich und sann auf nichts, als ehetunlichst loszukommen von dem fremden Verwandten, aber nicht ohne endgültig quitt mit ihm geworden zu sein und ihm mit dem gezählten Tribut die Erstgeburt noch einmal abgekauft zu haben, wozu denn Esau auch nur überredet sein wollte. So gab es neue Höflichkeiten, Demutsbezeigungen und dringliche Anträge, und als Esau endlich eingewilligt hatte, das Geschenk von des Bruders Hand zu nehmen und sich's wohlgefallen zu lassen von ihm, da war der gute Teufel dem Geseg-

neten wirklich im Herzen gewonnen und meinte es mit der Versöhnung viel ernster und redlich, als dieser sich beikommen ließ zu tun.
„Ach, Bruderherz", rief er, „nun aber kein Wort mehr von der alten schäbigen Missetat! Sind wir nicht aus derselben Mutter Leib geschlüpft, einer nach dem anderen, so gut wie gleichzeitig? Denn du hieltest meine Ferse, wie du weißt, und ich habe dich hinter mir her ans Licht gezogen, als der Stärkere. Wir hatten einander freilich etwas gestoßen im Bauche, und gestoßen haben wir uns auch außerhalb, aber hinfürder sei dessen nicht mehr gedacht! Brüderlich wollen wir miteinander leben und als Zwillinge vor dem Herrn und wollen die Hand in dieselbe Schüssel tauchen und einander nicht mehr von der Seite gehn unser Leben lang! Auf denn, wir ziehen gen Seïr und wohnen mitsammen!"
‚Ich danke!' dachte Jaakob. ‚Soll ich ein Flötenbock werden zu Edom ebenfalls und ewiglich mit dir hausen, du Tölpel? Das ist nicht Gottes Meinung, noch die meiner Seele. Was du redest, ist peinlich hirnloses Zeug in meinen Ohren, denn was geschah zwischen uns, ist unvergeßlich. Du selbst erwähnst es mit jeder Zungenregung und bildest dir ein in deinem schwachen Kopf, daß du's vergessen kannst und verzeihen?'–
„Die Worte meines Herrn", sagte er laut, „sind entzückend, und jedes einzelne davon ist den geheimsten Wünschen seines Knechtes abgelauscht. Aber mein Herr sieht ja, daß ich halbwüchsige Kinder mit mir führe und kleine, wie diesen hier, fünfjährig, Jehosiph genannt und schwächlich bei Wege; ferner ein totes Kind, leider Gottes, im Kasten, mit dem über Stock und Stein zu eilen nicht fromm wäre, und dazu säugende Lämmer und Kälber. Das würde mir alles dahinsterben, wenn ich es übertriebe. Daher ziehe mein Herr nur voran, und ich will langsam hinten nachtreiben nach den Kräften des Viehs und der Kinder, bis daß auch ich nach Seïr komme ein wenig später, und wir inniglich leben mitsammen"!
Das war eine Absage in geschmeidiger Form, und Esau, etwas glotzend, verstand sie auch gleich so ziemlich als solche. Er machte zwar noch einen Versuch, indem er dem Bruder vorschlug, ein paar Männer bei ihm zu lassen von den Seinen zu Geleit und Bedeckung. Aber Jaakob antwortete, das sei ganz unnötig, falls er nur Gnade finde vor seinem Herrn, – womit denn die Redensartlichkeit seiner Zusage am Tage war. So zuckte Esau die zottigen Schultern, wandte dem Feinen, Falschen den Rücken und zog hin mit Vieh und Troß in seine Berge. Jaakob aber zögerte erst eine Weile hinter ihm drein, schwenkte ab bei erster Gelegenheit und schlug sich beiseite.

→ Genesis 33,1-17 *Thomas Mann*

10. Gott oder die Güte ist relativ

Diese Geschichte ist sehr kurz und einfach; sie bietet nur einen Ausgangspunkt, eine Frage und die Moral.

Der Ausgangspunkt:

Der Psalmist sagt vom HErrn (Psalm 136, 10 und 15): er habe Ägypten an ihren Erstgeburten geschlagen – denn seine Güte währet ewiglich; er habe Pharao und sein Heer ins Schilfmeer gestoßen – denn seine Güte währet ewiglich.

Die Frage:

Was denken Ägypten und der Pharao über die Barmherzigkeit Gottes?

Die Moral:

Barmherzigkeit und Wohltätigkeit kann es nicht für alle zugleich geben. Wenn wir diese Worte in den Mund nehmen, so laßt uns immer hinzufügen: für wen. Und wenn wir den Völkern Wohltätigkeit erweisen, so laßt sie uns auch fragen, wie sie über dieses Thema denken.

Beispiel: Ägypten.

Leszek Kolakowski

→ *Psalm 136*
Exodus 11.12,29-34
Exodus 14,5-15,21

11. Ziemlich biblische Geschichte

So flohen sie hin und andauernd. Rechts und links die zitternden Wände Wassers: das geteilte Meer, bereit zum Ineinanderprall. Unberechenbar wann. Im Rücken den eiligen Pharao und sein hastendes Gefolge: die wollen gleichfalls trocken durch.

Die aus der Sklaverei sich sputen in die Zukunft, haben auf den Fersen stets ihre alten Herren, die auch den morgigen Tag noch erleben wollen und Übermorgen und nächsten Freitag dazu und kletten sich an, geschüttelt von Furcht, daß sie zurückbleiben.

Über ihnen schlägt die Flut zusammen: Immer wieder.

Günter Kunert

→ *Exodus 14,5-31*

12. Mose, der Mann, der aus Ägypten geführt hat*

1. Unordentlich war seine Geburt

Seine Geburt war unordentlich, darum liebte er leidenschaftlich Ordnung, das Unverbrüchliche, Gebot und Verbot.
Er tötete früh im Auflodern, darum wußte er besser als jeder Unerfahrene, daß Töten zwar köstlich, aber getötet zu haben höchst gräßlich ist, und daß du nicht töten sollst.
Er war sinnenheiß, darum verlangte es ihn nach dem Geistigen, Reinen und Heiligen, dem Unsichtbaren, denn dieses schien ihm geistig, heilig und rein.
Bei den Midianitern, einem rührig ausgebreiteten Hirten- und Handelsvolk der Wüste, zu dem er aus Ägypten, dem Lande seiner Geburt, fliehen mußte, da er getötet hatte (das Nähere sogleich), machte er die Bekanntschaft eines Gottes, den man nicht sehen konnte, der aber dich sah; eines Bergbewohners, der zugleich unsichtbar auf einer tragbaren Lade saß, in einem Zelt, wo er durch Schüttel-Lose Orakel erteilte. Den Kindern Midians war dieses Numen, Jahwe genannt, ein Gott unter anderen; sie dachten sich nicht viel bei seinem Dienst, den sie nur zur Sicherheit und für alle Fälle mitversahen. Es war ihnen eingefallen, daß unter den Göttern ja auch vielleicht einer sein könnte, den man nicht sah, ein Gestaltloser, und sie opferten ihm nur, um nichts zu versäumen, niemanden zu kränken und sich von keiner möglichen Seite her Unannehmlichkeiten zuzuziehen.
Mose dagegen, kraft seiner Begierde nach dem Reinen und Heiligen, war tief beeindruckt von der Unsichtbarkeit Jahwe's; er fand, daß kein sichtbarer Gott es an Heiligkeit mit einem unsichtbaren aufnehmen könne... In langen, schweren und heftigen Überlegungen, während er in der Wüste die Schafe des Bruders seines midianitischen Weibes hütete, erschüttert von Eingebungen und Offenbarungen, die in einem gewissen Fall sogar sein Inneres verließen und als flammendes Außen-Gesicht, als wörtlich einschärfende Kundgebung und unausweichlicher Auftrag seine Seele heimsuchten, gelangte er zu der Überzeugung, daß Jahwe kein anderer sei als El'eljon, der Einzig-Höchste, El ro'i, der Gott, der mich sieht, – als Er, der immer schon ‚El Schaddai', ‚der Gott des Berges', geheißen, als El'olam, der Gott der Welt und der Ewigkeiten, – mit einem Wort, kein anderer als Abrahams, Jizchaks und Jakobs Gott, der Gott der Väter, will sagen: der Väter der armen, dunklen, in ihrer Anbetung schon ganz konfusen, entwurzelten und versklavten Sippen zu Haus in Ägyptenland, deren Blut von Vaters Seite in seinen, des Mose, Adern floß.
Darum und dieser Entdeckung voll, mit schwer beauftragter Seele, aber auch

bebend vor Begierde, das Geheiß zu erfüllen, brach er seinen vieljährigen Aufenthalt bei den Kindern Midians ab, setzte seine Frau Zipora... auf einen Esel, nahm auch seine zweien Söhne, Gersom und Elieser, mit und kehrte in sieben Tagereisen durch viele Wüsten gen Westen nach Ägyptenland zurück, das heißt in das brachige Unterland, wo der Nil sich teilt und wo, in einem Distrikte, der Kos, beziehungsweise auch Goschem, Gosem und Gosen hieß, das Blut seines Vaters wohnte und fronte.

Dort begann er sogleich, wo er ging und stand, in den Hütten und auf den Weide- und Arbeitsplätzen, diesem Blut seine große Erfahrung auseinanderzusetzen, wobei er eine bestimmte Art hatte, mit gestreckten Armen seine Fäuste zu beiden Seiten des Körpers bebend zu schütteln...

Sein Vater war nicht sein Vater, und seine Mutter war seine Mutter nicht – so unordentlich war seine Geburt. Ramessu's, des Pharao's zweite Tochter, ergötzte sich mit dienenden Gespielinnnen und unterm Schutze Bewaffneter in dem königlichen Garten am Nil. Da wurde sie eines ebräischen Knechtes gewahr, der Wasser schöpfte, und fiel in Begierde um seinetwillen. Er hatte traurige Augen, ein Jugendbärtchen ums Kinn und starke Arme, wie man beim Schöpfen sah. Er werkte im Schweiß seines Angesichts und hatte seine Plage; für Pharao's Tochter aber war er ein Bild der Schönheit und des Verlangens, und sie befahl, daß man ihn zu ihr einlasse in einen Pavillon; da fuhr sie ihm mit dem kostbaren Händchen ins schweißnasse Haar, küßte den Muskel seines Arms und neckte seine Mannheit auf, daß er sich ihrer bemächtigte, der Fremdsklave des Königskindes. Als sie's gehabt, ließ sie ihn gehen, aber er ging nicht weit, nach dreißig Schritten ward er erschlagen und rasch begraben, so war nichts übrig von dem Vergnügen der Sonnentochter.

„Der Arme", sagte sie, als sie's hörte. „Ihr seid auch immer so übergeschäftig. Er hätte schon stillgeschwiegen. Er liebte mich." Danach aber wurde sie schwanger, und nach neun Monaten gebar sie in aller Heimlichkeit einen Knaben, den legten ihre Frauen in ein verpichtes Kästlein aus Rohr und verbargen dasselbe im Schilf am Rande des Wassers. Da fanden sie's dann und riefen: „O Wunder, ein Findling und Schilfknabe, ein ausgesetztes Kindlein! Wie in alten Mären ist es, genau wie mit Sargon, den Akki, der Wasserschöpfer, im Schilfe fand und aufzog in der Güte seines Herzens. Immer wieder kommt dergleichen vor! Wohin nun mit diesem Fund? Das Allervernünftigste ist, wir geben ihn einer säugenden Mutter von schlichtem Stand, die übrige Milch hat, daß er als ihr und ihres redlichen Mannes Sohn erwachse." Und sie händigten das Kind einem ebräischen Weibe ein, die brachte es hinab in die Gegend Gosen zu Jochebed, dem Weibe Amrams, von den Zugelassenen, eines Mannes aus Levi's Samen. Sie säugte ihren Sohn Aaron und hatte übrige Milch; darum, und weil ihrer Hütte heimlich zuweilen Gutes zukam von oben herab, zog sie das unbestimmte Kind mit auf in der Güte ihres Herzens. So wurden Amram und Jochebed sein Elternpaar vor den Menschen und Aaron sein Bruder. Amram hatte

Rinder und Feld, und Jochebed war eines Steinmetzen Tochter. Sie wußten aber nicht, wie sie das fragliche Knäblein nennen sollten; darum gaben sie ihm einen halb ägyptischen Namen, will sagen: die Hälfte eines ägyptischen. Denn öfters hießen die Söhne des Landes Ptach-Mose, Amen-Mose oder Ra-Mose und waren als Söhne ihrer Götter genannt. Den Gottesnamen nun ließen Amram und Jochebed lieber aus und nannten den Knaben kurzweg Mose. So war er ein ‚Sohn' ganz einfach. Fragte sich eben nur, wessen.

Als einer der Zugelassenen wuchs er auf und drückte sich aus in ihrer Mundart. Die Vorfahren dieses Blutes waren einst, zur Zeit einer Dürre, als „hungernde Beduinen von Edom", wie Pharao's Schreiber sie nannten, mit Erlaubnis der Grenzbehörden ins Land gekommen, und der Distrikt Gosen, im Niederland, war ihnen zur Weidenutzung angewiesen worden. Wer da glaubt, sie hätten umsonst dort weiden dürfen, der kennt ihre Wirte schlecht, die Kinder Ägyptens. Nicht nur, daß sie steuern mußten von ihrem Vieh, und zwar daß es drückte, sondern alles, was Kräfte hatte bei ihnen, mußte auch Arbeitsdienst leisten, Fronwerk bei den mancherlei Bauten, die in einem solchen Lande, wie Ägypten es ist, immer im Gange sind. Besonders aber seit Ramessu, seines Namens der Zweite, Pharao war zu Theben, wurde ausschweifend gebaut, das war seine Lust und seine Königswonne. Verschwenderische Tempel baute er über das ganze Land, und drunten im Mündungsgebiet ließ er nicht nur den lange vernachlässigten Kanal erneuern und sehr verbessern, der den östlichen Nilarm mit den Bitterseen und so das große Meer mit dem Zipfel des Roten Meeres verband, sondern er richtete auch zwei ganze Magazin-Städte am Lauf des Kanales auf, genannt Pitom und Ramses, und dazu wurden die Kinder der Zugelassenen, diese Ibrim, ausgehoben, daß sie Zügel büken, schleppten und rackerten im Schweiß ihrer Leiber unterm ägyptischen Stock.
Dieser Stock war mehr nur das Abzeichen von Pharao's Aufsehern, sie wurden nicht unnötig damit geschlagen. Auch hatten sie gut zu essen bei ihrer Fron: viel Fisch aus dem Nilarm, Brot, Bier und Rindfleisch recht wohl zur Genüge. Dem ungeachtet aber paßte und schmeckte die Fron ihnen wenig, denn sie waren Nomadenblut, mit der Überlieferung frei schweifenden Lebens, und stündlich geregelte Arbeit, bei der man schwitzte, war ihnen im Herzen fremd und kränkend. Sich aber über ihren Mißmut zu verständigen und eines Sinnes darüber zu werden, waren diese Sippen zu locker verbunden und ihrer selbst nicht hinlänglich bewußt. Seit mehreren Geschlechtern in einem Übergangslande zeltend zwischen der Väterheimat und dem eigentlichen Ägypten, waren sie von gestaltloser Seele, ohne sichere Lehre und schwankenden Geistes; hatten vieles vergessen, einiges halbwegs aufgenommen, und eines rechten Mittelpunktes ermangelnd trauten sie ihrem eigenen Gemüte nicht, auch nicht dem Ingrimm, der darin war, über die Fron, an dem aber Fisch, Bier und Rindfleisch sie irremachten.

Mose nun, angeblich des Amram Sohn, hätte, als er dem Knabenalter entwuchs, wohl ebenfalls für Pharao Ziegel streichen müssen. Das geschah aber nicht, sondern der Jüngling wurde von seinen Eltern genommen und nach Ober-Ägypten in ein Schulhaus gebracht, so ein sehr feines Internat, wo die Söhne syrischer Stadtkönige zusammen mit einheimischen Adelssprossen erzogen wurden. Da wurde er hingetan; denn seine leibliche Mutter, Pharao's Kind, die ihn ins Schilf geboren, ein zwar lüsternes, aber nicht gemütloses Ding, hatte sein gedacht um seines verscharrten Vaters willen, des Wasserziehers mit Bärtchen und mit den traurigen Augen, und wollte nicht, daß er bei den Wilden bleibe, sondern zum Ägypter gebildet werde und ein Hofamt erlange, in halber, verschwiegener Anerkennung seiner göttlichen Halbblütigkeit. So lernte denn Mose, gekleidet in weißes Leinen und eine Perücke auf dem Kopf, Stern- und Länderkunde, Schriftkunst und Recht, war aber nicht glücklich unter den Gecken des vornehmen Internats, sondern ein Einsamer unter ihnen, voller Abneigung gegen die ganze ägyptische Feinheit, aus deren Lust er entsprungen war.

Als er zwei Jahre unter den Stutzern gelebt hatte des thebanischen Schulhauses, hielt er es nicht mehr aus, entwich bei Nacht über die Mauer und wanderte heim nach Gosen zum Vatergeblüt. Unter dem strich er bitteren Angesichtes herum und sah eines Tages, am Kanal, nahe den Neubauten von Ramses, wie ein ägyptischer Aufseher einen der Fronenden, der wohl lässig gewesen war oder widerspenstig, mit seinem Stocke schlug. Erbleichend und mit lodernden Augen stellte er den Ägypter zur Rede, der ihm statt aller Antwort das Nasenbein einschlug, so daß Mose eine Nase mit gebrochenem, flach eingetriebenem Knochen hatte sein Leben lang. Er entriß aber dem Aufseher den Stock, holte fürchterlich aus und zertrümmerte dem Mann den Schädel, daß er tot war auf der Stelle. Nicht einmal umgeblickt hatte er sich, ob auch niemand es sah. Es war aber ein einsamer Ort und kein Mensch sonst in der Nähe. So verscharrte er den Erschlagenen ganz allein, denn den er verteidigt, der hatte das Weite gesucht; und es war ihm, als sei ihm nach Erschlagen und Verscharren schon immer zu Sinne gewesen.

Seine lodernde Tat blieb verborgen, zum mindesten den Ägyptern, die nicht herausbekamen, wo ihr Mann geblieben war, und Jahr und Tag verging über die Tat. Mose fuhr fort, zwischen seines Vaters Leuten umherzustreifen, und mischte sich auf eigentümlich herrische Art in ihre Händel. Einst sah er zwei fronende Ibrim miteinander zanken, und wenig fehlte, daß sie zu Tätlichkeiten schritten. „Was zankt ihr und wollt gar noch raufen?“ sprach er zu ihnen. „Seid ihr nicht elend und verwahrlost genug, daß lieber Blut sollte halten zu Blut, statt einander die Zähne zu blecken? Der da hat unrecht, ich hab's gesehen. Er gebe nach und bescheide sich, ohne daß der andere sich überhebe.“

Wie es aber geschieht, so waren plötzlich die beiden vereint gegen ihn und sprachen: „Was redest du in unsere Sachen?“ Besonders der, dem er unrecht gege-

ben, war äußerst patzig und sprach ganz laut: „Das ist denn doch wohl der Gipfel! Wer bist du, daß du deine Ziegennase in Dinge steckst, die dich nichts angehen? Aha, Moscheh bist du, des Amram Sohn, aber damit ist wenig gesagt, und weiß niemand recht, wer du bist, du selber auch nicht. Neugierig sind wir, zu erfahren, wer dich zum Meister und Richter gesetzt hat über uns. Willst du mich vielleicht auch erwürgen, wie du damals den Ägypter erwürgt und verscharrt hast?"
„Still doch!" machte Mose erschrocken und dachte: Wie ist das herumgekommen? Des Tages noch sah er ein, daß seines Bleibens nicht war im Lande, und ging über die Grenze, wo sie nicht fest war, bei den Bitterseen, durch die Watten. Durch viele Wüsten des Landes Sinai wanderte er und kam nach Midian, zu den Minäern und ihrem Priesterkönige Reguel.

→ *Exodus 1,1-2,22*

2. Der Auszug aus Ägyptenland

Als er von dort zurückkehrte, seiner Gottesentdeckung und seines Auftrages voll, war er ein Mann auf der Höhe der Jahre, stämmig, mit gedrückter Nase, vortretenden Backenknochen, einem geteilten Bart, weitstehenden Augen und breiten Handgelenken, wie man besonders sah, wenn er, was oft geschah, grübelnd Mund und Bart mit der Rechten bedeckte. Von Hütte zu Hütte ging er und von Fronplatz zu Fronplatz, schüttelte die Fäuste zu seiten seiner Schenkel und sprach von dem Unsichtbaren, dem zum Bunde bereiten Gotte der Väter, obgleich er im Grunde nicht sprechen konnte. Denn er war stockend gestauten Wesens überhaupt und neigte in der Erregung zum Zungenschlag, war aber außerdem so recht in keiner Sprache zu Hause und suchte in dreien herum beim Reden...
Sehr behilflich war ihm sein Bruder Aaron, ein hochgewachsener, sanfter Mann mit schwarzem Bart und schwarzen Ringellocken im Nacken, der seine großen, gewölbten Augenlider gern fromm gesenkt hielt. Ihn hatte er in alles eingeweiht, hatte ihn ganz für den Unsichtbaren und sämtliche Implikationen gewonnen, und da Aaron aus seinem Barte heraus salbungsvoll-fließend zu reden verstand, so begleitete er Mose meistens auf seinen Werbe-Wegen und sprach statt seiner, allerdings etwas gaumig und ölig und nicht hinreißend genug, so daß Mose durch begleitendes Fäusteschütteln mehr Feuer hinter seine Worte zu bringen suchte und ihm oft auch holterdiepolter auf aramäisch-ägyptisch-arabisch ins Wort fiel.
Aarons Weib hieß Eliseba, die Tochter Amminadabs; sie war auch mit vom Schwure und von der Propaganda, sowie eine jüngere Schwester Mose's und Aarons, Mirjam, ein begeistertes Weib, das singen und pauken konnte. Beson-

ders aber war Mose einem Jüngling geneigt, der seinerseits mit Leib und Seele zu ihm, seiner Verkündigung und seinen Plänen stand und ihm nicht von der Seite wich. Eigentlich hieß er Hosea, der Sohn des Nun (das ist ‚Fisch'), vom Stamme Ephraim. Aber Mose hatte ihm den Jahwe-Namen Jehoschua, auch kurzweg Joschua, verliehen, und den trug er nun mit Stolz...

Unterdessen waren diese alle nicht einen Tag müßig, die Botschaft Jahwe's, des Unsichtbaren, und seines ehrenden Bundesangebots unter den Ihren zu verbreiten und gleichzeitig deren Bitterkeit über die Arbeit unterm ägyptischen Stock zu schüren, den Gedanken der Abschüttelung dieses Jochs und den der Auswanderung unter ihnen aufzubringen. Jeder übte es auf seine Art: Mose selbst mit stockenden Worten und unter Fäusteschütteln, Aaron in gaumig fließender Rede, Eliseba schwatzhaft überredend, Joschua und Kaleb kommandomäßig, in kurz angebundenen Losungen, und Mirjam, die bald ‚die Prophetin' genannt wurde, tat es in höherem Ton, mit Paukenbegleitung. Auch fiel ihre Predigt nicht auf steinigen Boden; der Gedanke, sich Mose's bundeslustigem Gott zu verschwören, sich dem Bildlosen zum Volke zu weihen und unter ihm und seinem Verkünder ins Freie zu ziehen, schlug Wurzel unter den Sippen und begann, ihren einigenden Mittelpunkt zu bilden, – dies noch besonders, weil Mose versprach, oder doch in hoffnungsreiche Aussicht stellte, daß er an oberster Stelle, durch Verhandlungen, die Erlaubnis zu ihrer aller Auszug aus Ägyptenland erlangen werde, so daß dieser nicht in der Form gewagten Aufstandes werde vollziehen müssen, sondern nach gütlicher Übereinkunft vonstatten gehen könnte. Sie kannten, wenn auch ungenau, seine halb-ägyptische Schilfgeburt, wußten von der feinen Erziehung, die er zeitweise genossen, und von dunklen Beziehungen zum Hof, über die er verfügte. Was sonst ein Grund des Mißtrauens gegen ihn und der Ablehnung gewesen war, nämlich seine Halbblütigkeit, und daß er mit einem Fuß im Ägyptischen stand, wandelte sich jetzt in eine Quelle des Zutrauens und verlieh ihm Autorität. Gewiß, wenn einer, so war er der Mann, vor Pharao zu stehen und ihre Sache zu führen. Und so beauftragten sie ihn mit dem Versuch, bei Ramessu, dem Bau- und Zwingherrn, ihre Entlassung ins Freie zu erwirken, – ihn und seinen Milchbruder Aaron, denn diesen gedachte er mitzunehmen, erstens, weil er selbst nicht zusammenhängend zu sprechen vermochte, Aaron dies aber konnte, dann aber auch, weil dieser über gewisse Kunststücke gebot, mit denen man bei Hofe zu Ehren Jahwe's Eindruck zu machen hoffte: Er konnte eine Brillenschlange, indem er sie im Nacken drückte, stocksteif machen; warf er den Stock aber zu Boden, so ringelte er sich und „verwandelte sich in eine Schlange". Weder Mose noch Aaron rechnete damit, daß Pharao's Magiern dieses Wunder auch bekannt sei, und daß es also nicht als erschreckender Beweis für Jahwe's Macht würde dienen können. Überhaupt hatten sie kein Glück – es sei vorweggenommen –, so listig sie, dem Beschluß eines mit den Jünglingen Joschua und Kaleb gehaltenen Kriegsrates

gemäß, die Sache anstellten. Beschlossen war nämlich worden, den König nur um die Erlaubnis zu bitten, daß die ebräischen Leute sich sammelten und drei Tage weit über die Grenze ins Wüste zögen, um dort draußen dem Herrn, ihrem Gott, der sie gerufen habe, ein Opferfest zu feiern und dann zur Arbeit zurückzukehren. Man erwartete kaum, daß Pharao sich von dieser Finte blenden lassen und glauben werde, sie würden zurückkehren. Es war nur eine mildere, höfliche Form, das Gesuch der Freilassung vorzubringen. Aber der König wußte ihnen keinen Dank dafür.
Denn Pharao, verletzt in seiner Baubegier und unmutig darüber, daß er Mose nicht wohl erwürgen konnte, da sonst seine Tochter ihm einen Auftritt gemacht hätte, gab Order aus, daß man die Gosen-Leute härter mit Arbeit drückte als bisher und nicht den Stock spare, wenn sie säumig wären; zu schaffen solle man ihnen geben, daß ihnen die Besinnung schwinde und alle müßigen Gedanken vergingen an Wüstenfeste für ihren Gott. Und so geschah es. Die Fron wurde härter von einem Tag auf den andern dadurch, daß Mose und Aaron vor Pharao geredet hatten. Zum Beispiel wurde den Leuten das Stroh für die Ziegel nicht mehr geliefert, die sie zu brennen hatten, sondern selbst mußten sie in die Stoppeln gehen, das nötige Stroh zu sammeln, ohne daß darum die Zahl der beizustellenden Ziegel herabgesetzt worden wäre, sondern erfüllt werden mußte die Zahl, sonst tanzte der Stock auf den armen Rücken. Vergebens wurden die ebräischen Obmänner, die man über das Volk gesetzt, bei den Behörden wegen Überforderung vorstellig. Die Antwort war: „Ihr seid müßig, müßig seid ihr, darum schreit ihr und sprecht: ‚Wir wollen ausziehen und opfern'. Es bleibt dabei: Selber das Stroh beschafft und dabei die gleiche Zahl Ziegel."

Für Mose und Aaron war es keine kleine Verlegenheit. Die Obmänner sprachen zu ihnen: „Da habt ihr's, und das haben wir vom Bunde mit eurem Gott und von Mose's Beziehungen. Nichts habt ihr erreicht, als daß ihr unseren Geruch stinkend gemacht habt vor Pharao und seinen Knechten, und habt ihnen das Schwert in die Hand gegeben, uns damit umzubringen."
Darauf war schlecht antworten, und Mose hatte schwere Stunden mit dem Gott des Dornbusches unter vier Augen, wo er ihm vorhielt, wie er, Mose, gleich dagegen gewesen sei, daß ihm dies aufgetragen werde, und gleich gebeten habe, wen immer sonst, nur ihn nicht zu senden, da er nicht ordentlich reden könne. Der Herr aber habe ihm geantwortet, Aaron sei ja beredet. Der habe nun freilich das Wort geführt, aber viel zu ölig, und es habe sich gezeigt, wie verkehrt es sei, eine solche Sache zu übernehmen, wenn man selbst eine schwere Zunge habe und andre rednerisch für sich eintreten lassen müsse. Aber der Gott tröstete und strafte ihn aus seinem Inneren und antwortete ihm von da, er solle sich seines Kleinmuts schämen.
Dies ließ sich Mose gesagt sein, umsomehr, als man im Kriegsrat mit Joschua, Kaleb, Aaron und den begeisterten Weibern zu dem Beschluß gelangte, daß die

verstärkte Bedrückung, so böses Blut sie mache, genau betrachtet kein schlechter Anfangserfolg sei; denn böses Blut schaffe sie nicht nur gegen Mose, sondern vorzüglich auch gegen die Ägypter und werde das Volk nur empfänglicher machen für den Ruf des Retter-Gottes und den Gedanken des Auszuges ins Freie. So war es auch; die Gärung wegen des Strohs und der Ziegel wuchs unter den Fronenden, und der Vorwurf, Mose habe ihren Geruch stinkend gemacht und ihnen nur geschadet, trat zurück hinter dem Wunsch, Amrams Sohn möchte doch wieder seine Beziehungen spielen lassen und neuerdings für sie hineingehen zu Pharao.

Das tat er, jetzt nicht mehr zusammen mit Aaron, sondern allein, mochte es mit seiner Zunge gehen, wie es wollte; die Fäuste schüttelte er vor dem Stuhl und verlangte in stockenden, stürzenden Worten den Auszug der Seinen ins Freie unter dem Namen von Opferferien in der Wüste. Nicht *einmal* tat er so, sondern wohl zehnmal, denn Pharao konnte ihm den Zutritt zu seinem Stuhl nicht wohl verweigern, zu gut waren Mose's Beziehungen. Ein Kampf entspann sich zwischen dem König und ihm, zäh und gedehnt, der zwar nie dazu führte, daß jener in Mose's Ansinnen willigte, wohl aber dazu, daß man eines Tages die Gosen-Leute mehr aus dem Lande stieß und trieb, als daß man sie daraus entlassen hätte, nur froh schließlich, sie los zu sein. Über diesen Kampf und die Druckmittel, welche dabei auf den hartnäckig widerstrebenden König ausgeübt wurden, hat es viel Gerede gegeben, das nicht jedes Hintergrundes entbehrt, doch aber stark den Charakter der Ausschmückung trägt. Man spricht von zehn Plagen, die Jahwe eine nach der anderen über Ägypten verhängt habe, um Pharao mürbe zu machen, indem er zugleich dessen Herz absichtlich gegen Mose's Anliegen verstockte, um der Gelegenheit willen, mit immer neuen Plagen seine Macht zu beweisen. Blut, Frösche, Ungeziefer, Gewild, Grind, Seuche, Hagel, Heuschrecke, Finsternis und Sterben der Erstgeburt, so heißen diese zehn Plagen, und etwas Unmögliches ist an keiner von ihnen; nur fragt es sich, ob sie, die letzte ausgenommen, mit der es eine undurchsichtige, nie wirklich aufgeklärte Bewandtnis hat, zum Endergebnis wesentlich beitrugen. Der Nil nimmt unter Umständen eine blutrote Färbung an, sein Wasser wird vorübergehend untrinkbar und die Fische sterben. Das kommt so gut vor, wie daß die Frösche des Sumpfes sich über Gebühr vermehren oder die Propagation der immer vorhandenen Läuse sich der Heimsuchung annähert. Auch gab es der Löwen noch viele, sowohl am Rande der Wüste schweifend wie in den Dschungeln lauernd der toten Stromarme, und wenn die Zahl der reißenden Anfälle stieg auf Mann und Vieh, so mochte man's wohl eine Plage nennen. Wie häufig sind nicht Krätze und Grind in Ägyptenland, und wie leicht fahren nicht aus der Unsauberkeit böse Blattern auf und schwären pestilenzialisch im Volke? Meist ist der Himmel blau dortzulande, und desto tieferen Eindruck muß ein seltenes heftiges Unwetter machen, bei dem das niederfahrende Feuer der Wolken sich mit dem derben Griese des Hagels vermischt, der die Saaten schlägt und Bäume zerdrischt, ohne daß

eine bestimmte Absicht damit verbunden wäre. Die Heuschrecke ist ein nur allzu bekannter Gast, und gegen ihr Massen-Anrücken hat der Mensch mancherlei Scheuch- und Absperrungsmittel erfunden, über welche die Gier denn doch wohl obsiegt, so daß ganze Gebreite abgefressener Kahlheit verfallen. Und wer einmal die ängstlich-düstere Stimmung erfahren hat, die eine kosmisch verschattete Sonne auf Erden verbreitet, begreift recht wohl, daß ein lichtverwöhntes Volk einer solchen Finsternis den Namen der Plage gibt.
Damit aber ist die Zahl der berichteten Übel erschöpft, denn das zehnte, das Sterben der Erstgeburt, gehört eigentlich nicht in diese Zahl, sondern bildet eine zweideutige Begleiterscheinung des Auszuges selbst, unheimlich zu untersuchen. Die anderen mochten sich teilweise oder – auf einen größeren Zeitraum verteilt – sämtlich ereignen: man hat ihre Namen doch mehr oder weniger nur als schmuckhafte Umschreibungen für ein einziges Druckmittel anzusehen, dessen sich Mose gegen Ramessu bediente, nämlich einfach immer nur für die Tatsache, daß Pharao sein Lüsternheits-Großvater war, und daß Mose es in der Hand hatte, dies an die große Glocke zu hängen. Mehr als einmal war der König nahe daran, diesem Drucke zu unterliegen; zum mindesten machte er große Zugeständnisse.

Dies ist ein dunkles Kapitel, in halben verhüllten Worten nur abzufassen. Es kam ein Tag, besser gesagt: eine Nacht, eine arge Vesper, wo Jahwe umging, oder sein Würgengel, und die letzte zehnte Plage über die Kinder Ägyptens, oder doch einen Teil von ihnen, das ägyptische Element unter den Bewohnern von Gosen sowie der Städte Pitom und Ramses, verhängte, indem er diejenigen Hütten und Häuser, deren Pfosten zu seiner Verständigung mit Blut bestrichen waren, ausließ und verschonend an ihnen vorüberging.
Was tat er? Er stellte ein Sterben an, das Sterben der Erstgeborenen des ägyptischen Elements, womit er manchen heimlichen Wünschen entgegenkam und manchem Zweitgeborenen zu Rechten verhalf, die ihm sonst vorenthalten geblieben wären. Die Unterscheidung zwischen Jahwe und seinem Würgengel will wohl vermerkt sein: sie hält fest, daß nicht Jahwe selbst es war, der umging, sondern eben sein Würgengel, – richtiger gesagt wohl eine ganze, vorsorglich zusammengestellte Schar von solchen. Will man die vielen aber auf eine Einzelerscheinung zurückführen, so spricht vieles dafür, sich Jahwe's Würgengel als eine stracke Jünglingsfigur mit Krauskopf, vortretendem Adamsapfel und bestimmt gefalteten Brauen vorzustellen, als einen Engelstyp jenes Schlages, der jederzeit froh ist, wenn es mit nutzlosen Verhandlungen ein Ende hat und zu Taten geschritten werden kann.
Die Vorgänge von dazumal sind in Dunkel gehüllt, – in das Dunkel jener Vesper–Nacht, die in den Augen der Kinder Ägyptens eine Festnacht war für das fronende Blut, das unter ihnen lebte. Wie es schien, wollte sich dieses Blut schadlos halten für das verwehrte Opferfest in der Wüste durch ein mit

Schmauserei verbundenes Lampen- und Gottesfest an Ort und Stelle, und sogar goldene und silberne Gefäße hatte es sich dazu von der ägyptischen Nachbarschaft ausgeliehen. Unterdessen aber, oder statt dessen, ereignet sich jenes Umgehen des Würgengels, das Sterben der Erstgeburt in allen Wohnungen, die nicht der Ysopbüschel mit Blut gezeichnet hat, diese Heimsuchung, die eine so große Verwirrung, einen so plötzlichen Umsturz der Rechts- und Anspruchsverhältnisse mit sich bringt, daß von einer Stunde zur anderen den Moseleuten der Weg aus dem Lande nicht nur offensteht, sondern sie geradezu auf ihn gedrängt werden und ihn für die Ägypter nicht schnell genug einschlagen können. Tatsächlich scheint es, daß die Zweitgeborenen weniger eifrig waren, den Tod derer zu rächen, an deren Stelle sie rückten, als die Urheber ihrer Erhöhung zum Verschwinden anzuspornen...

Sei dem wie ihm sei, auf jeden Fall nahm die Auswanderung die Gestalt der Austreibung an, und die Hast, mit der diese geschah, ist in der Einzelheit festgehalten, daß niemand Zeit hatte, sein Brot für die Reise zu säuern; mit unaufgegangenen Not-Fladen nur konnte man sich versehen, woraus dann Mose dem Volk einen Fest- und Gedenkbrauch machte für alle Zeiten. Im übrigen war man, so groß wie klein, zum Aufbruch völlig bereit gewesen. Die Lenden gegürtet, hatte man, während der Würgengel umging, bei gepackten Karren gesessen, die Schuhe schon an den Füßen, den Wanderstab in der Hand. Die goldenen und silbernen Gefäße, die man von den Landeskindern entliehen, nahm man mit.

Meine Freunde! Beim Auszuge aus Ägypten ist sowohl getötet wie auch gestohlen worden. Nach Moses festem Willen sollte es jedoch das letzte Mal gewesen sein.

Die Wandermasse, sehr viel geringer nach ihrer Kopfzahl, als legendäre Ziffern es wahrhaben wollen, aber schwierig genug zu handhaben, zu leiten und zu versorgen, eine hinlänglich schwere Schulterlast für den, der die Verantwortung für ihr Los, ihr Fortkommen im Freien trug, schlug den Weg ein, der sich von selber ergab, wenn man, aus guten Gründen, die nördlich der Bitterseen beginnenden ägyptischen Grenzbefestigungen vermeiden wollte: er führte durch das Salzseengebiet, in das der größere, westliche der beiden Arme des Roten Meeres ausläuft, welche das Sinailand zur Halbinsel machen. Mose kannte diese Gegend, da er sie auf seiner Flucht nach Midian und von dort zurückkehrend passiert hatte. Besser als dem jungen Joschua, der nur abgezogene Karten im Kopfe hatte, war ihm ihre Beschaffenheit vertraut, die Natur dieser schilfigen Watten, die die zeitweilig offene Verbindung der Bitterseen mit dem Meerbusen bildeten und durch die man unter Umständen trockenen Fußes das Sinailand gewinnen konnte. Ging nämlich ein starker Ostwind, so boten sie, bei zurückgetriebenem Meere, einen freien Durchgang, – und in dieser Verfassung fanden die Flüchtigen, dank Jahwe's begünstigender Fügung, das Schilfmeer vor.

Es waren Joschua und Kaleb, die in der Menge die Nachricht verbreiteten, Mose habe unter Anrufung des Gottes seinen Stab über die Wasser gehalten und sie dadurch bewogen, zurückzutreten und dem Volke den Weg freizugeben. Wahrscheinlich hatte er das auch getan und war mit feierlicher Gebärde in Jahwe's Namen dem Ostwinde zu Hilfe gekommen. Jedenfalls konnte der Glaube des Volkes an seinen Führer umso mehr eine Stärkung brauchen, als dieser Glaube gerade hier, und hier zuerst, auf eine schwere Belastungsprobe gestellt wurde. Denn hier war es ja, wo Pharao's Heeresmacht, Mann und Wagen, grimme Sichelwagen, die man nur zu gut kannte, die Auswanderer einholte und um ein Haar ihrer Wanderung zu Gott ein blutiges Ende gesetzt hätte.
Die Kunde ihrer Annäherung, von Joschua's Nachhut ausgegeben, erregte äußersten Schrecken und wildes Verzagen im Volke. Sofort schlug die Reue darüber, daß man „diesem Mann Mose" gefolgt war, in hellen Flammen auf, und jenes Massen-Murren erhob sich, das sich, zu Mose's Gram und Bitternis bei jeder Schwierigkeit wiederholen sollte, in die man danach noch geriet. Die Weiber zeterten, die Männer fluchten und schüttelten ganz ähnlich die Fäuste an ihren Schenkeln, wie Mose es in der Erregung zu tun pflegte. „Waren nicht Gräber in Ägypten", hieß es, „darin wir friedlich zu unserer Stunde hätten eingehen können, wären wir zu Hause geblieben?" Auf einmal war Ägypten „Zu Hause", da es doch sonst eine Fron-Fremde gewesen war. „Es wäre uns ja besser, den Ägyptern zu dienen, als in der Wildnis durchs Schwert zu verderben!" So hörte Mose es tausendfach, und es verbitterte ihm sogar die Rettung, die überwältigend war. Er war „der Mann Mose, der uns aus Ägypten geführt hat", – was Lobpreisung bedeutete, solang' alles gut ging. Ging's aber schlecht, so wechselte es sofort die Färbung und meinte murrenden Vorwurf, dem der Gedanke der Steinigung niemals ferne war.
Nun denn, es ging, nach kurzer Beängstigung, beschämend und unglaubwürdig gut hier zur Stelle. Mose stand sehr groß da durch ein Gotteswunder und war „der Mann, der uns aus Ägypten geführt hat" – nun wieder anders herum gemeint. Das Geblüt wälzt sich durch die trockengelegten Watten, ihm nach die ägyptische Wagenmacht. Da stirbt der Wind, die Flut kehrt zurück, und gurgelnd verderben Mann und Roß in verschlingenden Wassern.
Der Triumph war beispiellos. Mirjam, die Prophetin, Aarons Schwester, sang paukend den Weibern im Reigen vor: „Singet dem Herrn – eine herrliche Tat – Roß und Mann – hat er ins Meer gestürzt." Sie hatte es selbst gedichtet. Man muß es sich mit Paukenbegleitung denken.

Das Volk war tief ergriffen. Die Worte „mächtig, heilig, schrecklich, löblich und wundertätig" hörten nicht auf, von seinen Lippen zu kommen, und es war unklar, ob sie der Gottheit galten, oder Mose, dem Gottesmann, von dem man annahm, daß sein Stab die ersäufende Flut über die Macht Ägyptens gebracht habe. Die Verwechslung lag immer nahe. Wenn gerade das Volk murrte, hatte

Mose stets seine liebe Not, zu verhindern, daß es ihn selber für einen Gott, für den hielt, den er verkündete.

→ *Exodus 4,18-15,21*

3. Ein geplagter Mann

Das Geblüt merkte bald, was es heißen wollte, einem zornig-geduldigen, dem Unsichtbaren verantwortlichen Werkmann gleich Mosen in die Hände gefallen zu sein, und merkte, daß jene unnatürliche Weisung, es sei jedes Freudengeschrei zu unterlassen über des Feindes Ersaufen, nur ein Anfang gewesen war – und zwar ein vorwegnehmender Anfang, der schon weit im Gebiet der Reinheit und Heiligkeit lag und viele Voraussetzungen hatte, die zu erfüllen waren, ehe man dahin gelangte, eine solche Forderung nicht als völlig unnatürlich zu empfinden. Wie es aussah in dem Gehudel, und wie sehr es ein bloßer Rohstoff war aus Fleisch und Blut, dem die Grundbegriffe der Reinheit und Heiligkeit abgingen; wie sehr Mose von vorn anfangen und ihnen das Früheste beibringen mußte, das merkt man den notdürftigen Vorschriften an, mit denen er daran herumzuwerken, zu meißeln und zu sprengen begann – nicht zu ihrem Behagen; der Klotz ist nicht auf des Meisters Seite, sondern gegen ihn, und gleich das Früheste, was zu seiner Formung geschieht, kommt ihm am allerunnatürlichsten vor.

Immer war Mose unter ihnen, bald hier, bald da, bald in diesem und bald in jenem Dorflager, gedrungen, mit seinen weitstehenden Augen und seiner plattgetriebenen Nase, schüttelte die Fäuste an breiten Handgelenken und rüttelte, mäkelte, krittelte und regelte an ihrem Dasein, rügte, richtete und säuberte daran herum, indem er die Unsichtbarkeit Gottes dabei zum Prüfstein nahm, Jahwe's, der sie aus Ägypten geführt hatte, um sie sich zum Volk zu nehmen, und der heilige Leute an ihnen haben wollte, heilig, wie Er es war. Vorläufig waren sie nichts als Pöbelvolk, was sie schon dadurch bekundeten, daß sie ihre Leiber einfach ins Lager entleerten, wo es sich treffen wollte. Das war eine Schande und eine Pest. Du sollst außen vor dem Lager einen Ort haben, wohin du zur Not hinauswandelst, hast du mich verstanden? Und sollst ein Schäuflein haben, womit du gräbst, ehe du dich setzest; und wenn du gesessen hast, sollst du's zuscharren, denn der Herr, dein Gott, wandelt in deinem Lager, das darum ein heilig Lager sein soll, nämlich ein sauberes, damit Er sich nicht die Nase zuhalte und sich von dir wende. Denn die Heiligkeit fängt mit der Sauberkeit an, und ist diese Reinheit im Groben aller Reinheit gröblicher Anbeginn. Hast du das aufgefaßt, Ahiman, und du Weib Naemi? Das nächste Mal will ich bei jedem ein Schäuflein sehen, oder der Würgengel soll über euch kommen!

Unterscheide! sage ich dir, und sei heilig vor Gott, sonst kannst du nicht heilig sein, wie ich dich haben will. Du ißt ja alles durcheinander, ohne Wahl und Heiligkeit, wie ich sehen muß, das ist mir ein Greuel. Du sollst aber das eine essen und das andere nicht, und sollst deinen Stolz haben und deinen Ekel.

So machte er ihnen Speisevorschriften und schränkte sie ein in Dingen der Nahrung, aber nicht nur in diesen. Ebenso tat er es in Dingen der Lust und Liebe, denn auch darin ging es bei ihnen drunter und drüber nach rechter Pöbelart. Du sollst die Ehe nicht brechen, sagte er ihnen, denn sie ist eine heilige Schranke. Weißt du aber auch, was das sagen will, die Ehe nicht brechen? Hundert Einschränkungen bedeutet es mit Rücksicht auf Gottes Heiligkeit und nicht nur, daß du deines Nächsten Weib nicht begehren sollst, das ist das wenigste. Denn du lebst im Fleisch, bist aber dem Unsichtbaren verschworen, und die Ehe ist der Inbegriff aller Reinheit im Fleisch vor Gottes Angesicht. Darum sollst du nicht ein Weib nehmen und die Mutter dazu, um nur ein Beispiel zu nennen. Das schickt sich nicht. Und sollst nie und nimmer bei deiner Schwester liegen, daß du ihre Scham siehst und sie deine, denn es ist eine Blutschande. Nicht einmal bei deiner Tante sollst du liegen, das ist weder ihrer würdig noch deiner, und sollst davor zurückschrecken. Wenn ein Weib ihre Krankheit hat, sollst du sie scheuen und nicht herantreten an den Brunnen ihres Blutes. Wenn aber einem Mann was Schamhaftes zustößt im Schlaf, der soll unrein sein bis zum nächsten Abend und sich fleißig mit Wasser baden.

Ich höre, du hälst deine Tochter zur Hurerei an und nimmst Hurengeld von ihr? Tu das nicht mehr, denn beharrst du darauf, will ich dich steinigen lassen. Was fällt dir ein, beim Knaben zu schlafen wie beim Weibe? Das ist ein Unding und Völkergreuel, und sollen beide des Todes sterben. Treibt aber einer es mit dem Vieh, sei es Mann oder Weib, die sollen nun vollends ausgerottet sein und erwürgt werden mitsamt dem Vieh.

Man stelle sich ihre Bestürzung vor über all die Einschränkungen! Sie hatten zunächst das Gefühl, daß überhaupt vom lieben Leben beinahe nichts übrigbleibe, wenn man all dies befolgte. Er sprengte mit dem Meißel an ihnen herum, daß die Stücke flogen, und das war sehr wörtlich zu nehmen, denn mit den Ahndungen, die er auf die schlimmsten Überschreitungen der Schranken setzte, war es kein Spaß, und hinter seinen Verboten standen der junge Joschua und seine Würgengel.

„Ich bin der Herr, euer Gott“, sagte er, auf die Gefahr hin, daß sie ihn wirklich selbst dafür hielten, „der euch aus Ägyptenland geführt und abgesondert hat von den Völkern. Darum sollt ihr auch absondern das Reine vom Unreinen und nicht den Völkern nachhuren, sondern mir heilig sein. Denn ich, der Herr, bin heilig und habe euch abgesondert, daß ihr mein wäret. Das Allerunreinste ist, sich um irgendeinen Gott zu kümmern, außer um mich, denn ich heiße ein Eiferer. Das Allerunreinste ist, sich ein Bild zu machen, sehe es nun aus wie ein Mann oder Weib, ein Ochs oder Sperber, ein Fisch oder Wurm, denn damit ist man schon abtrünnig von mir, auch wenn das Bild mich vorstellen soll, und könnte ebensogut mit seiner Schwester schlafen oder mit einem Vieh, das liegt

ganz nahe dabei und ergibt sich gar bald daraus. Hütet euch! Ich bin unter euch und sehe alles. Hurt einer den Tier- und Totengöttern Ägyptens nach, dem will ich's eintränken. Ich will ihn in die Wüste jagen und ihn absondern wie einen Auswurf. Insgleichen wer da dem Moloch opfert, an den ihr, wie ich wohl weiß, auch noch eine Erinnerung habt, daß er ihm seine Kraft verbrennt, der ist ein Übel, und übel will ich mit ihm verfahren. Darum sollst du deinen Sohn oder deine Tochter nicht durchs Feuer gehen lassen nach blöder Völkerart, noch achten auf Vogelflug und -schrei, noch munkeln mit Wahrsagern, Tagewählern und Zeichendeutern, noch die Toten befragen und nicht Zauber treiben mit meinem Namen. Ist einer ein Schurke und führt dabei meinen Namen im Munde zur Zeugenschaft, der führt ihn am allerunnützlichsten, ich will ihn fressen. Aber Zauber und Völkergreuel ist es bereits, sich Male zu stechen, sich kahl zu scheren über den Augen und sich das Gesicht zu zerschneiden aus Trauer um einen Toten, – ich will's nicht dulden."
Wie groß war ihre Bestürzung! Nicht einmal Trauerschnitte sollten sie sich machen und sich nicht ein bißchen tätowieren. Sie merkten, was es auf sich hatte mit der Unsichtbarkeit Gottes. Es bedeutete große Einschränkung, mit Jahwe im Bunde zu sein; da aber hinter Mose's Verboten der Würgengel stand und sie nicht gern in die Wüste gejagt werden wollten, so kam ihnen das, was er verbot, bald fürchterlich vor, – anfangs nur im Zusammenhang mit der Strafe; diese aber verfehlte nicht, die Sache selbst zu einem Übel zu stempeln, bei dessen Begehung einem übel zumute war, der Strafe nicht einmal mehr zu gedenken.

Bis ihnen leidlich, oder auch scheinbar nur, in Fleisch und Blut übergegangen war, was er sie lehrte und ihnen auferlegte, die Schranken, Gebot und Verbot, das dauerte lange, und ein gewaltiges Stück Arbeit war es, dessen er sich da unterwunden: aus dem Gehudel dem Herrn ein heiliges Volk aufzurichten, eine reine Gestalt, die da bestände vorm Unsichtbaren. Im Schweiß seines Angesichtes werkte er daran zu Kadesch, seiner Werkstatt, indem er seine weitstehenden Augen überall hatte, – metzte, sprengte, formte und ebnete an dem unwilligen Klotz mit zäher Geduld, mit wiederholter Nachsicht und öfterem Verzeihen, mit loderndem Zorn und strafender Unerbittlichkeit, und wollte doch oft verzagen, wenn sich das Fleisch, in dem er arbeitete, so widerspenstig und vergeßlich-rückfällig erwies, wenn wieder die Leute mit dem Schäuflein zu graben versäumten, Blindschleichen aßen, mit ihrer Schwester schliefen oder auch mit dem Vieh, sich Male stachen, mit Wahrsagern hockten, auf Diebstahl schlichen und einander totschlugen. „O Pöbelvolk!" sagte er dann zu ihnen. „Ihr werdet sehen, der Herr wird einmal plötzlich über euch kommen und euch vertilgen."
Er war aber ein geplagter Mann nicht nur als Bildner des Volks, sondern Plage und Kummer reichten in sein Familienleben hinein: Da gab es Ärger, Scheelsucht und Zank um seinetwillen, und war kein Friede in seiner Hütte, – durch seine Schuld, wenn man wollte; denn seine Sinne waren Ursach' des Unge-

machs, – die waren erregt vom Werk und hingen an einer Mohrin, an der bekannten Mohrin.

Man weiß, daß er damals mit einer Mohrin lebte, außer mit seinem ersten Weibe Zipora, der Mutter seiner Söhne, – mit einer Person vom Lande Kusch, die schon als Kind nach Ägypten gelangt war, unter dem Geblüte in Gosen gelebt und sich dem Auszuge angeschlossen hatte. Zweifellos hatte sie schon manchen Mann erkannt, und dennoch nahm Mose sie an sich als Bettgenossin. In ihrer Art war sie ein prachtvolles Stück, mit Bergesbrüsten, rollendem Augenweiß, Wulstlippen, in die sich im Kuß zu versenken ein Abenteuer sein mochte, und einer Haut voller Würze. Mose hing gewaltig an ihr um seiner Entspannung willen und konnte nicht von ihr lassen, obgleich er dabei die Gegnerschaft seines ganzen Hauses zu tragen hatte: nicht nur seines midianitischen Weibes und ihrer Söhne, sondern besonders auch die seiner Halbgeschwister Mirjam und Aaron. Zipora nämlich, die viel von dem ebenen Weltsinn ihres Bruders Jethro hatte, fand sich noch leidlich mit der Rivalin ab, besonders da diese ihren weiblichen Triumph über sie verbarg und sich sehr unterwürfig gegen sie hielt; sie behandelte die Mohrin mehr mit Spott als mit Haß und begegnete auch dem Mose eher ironisch in dieser Sache, als daß sie ihrer Eifersucht hätte die Zügel schießen lassen. Die Söhne aber, Gersom und Elieser, die zu Joschua's riesiger Schar gehörten, besaßen des Sinnes für Zucht zuviel, daß sie sich empörerisch gegen den Vater hätten stellen mögen; man merkte ihnen nur an, daß sie sich ärgerten und schämten um seinetwillen.

Ganz anders lagen die Dinge bei Mirjam, der Prophetin, und Aaron, dem Salbungsvollen. Ihr Haß auf die Bett-Mohrin war giftiger als der der anderen, weil er mehr oder minder der Auslaß war für eine tiefere und allgemeinere Mißgunst, die sie gegen Mose verband: Seit längerem schon hatten sie begonnen, ihm sein nahes Verhältnis zu Gott, sein geistliches Meistertum, seine persönliche Erwähltheit zum Werk zu neiden, die sie großenteils für Einbildung hielt; denn sie erachteten sich für ebenso gut, ja besser als ihn und sagten untereinander: „Redet denn der Herr allein durch Mose? Redet er nicht auch durch uns? Wer ist dieser Mann Mose, daß er sich so über uns erhoben hat?“ – Dies lag dem Anstoß zugrunde, den sie an seinem Verhältnis zur Mohrin nahmen, und immer, wenn sie dem Bruder, zu seinem Leide, keifend mit Vorwürfen zusetzten von wegen der Leidenschaft seiner Nächte, bildeten diese nur den Ausgangspunkt für weitere Anklagen: bald kamen sie ab davon auf das Unrecht, das ihnen geschehe durch seine Größe.

So waren sie einst, als der Tag sich neigte, bei ihm in der Hütte und quälten ihn, wie ich sagte, daß sie ihn zu quälen pflegten: die Mohrin hier und die Mohrin da, und daß er an ihren schwarzen Brüsten hinge, und welch ein Skandal es sei, welche Schmach für Zipora, sein erstes Weib, und welche Bloßstellung für ihn selbst, der doch beanspruche, ein Gottesfürst zu sein und Jahwe's alleiniges Mundstück auf Erden...

„Beanspruche?“ sagte er. „Was Gott mir auferlegt hat zu sein, das bin ich. Wie häßlich aber von euch, wie gar sehr häßlich, daß ihr mir meine Lust mißgönnt und die Entspannung an meiner Mohrin Brüsten! Denn es ist keine Sünde vor Gott, und ist kein Verbot unter allen Verboten, die mir eingab, daß man bei einer Mohrin nicht liegen solle. Nicht, daß ich wüßte.“

Ei, ja, sagten sie, er suche sich die Verbote aus nach eigenem Geschmack und werde wohl nächstens noch aufstellen, daß es geradezu geboten sei, bei Mohrinnen zu liegen, denn er halte sich ja für Jahwe's alleiniges Mundstück. Dabei seien sie, Mirjam und Aaron, Amrams, des Levi-Enkels, echte Kinder, er aber sei doch am Ende nur ein Findling aus dem Schilf und solle ein wenig Demut lernen, denn daß er so auf der Mohrin bestände, ungeachtet des Ärgernisses, daraus spreche auch nur sein Stolz und Dünkel.

„Wer kann für seine Berufenheit?“ sagte er. „Und wer kann dafür, daß er auf den brennenden Dornbusch stößt? Mirjam, ich habe immer deine prophetischen Gaben geschätzt und nie geleugnet, daß du es wohl kannst auf der Pauke. . . “

„Warum hast du mir dann meine Hymne ‚Roß und Mann‘ verboten?“ fragte sie, „und mir untersagt, den Weibern vorzupauken im Reigen, weil angeblich Gott es seinen Scharen verwiesen habe, über den Untergang der Ägypter zu jubeln! Das war abscheulich von dir!“ „Und dich, Aaron“, fuhr der Bedrängte fort, „habe ich als Hohen Priester beim Stiftszelte angestellt und dir die Lade, das Ephod und die Eherne Schlange untergeben, daß du ihrer wartest. So schätze ich dich.“

„Das war das wenigste, was du tun konntest“, versetzte Aaron, „denn ohne meine Beredsamkeit hättest du nie das Volk für Jahwe gewonnen, bei der Blödigkeit deines Mundes, noch sie zum Auszug bewogen. Du aber nennst dich den Mann, der uns aus Ägypten geführt hat. Wenn du uns aber schätzest und dich nicht dünkelhaft über die echten Geschwister erhebst, warum hörst du dann nicht auf unsere Worte und verstockst dich gegen die Mahnung, daß du den ganzen Stamm in Gefahr bringst mit deiner Schwarzbuhlerei? Denn dieselbe ist ein gallenbitterer Trank für Zipora, dein midianitisch Weib, und ganz Midian stößest du damit vor den Kopf, also daß Jethro, dein Schwäher, uns noch mit Krieg überziehen wird, alles um deiner schwarzen Grille willen.“

„Jethro“, sagte Mose mit großer Selbstbeherrschung, „ist ein ebener, weltgeläufiger Herr, der wohl verstehen wird, daß Zipora – geachtet sei ihr Name! – einem hoch geplagten und schwer beauftragten Manne wie mir nicht mehr die nötige Entspannung zu bieten hat. Die Haut meiner Mohrin aber ist wie Zimmet und Nelkenöl in meiner Nase, an ihr hängt mein ganzer Sinn, und darum bitte ich euch, liebe Freunde, gönnt sie mir doch!“

Aber das wollten sie nicht. Sie heischten keifend, daß er sich nicht nur von der Mohrin trennen und sie seines Bettes verweisen solle, sondern daß er sie auch ohne Wasser hinaus in die Wüste stieße.

Da schwoll dem Mose die Zornesader hoch auf, und heftig begann er mit den

Fäusten zu beben an seinen Schenkeln. Bevor er jedoch noch den Mund öffnen konnte zu einer Erwiderung, geschah ein ganz anderes Beben, – Jahwe schritt ein, er setzte sein Angesicht gegen die hartherzigen Geschwister und nahm sich seines Knechtes Mose an, daß sie's nimmer vergaßen. Etwas Entsetzliches und nie Dagewesenes geschah.

Die Grundfesten bebten. Die Erde stieß, schütterte und schlingerte unter ihren Füßen, daß sie sich auf ihnen nicht halten konnten, sondern alle drei hin und her taumelten in der Hütte, deren Tragepfeiler wie von Riesenfäusten geschüttelt wurden. Es wankte aber die Feste nicht nur nach einer Seite, sondern auf ganz verzwickte und schwindlichte Weise nach allen zugleich, so daß es ein Grauen war, und in einem damit geschah ein unterirdisches Brüllen und Poltern und von oben und außen ein Schall wie von einer sehr starken Posaune, dazu noch anderes Dröhnen, Donnern und Prasseln. Es ist sehr seltsam und eigentümlich beschämend, wenn man eben im Begriffe war, in Zorn auszubrechen, der Herr aber nimmt's einem vom Munde und bricht selber aus – viel mächtiger, als man hätte ausbrechen können, und schüttelt die Welt, da man nur seine Fäuste hätte schütteln können.
Mose war noch am wenigsten schreckensbleich, denn jederzeit war er auf Gott gefaßt. Aber mit Aaron und Mirjam, den Schreckensbleichen, stürzte er aus dem Hause: da sahen sie, daß die Erde ihr Maul aufgetan hatte, und ein großer Riß klaffte dicht vor der Hütte, der war sichtlich für Mirjam und Aaron bestimmt gewesen und hatte sie nur um ein paar Ellen verfehlt, sonst hätte sie beide die Erde verschlungen. Und sahen: der Berg im Morgen hinter der Wüste, Horeb oder Sinai, – ja, was begab sich mit Horeb, und was ging vor mit dem Berge Sinai! Ganz und gar stand der in Rauch und Flammen, schleuderte glühende Brocken zum Himmel mit fernem Knallgetöse, und Feuerbäche liefen an seinen Seiten hinunter. Sein Qualm, darin es blitzte, verdunkelte die Sterne über der Wüste, und ein langsamer Aschenregen fing an, auf die Oase Kadesch niederzugehen.
Aaron und Mirjam fielen auf ihre Stirnen, denn der ihnen zugedachte Riß hatte sie sehr entsetzt, und die Offenbarung Jahwe's am Berge belehrte sie, daß sie zu weit gegangen waren und törlich gesprochen hatten. Aaron rief:
„Ach, mein Herr, dieses Weib, meine Schwester, hat häßlich gefaselt, nimm doch meine Fürbitte an und laß die Sünde nicht auf ihr bleiben, womit sie sich versündigt hat an dem Gesalbten des Herrn!"
Und Mirjam schrie auch zu Mose und sprach:
„Herr, man konnte nicht törlicher reden, als mein Bruder Aaron getan. Vergib ihm doch, und laß die Sünde nicht auf ihm bleiben, damit nicht Gott ihn verschlinge, weil er dich so lose mit deiner Mohrin geneckt!"
Mose war nicht ganz sicher, ob wirklich Jahwe's Kundgebung den Geschwistern galt und ihrer Lieblosigkeit, oder ob es sich nur so traf, daß er eben jetzt

an ihn seinen Ruf ergehen ließ, damit er wegen des Volks und des Bildungswerks mit ihm rede, – denn solches Rufs war er stündlich gewärtig. Er ließ sie aber bei ihrer Annahme und antwortete:
„Ihr seht es. Fasset aber Mut, Kinder Amrams, ich will ein gutes Wort für euch einlegen droben bei Gott auf dem Berge, wohin er mich ruft. Denn nun sollt ihr sehen, und alles Volk soll sehen, ob euer Bruder entnervt ist von schwarzer Buhlschaft, oder ob Gottesmut in seinem Herzen wohnt wie in keinem sonst. Auf den feurigen Berg will ich gehen, ganz allein, empor zu Gott, daß ich seine Gedanken vernehme und furchtlos mit dem Fürchterlichen verkehre auf du und du, fern von den Menschen, aber in ihrer Sache. Denn längst schon weiß ich, daß Er alles, was ich sie gelehrt zu ihrer Heiligung vor Ihm, dem Heiligen, ins Bündige bringen will und ins Ewig-Kurzgefaßte, damit ich's herniedertrage zu euch von Seinem Berge und das Volk es besitze im Stiftszelt, mit der Lade zusammen, dem Ephod und der Ehernen Schlange. Lebt wohl! Ich kann auch verderben in Gottes Aufruhr und in den Feuern des Berges, – das mag wohl sein, ich muß damit rechnen. Kehre ich aber wieder, so bringe ich euch aus Seinen Donnern das Ewig-Kurzgefaßte herab, Gottes Gesetz."
Wirklich war dies sein fester Vorsatz, auf Leben und Tod hatte er's beschlossen. Denn um das Gehudel, das halsstarrige, immer rückfällige, in Gottesgesittung zu bannen und sie die Gebote fürchten zu lassen, war gar nichts wirksamer, als daß er sich bar und allein in Jahwe's Schrecken emporgetraute, auf den speienden Berg, und ihnen von da das Diktat herniedertrüge, – dann, dachte er, würden sie's halten. Darum, als sie von allen Seiten zu seiner Hütte gelaufen kamen, mit den Knien schlotternd ob dieser Zeichen und um des zerreißenden Wankens der Erde willen, das sich noch einmal und zweimal abgeschwächt wiederholte, verwies er ihnen das ordinäre Schlottern und sprach ihnen anständige Fassung zu: Gott rufe ihn, sagte er, um ihretwillen, und er wolle zu Jahwe steigen, oben auf den Berg, und ihnen, will's Gott, etwas mitbringen. Sie aber sollten nach Hause gehen und sich sämtlich auf einen Auszug vorbereiten: heiligen sollten sie sich und ihre Kleider waschen und sich ihrer Weiber enthalten, denn morgen sollten sie ausziehen aus Kadesch in die Wüste, näher zum Berge, und sollten ihm gegenüber ein Lager aufschlagen und da auf ihn warten, bis er vom furchtbaren Stelldichein zu ihnen zurückkäme und ihnen vielleicht etwas mitbrächte. So geschah es, oder doch ähnlich.

→ Exodus 19ff *Thomas Mann*

13. Unfair zu Goliath

Ein beschämender Abschnitt in der Geschichte Israels liegt hinter uns. Es wird Zeit, ihn einer nüchternen Analyse zu unterziehen.

Der Ablauf der Ereignisse darf als bekannt vorausgesetzt werden: Nach längerem Manövrieren auf beiden Seiten hatten die Philister in Sichtweite der israelischen Armee, bei Sochon, Stellung bezogen und bemühten sich, die von den Israelis künstlich gesteigerte Spannung in erträglichen Grenzen zu halten. Auf dem Höhepunkt der Krise begab sich der philistinische Oberstabswachtmeister Goliath in das Niemandsland zwischen den beiden Lagern, wo er – wir zitieren einen absolut zuverlässigen Bericht – „seine Stimme erhob", um größeren Kampfhandlungen und unnötigem Blutvergießen vorzubeugen. Ein Angehöriger der israelischen Streitkräfte namens David, ein bekannter Großwildjäger, reagierte darauf mit einem Überraschungsangriff gegen Goliath, den er brutal zu Fall brachte und abschlachtete. Soweit die Tatsachen.

Rein militärisch betrachtet, kann der israelischen Aktion eine gewisse Qualität nicht abgesprochen werden. Vom moralischen Standpunkt jedoch fühlen wir uns verpflichtet, das Vorgehen Davids und seiner Auftraggeber gründlich zu durchleuchten und eine an Geschichtsfälschung grenzende Legende im Keim zu ersticken. Dabei leiten uns keinerlei Haßgefühle gegen das Volk Israels. Im Gegenteil möchten wir dem ohnehin zweifelhaften Ruf dieses ewig rastlosen Stammes eine neue, schwere Belastung ersparen.

Wir sind durchaus nicht der Meinung, daß der Begriff des soldatischen Kampfes ein völliges Gleichgewicht in der beiderseitigen Bewaffnung und der beiderseitigen Schlagkraft voraussetzt. Aber die elementaren Grundsätze der Fairness verlangen eine zumindest annähernde Gleichartigkeit der am Kampf Beteiligten. Wir bedauern, feststellen zu müssen, daß in der Auseinandersetzung zwischen David und Goliath eine solche Balance nicht gegeben war. Vielmehr lagen von Anfang an alle Vorteile auf Seiten Davids.

Das zeigte sich bereits an der Ausrüstung. Oberstabswachtmeister Goliath – wir stützen uns abermals auf den oben erwähnten Gewährsmann – „hatte einen ehernen Helm auf seinem Haupte und einen schuppichten Panzer an, und das Gewicht seines Panzers war fünftausend Sekel Erzes; und hatte eherne Beinharnische an seinen Schenkeln, und einen ehernen Schild auf seinen Schultern." Das heißt, daß er etwa sechzig bis siebzig Kilo zu schleppen hatte. Demgegenüber war David, wie man weiß, lediglich mit einer Hirtentasche und einer Schleuder bewaffnet, was ihm den unschätzbaren Vorteil der leichteren Beweglichkeit sicherte. Hinzu kam, daß der philistinische OSTWAM „sechs Ellen und eine Handbreit hoch" war – eine geradezu riesenhafte Körpergröße (fast vier Meter!), die ihn dem kleinen, untersetzten Israeli gegenüber noch weiter be-

nachteiligte. Bedenkt man schließlich den taktischen Effekt des Überraschungsangriffs, der sich gleichfalls zuungunsten Goliaths auswirken mußte, so darf man ruhig behaupten, daß der ungleiche Kampf im voraus entschieden war. Die Frage, wer ihn begonnen hat, wird die Experten noch lange beschäftigen. Genaue Nachforschungen haben ergeben, daß während der vierzig Tage, die dem Ausbruch der Feindseligkeiten vorangingen, keinerlei Truppenbewegungen stattfanden und daß sich zum Schluß sogar Anzeichen einer Entspannung bemerkbar machten, die eine Lösung auf diplomatischem Weg möglich erscheinen ließ. Warum diese Möglichkeit scheiterte, läßt sich ohne besondere Mühe der schon mehrfach zitierten Quelle entnehmen: Goliath „trat hervor und ging einher", während David, der gleichen Quelle zufolge, „eilete und lief vom Zeuge gegen den Philister". Damit dürften die letzten Zweifel beseitigt sein, wer im vorliegenden Fall als Aggressor zu bezeichnen ist.
Indessen soll auch die menschliche Seite des Vorfalls nicht zu kurz kommen. Das Wort hat der junge Schildträger Goliaths, der sich im Militärspital nur langsam von den Folgen des erlittenen Schocks erholt:
„Oberstabswachtmeister Goliath griff niemals als erster an", sagte uns der junge Kriegsversehrte, wobei er mühsam Haltung annahm. „Er war ein grundgütiger Mensch, voll Lebensfreude und Humor. Manche Leute hielten ihn auf Grund seiner äußeren Erscheinung für einen bärbeißigen Krieger, aber die rauhe Schale verbarg einen weichen Kern. Er liebte Musik, versuchte sich an der Harfe und stimmte am Lagerfeuer gern ein kleines Liedchen an, wie etwa: ‚Ich hab nicht Vater noch Mutter, ihr Juden, habt Mitleid mit mir. . . ' Der Oberstabswachtmeister war nämlich als Waise aufgewachsen und hatte schon damals unter seinen ungewöhnlichen Körpermaßen zu leiden. Nichts lag ihm ferner als Raufhändel, nichts haßte er so sehr wie den Krieg. Sicherlich wollte er diesem Hebräerjüngel eine Kompromißlösung vorschlagen, die für beide Teile annehmbar gewesen wäre. Und seine abfälligen Bemerkungen über den Gott der Hebräer waren wirklich nicht böse gemeint. Das sagt man so, ohne sich viel dabei zu denken. Mein guter OSTWAM dachte nur an sein Heim und seine Familie. Er wollte in Ruhe seinen Acker bestellen, nichts weiter. Ich werde es nie verwinden, daß er seinen Lieben auf so hinterhältige Weise entrissen wurde."
Zu diesem Bild des biederen, friedfertigen Landbewohners, wie es hier aus der Schilderung eines unmittelbar Beteiligten ersteht, läßt sich wohl kaum ein peinlicherer Gegensatz denken als die wendige Figur seines gefinkelten, mit allen städtischen Salben geschmierten Gegners, dessen berechnende Wesensart schon daraus hervorgeht, daß er lang vor dem Kampf Erkundigungen einzog, welcher Lohn denjenigen erwarte, „der diesen Philister erschlägt und wendet die Schande von Israel". Erst nachdem er sich zahlreicher materieller Vergünstigungen aus der kgl. Saulschen Privatschatulle versichert hatte, war er bereit, in den Kampf zu ziehen – bei dem er sich (was nicht einmal von israelischer Seite geleugnet wird) einer unkonventionellen, außerhalb aller internationalen Abkom-

men stehenden Waffengattungen bediente. Daß er diese Waffen, eine Art steinerner Dum-Dum-Geschosse, planmäßig und zielbewußt aus den israelischen Wasserläufen gewonnen hatte, also schon seit geraumer Zeit heimliche Kriegsvorbereitungen betrieb, bedarf keines weiteren Nachweises und erhärtet die von neutralen Beobachtern aufgestellte Aggressionsthese. Wenn man seine provokatorischen Auslassungen vor Beginn des Kampfes genauer auf ihren Inhalt prüft, erwartete er im Bedarfsfall sogar Hilfe von oben. Man weiß, was das bedeutet.
Der Kampf als solcher hat, wie wir schon sagten, der Geschichte Israels kein Ruhmesblatt hinzugefügt. Nach übereinstimmenden Augenzeugenberichten muß die Kampfweise Davids geradezu barbarisch genannt werden. Keiner, der dabei war, wird je vergessen, wie dieser entfesselte Hysteriker auf seinen unbeweglichen Gegner losstürzte und unbarmherzig auf den schon Gestrauchelten einschlug, während seine vorsichtig im Hintergrund verbliebenen Kohnnationalen ein ohrenbetäubendes Triumphgeheul anstimmten. Es war einfach widerlich.
OSTWAM Goliath gehört für alle Zeiten zu den tragischen Heldengestalten der Kriegsgeschichte. In seiner rührenden Naivität hatte er geglaubt, daß die Stunde der Befreiung für das besetzte Palästina gekommen wäre. Er fiel für die Freiheit der Philister, er fiel im Kampf gegen einen übermächtigen Gegner, dem er sich arglos gestellt hatte. Seiner hart geprüften Witwe wendet sich die allgemeine Anteilnahme zu. Zum Abschluß geben wir ein Gespräch wieder, das wir mit Frau Franziska Goliath im Kreise ihrer vierzehn Kinder führen durften:
„Ich habe keinen Mann, und meine Kinder haben keinen Vater mehr", sagte sie schlicht. „Das Leben wird schwer für uns sein. Was wir besaßen, ist uns von der plündernden Soldateska Israels geraubt worden. Nein, ich will nicht weinen. Aber wenn diese armen Waisenkinder mich immer wieder fragen: ‚Wo ist Pappi Goliath? Kommt er bald zurück? Hat er schon alle Juden erschlagen?' – dann bricht mir das Herz. Und die Welt schaut zu, ohne etwas zu tun. . . "
Wir senkten ergriffen den Kopf vor dieser Frau und Mutter, die einem unverschuldeten Schicksal tapfer die Stirn bietet. Das Rad der Geschichte ist über das kleine Volk der Philister hinweggerollt. David hat gesiegt. Es war ein Sieg der rohen Kraft über den Geist des Friedens. Goliath – das wird kein wahrheitsliebender Mensch noch länger bezweifeln – wurde das Opfer einer schamlosen Aggression.

→ 1 Samuel 17, 1-54 *Ephraim Kishon*

14. DIE GESCHICHTE DER BATH-SHEBA*

Aus dem Einen und Einzigen Wahren und Autoritativen, Historisch Genauen und Amtlich Anerkannten Bericht über den Erstaunlichen Aufstieg, das Gottesfürchtige Leben, sowie die Heroischen Taten und Wunderbaren Leistungen des David ben Jesse, Königs von Juda während Sieben und beider Juda und Israel während Dreiundreißig Jahren, des Erwählten GOttes und Vaters von König Salomo, abgekürzt, dem *König-David-Bericht*

Der Gedanke, mich mit der Geschichte der Bath-sheba befassen zu müssen, bedrückte mich schon lange.
Denn diese war noch schwieriger zu behandeln als das Hängen der sieben überlebenden Söhne und Enkel König Sauls, betraf sie doch den Weisesten der Könige, Salomo, unmittelbar; außerdem ist Königinmutter Bath-sheba noch sehr lebendig.
Ganz Israel weiß, daß Uria, der Hethiter, Bath-shebas Gatte, gerade zur rechten Zeit starb, um es David zu ermöglichen, die Witwe zu ehelichen und ihrer beiden Erstgeborenen zu echten Prinzen von Geblüt zu machen. Im ganzen Land war davon geredet worden, besonders weil die daran Beteiligten sich mit einem sonderbaren Mangel an Zurückhaltung benahmen; doch sind die Tatsachen nur schwer von Erfundenem zu trennen. Nathan, der Prophet, beschreibt die Begebenheit in seinen Erinnerungen, und ich bin geneigt, ihm in vielem Glauben zu schenken: er war Zeuge der Entwicklung des gefährlichen Verhältnisses und hat auf seine Art versucht, Einfluß darauf zu nehmen. Bei allem Mißtrauen, welches mir als Historiker eigen, meine ich doch, wir können uns glücklich schätzen, Nathan und sein Erinnerungsbuch zu haben; es ist höchst brauchbar, wenn man nicht vergißt, was für ein Mensch er ist: voller Selbstüberhebung und Sehnsucht. – Also ging ich aus und begab mich zu Nathan, dem Propheten, und traf ihn in seinem Hause an, da er nichts tat.

„Ach, Ethan ben Hoshaja! Gerade habe ich deiner gedacht, und da stehst du vor mir."
„Die hellseherische Gabe meines Herrn ist eines der Wunder unserer Zeit. Er ist nicht jedermann, dem GOtt Gesichte gibt und Träume voll tiefer Bedeutung, was übrigens beim Schreiben von Büchern recht hilfreich sein sollte."
„Richtig. Andre Verfasser müssen angestrengt nachdenken, und Nachschlagewerke benutzen, und sich mit der Logik herumschlagen; ich warte einfach auf die Erleuchtung vom HErrn." „Aber beruhen Erinnerungen nicht eigentlich auf Tatsachen?" „Was wären Tatsachen ohne Gesichte und Gleichnisse? Doch verwechsle diese nicht mit dem Gelall und Gestammel, das sich in den Werken

gewisser Zeitgenossen findet, denn solches stammt nicht von GOtt, sondern von der simplen Unfähigkeit, einen zusammenhängenden Gedanken niederzuschreiben."

„Ich nehme an, daß Ihr in Euren Erinnerungen, die den vorläufigen Titel *Das Buch Nathans* tragen, auch von der herzerwärmenden, zärtlichen Liebe des Königs David zu der Dame Bath-sheba berichtet, jenem süßen und gesegneten Bund zweier gleichgestimmter Seelen, dem nach vieler Mühsal die Person des gegenwärtigen Inhabers des Throns entsproß."

„Ich bin besorgt gewesen, diese Geschichte in all ihren herrlichen Einzelheiten zu erzählen."

„Darf Euer Diener damit rechnen, daß Ihr die Tatsachen, wie Ihr sie zusammengestellt habt, für den König-David-Bericht zur Verfügung stellen werdet: selbstverständlich sollt Ihr gebührende Erwähnung finden."

„Ich besitze nur einen Satz Tontäfelchen. Du wirst verstehen, daß ich diese nicht aus der Hand lassen kann."

„Könnte ich sie wohl hier bei Euch lesen?"

„Wenn die Worte des HErrn über mich kommen, kann ich sie nur erfassen, indem ich Zeichen und Abkürzungen benutze, die du nie entziffern würdest. Aber ich kann dir vorlesen, und deine Fragen beantworten. . . "

Lesung Nathans, des Propheten, aus dem Buch seiner Erinnerungen, mit Fragen des Ethan Ben Hoshaja und Nathans Antworten in Klammern gesetzt

Für diesen Abend hatte König David mich und ein paar engere Freunde eingeladen, um Fragen des Staats zu besprechen, wobei ich notfalls prophezeien sollte. Sehr gegen seine Gewohnheit verspätete sich der König zum Abendmahl, und schien zerstreut, so daß ich mich veranlaßt sah, zu fragen, ob ihm während seines Nachmittagsschläfchens ein Traum gekommen sei, welcher der Deutung bedürfe.

Der König blickte mich an, als hätte ich von der anderen Seite der Welt her zu ihm gesprochen, und sagte: Ein Traum? Nein, Nathan, ein regelrechtes Gesicht! Abiathar, der Priester, und Seraja, der Schreiber, und andere mehr wollten Näheres wissen: ob der König die Erscheinung im Schlaf gesehen habe, und ob sie eher einem Engel geglichen oder einem Menschen, und solcherart Fragen viele, so daß ein Tohuwabohu entstand. König David aber strich sich den Bart und sagte, er würde wohl geglaubt haben, ein Engel sei ihm erschienen, hätte die Person nicht ihre rituellen Waschungen vorgenommen, da er sie vom Dach seines Königshauses aus erblickte, gegen das Licht der sinkenden Sonne, nachdem er sich erhoben hatte von seinem Lager. Worauf Seraja, der Schreiber, sofort erklärte, es müsse sich um Bath-sheba handeln, die Tochter des Eliam und Frau des Hethiters Uria, welcher Hauptmann über eine Tausendschaft war und unter Joab an der Belagerung der Stadt Rabbath-ammon teilnahm, denn sie und ihr

Mann seien kürzlich in die Offiziershäuser westlich des Palastes eingezogen. Wenn der König es wünsche, fügte Seraja hinzu, werde er hingehen und der Frau ausrichten, daß sie Gefallen gefunden habe im Auge des Königs; alles Weitere sei einfach.
Nicht gar so einfach, sagte der König.
Seraja aber fragte, ob nicht alle Töchter Israels dem König gehörten, einschließlich auch jener, die mit Ausländern wie Uria, dem Hethiter, verheiratet waren?
Alle, erwiderte der König, mit Ausnahme der Frauen von Soldaten, die im Felde stehen. Diese dürfen nicht angerührt werden, weder von einem Stammesältesten noch selbst vom König; denn wie sollte ein Mann bewegt werden, auszuziehen und sich zu schlagen für den HErrn, wenn er nicht sicher war, daß sein Haus und sein Weib geschützt waren?
Und Abiathar, der Priester, bestätigte dies und sagte, es handle sich um eine Vorschrift vom HErrn, welche die Unbeschnittenen als Tabu bezeichneten, und König David sei außerordentlich weise und gerecht.
Da schlug der König mit der Faust auf den Tisch und rief aus: So soll ich mir die Eingeweide von diesem Feuer verbrennen lassen und es nicht löschen?
Abiathar erschrak so sehr, daß ihm der Bissen im Munde in die Luftröhre geriet, und man mußte ihm helfen. Sobald er wieder Luft bekam, sprach er: Das Feuer, welches in den Eingeweiden des Königs brennt, muß gelöscht werden, denn das Wohlbefinden des Erwählten des HErrn ist oberstes Gesetz. Mehr noch, hat nicht Jahweh selbst seinen Willen deutlich gemacht, indem er die Waschung der Frau und das Sinken der Sonne und die Ankunft des Königs auf dem Dache zu gleicher Zeit stattfinden ließ?
Und der Schreiber Seraja erklärte, das Tabu könne in diesem Fall keine Anwendung finden, da ja Uria, dem Hethiter, durch das Beilager des Königs mit Bathsheba, der Frau des Uria, nichts verlustig ginge; im Gegenteil, Uria würde geehrt und bereichert werden durch die Beziehung.
(Hier dachte ich nun, daß es Zeit sei, in Begeisterung zu verfallen, und ich sagte, nie in meinem ganzen Leben wäre mir etwas zu Ohren gekommen, das auf so erregende Art geschrieben war, und so lebensecht! Aber hatte denn mein Herr Nathan, der doch gleichfalls Tischgast König Davids war an jenem Abend, keine Meinung zur Frage des Tabus geäußert?
Nathan lächelte und sagte bescheiden: „Ich habe selten eine Meinung, so HErr Jahweh mich nicht belehrt bezüglich meiner Worte."
Und er fuhr fort.)
Und David sandte Boten hin, und ließ Bath-sheba holen. Und da sie zu ihm kam, schlief er bei ihr, denn sie war gereinigt von ihrer Unreinheit; und darauf kehrte sie zurück zu ihrem Hause.
(Wiederum unterbrach ich ihn und sprach: „Da aus der Vereinigung des obengenannten Paares der Weiseste der Könige hervorging, Salomo, möchten wir doch vermeiden, daß der Leser vermutet, es habe zwischen den beiden nur die

gröbste Art von Kopulation stattgefunden. Hat denn König David nie, wenn auch nur andeutungsweise, von zarter Tändelei gesprochen, von Koseworten, die er und die Dame Bath-sheba wechselten in ihrer ersten Liebesnacht?"
„König David sagte mir einmal, daß ihm nie im Leben ein Mensch begegnet sei, ob männlichen oder weiblichen Geschlechts, der diesbezüglich begabter gewesen wäre als Bath-sheba, die Tochter des Eliam. Was aber die Worte betrifft, welche die beiden in jener Nacht wechselten, so fürchte ich, du wirst die Königinmutter in eigner Person fragen müssen." „Mein Herr ist wohlbekannt mit ihr?" erkundigte ich mich liebenswürdig.
„Wäre ich nicht gewesen mit meinem Rat", Nathan schwieg bedeutungsvoll, „und Benaja mit seinen Krethi und Plethi, so säße ihr Sohn jetzt nicht zwischen den Cherubim, sondern in einem dunklen und schrecklichen Verlies."
„Also könnte mein Herr die Königinmutter ohne Schwierigkeiten bitten, mir eine kurze Unterredung zu gewähren und ein paar Fragen zu gestatten?"
Nathan hob die fahle Braue. „Du würdest sie wenig mitteilsam finden."
Und er fuhr fort.)

Die Frau aber ward schwanger, und sandte hin, und ließ David verkündigen und sagen: Ich kriege ein Kind.
Und es begab sich an jenem Tag, daß ich beim König war, um ihm einige mindere Prophezeiungen zu liefern. Der König wandte sich mir zu und sprach: GOtt tue mir dies und das, Nathan, ich glaube fast, sie hat das geplant. Ich fragte, was ihn zu der Vermutung veranlaßte. Und er erwiderte: Der HErr weiß, denn der HErr sieht nicht, wie ein Mensch sieht, der HErr sieht das Herz an; aber ich habe so ein Gefühl.
Ich sagte dem König, ein zusätzlicher Sohn sei immer ein Segen, vorausgesetzt, das Kind war von seinem Samen.
Des sei er ziemlich sicher, antwortete er; schließlich habe er gesehen, wie sie ihre Waschungen vornahm, und wenige Stunden darauf sei sie schon zu ihm gekommen, rein von ihrem Blut und gesäubert, und ihr Mann Uria vier Tage Eilritt entfernt unter den Wällen von Rabbath-ammon.
Da sagte ich: Also scheint es, daß der HErr zu seinem Knecht David durch Worte wie auch durch tatsächliche Segnungen spricht.
Der König aber verzog die Stirn und sagte: Und was ist mit dem Gesetz des HErrn, welches die Unbeschnittenen Tabu nennen? Ein Mann kann wohl den Umgang mit einer Frau verbergen, ein Kind aber läßt sich nicht verbergen; und so etwas wie eine unbefleckte Empfängnis mag eines Tages vorkommen in unserer Familie, aber bisher hat es sich noch nicht ereignet.
Also sagte ich zu dem König: Habe ich meinen Herrn richtig verstanden, daß es vier Tage Eilritt sind bis gen Jerusholayim von den Wällen Rabbath-ammons, welches belagert wird von Joab, und Uria, der Hethiter, dient unter ihm?
Und der König sagte, dem sei so.

Worauf ich sagte: Demnach sind es auch vier Tage Eilritt von Jerusholayim bis zu den Wällen Rabbath-ammons?
Der König sagte: Aber selbstverständlich.
Und ich sagte: Da könnte also Uria innerhalb von insgesamt acht Tagen in Jerusholayim eintreffen, und mit seiner Frau Bath-sheba liegen, und der Vater ihres Kindes werden, denn wer kann auf den Tag genau sagen, wie lange ein Säugling im Leib seiner Mutter verharrte?
König David aber stieß mir den Ellbogen in die Rippen und sprach: Nathan, mein Freund, wüßte ich nicht, daß du ein Prophet bist, so würde ich meinen, du bist ein Schelm.
Dank der freundlichen Befürwortung seitens meines Herrn Benaja ward mir Einsicht in mehrere Briefe gestattet, welche in den Ablagen Joabs gefunden wurden, der die Belagerung von Rabbath-ammon befehligte.
Der erste dieser lautet:
An Uria, den Hethiter, Hauptmann über eine Tausendschaft, zur Zeit unter den Wällen von Rabbath-ammon, von seiner liebenden Frau Bath-sheba, Tochter des Eliam.
Möge Jahweh meinem Gatten langes Leben und reichliche Beute gewähren. Dein dich liebendes Weib siecht dahin vor Sehnsucht nach deinen Umarmungen. Komm doch! Die Berührung deiner Lenden ist mir wie das Paradies, ich zerschmelze unter dir wie der Schnee unter der Sonne. Komm doch! König David hat von deinem Namen gehört und will dir wohl; du wirst an seinem Tische sitzen und mächtig werden in seiner Sicht; des Nachts aber wirst du bei deinem Turteltäubchen liegen. Komm doch! Möge Jahweh bewirken, daß meine Seufzer dein Ohr erreichen.
Dieser Brief war offensichtlich einem Schreiben beigefügt, das Uria an Joab, seinen Befehlshaber, richtete, und dessen Wortlaut folgt:
An Joab ben Zeruja, zweimaliger Held Israels, Feldhauptmann, von seinem Knecht Uria, dem Hethiter, Hauptmann über eine Tausendschaft.
Möge Jahweh meinen Herrn in all seinen Schlachten obsiegen lassen. Wie aus dem Beigelegten ersichtlich, haben sich bei mir zu Hause gewisse Schwierigkeiten ergeben, die meine persönliche Anwesenheit erfordern. Da die Belagerung planmäßig vorangeht, sind meine Dienste für eine kurze Zeit entbehrlich. Ich ersuche darum in aller Ehrfurcht um einen zehntägigen Urlaub. Bei meinem Eintreffen in Jerusholayim werde ich mich im Hauptquartier melden.
Urias Antrag fiel zeitlich mit einer Mitteilung zusammen, die Joab von seinem König und obersten Kriegsherrn erhielt.
Von König David, dem Erwählten des HErrn, dem Liebling Israels und Löwen von Juda, an Joab, der über das Herr ist. Möge Jahweh dir Stärke verleihen. Ich habe von einem Hethiter namens Uria gehört, einem tüchtigen und tapferen Mann und fähigen Offizier. Ich wäre dir verbunden, wenn du ihn mir auf einige Tage nach Jerusholayim schicktest, da ich ihn kennenlernen möchte.

Fortsetzung der Lesung Nathans aus dem Buch seiner Erinnerungen, mit Fragen des Ethan ben Hoshaja und Nathans Antworten in Klammern gesetzt

Es sind aber die klügsten Pläne des Menschen wie Spreu im Wind vor dem HErrn. Und wer würde vermutet haben, daß Uria, der Hethiter, sich als ein solcher Tugendheld erweisen würde, ein solches Muster an Enthaltsamkeit, ein solcher Verfechter edler Grundsätze?
Uria ritt ein in Jerusholayim und meldete sich im Palast; König David aber ließ ihn vor sein Angesicht rufen und fragte, wie es um Joab stünde, und um das Kriegsvolk, und wie es voranginge mit dem Kampfe. Dann sprach David zu Uria: Gehe hinab zu deinem Hause, und wasch deine Füße. Und Uria verließ des Königs Haus, und es folgte ihm allerhand Fleisch als Geschenk des Königs. Uria aber legte sich schlafen im Tor des Palastes, bei den Offizieren der Wache, und ging nicht hinab in sein Haus.
Ich war bei König David, als ein Diener kam von Bath-sheba und zu ihm sprach: Uria, der Hethiter, ward gesehen, da er eintritt in Jerusholayim, und meine Herrin hat warm Wasser hingestellt für seine Füße, und das Fleisch gebraten, welches der König sandte, und das Bett ist gleichfalls bereitet für Uria, daß er bei ihr liege; er aber ist nicht hinabgegangen in sein Haus.
Und der König entsandte Boten, und er erfuhr, daß Uria im Tor des Palastes schlief; und er ließ ihn vor sein Angesicht kommen. Und der König sprach zu Uria: War das nicht ein ziemlich anstrengender Ritt, den du gemacht hast von den Wällen Rabbath-ammons bis gen Jerusholayim, in insgesamt vier Tagen? Warum also bist du nicht hinabgegangen in dein Haus?
Aber Uria beugte sein Haupt und sagte: Wenn es meinem Herrn gefällig ist, ich mag ein Hethiter sein, aber ich habe den wahren Glauben angenommen, so daß ich Grundsatz über Genuß stelle. Die Bundeslade, und das Heer Israels und Judas, hausen in Zelten, und mein Herr Joab und die Offiziere meines Herrn Joab lagern auf offenem Feld; sollte ich da in mein Haus gehen, daß ich äße und tränke, und bei meinem Weibe läge? So wahr Ihr lebt, und Eure Seele lebt, ich tue solches nicht.

König David warf mir einen düsteren Blick zu; dem Uria aber sagte er: Trefflich geredet, Uria; ich werde nicht versäumen, es Joab gegenüber zu erwähnen, deinem Vorgesetzten. Aber verharre doch noch ein oder zwei Tage, ich will dich einladen an meinen Tisch, und du wirst zu meiner Rechten sitzen, neben Nathan, dem Propheten, der ein Mann von großem Scharfsinn ist. (Nathan unterbrach seine Lesung und sah mich an.
Ich sagte, seine Beschreibung der Konfrontation von König und Uria sei meisterhaft und von größtem Wert für den König-David-Bericht, und die zufällige Erwähnung seines eigenen Scharfsinns eine besonders feine Note.
Nathan nickte. „Es kommen noch viele Überraschungen!“ Und er fuhr fort.)

So verblieb Uria an dem Tag in Jerusholayim, und auch am nächsten. König David aber sprach zu mir: Nathan, wir müssen diesen Menschen trunken machen; es ist unsere einzige Hoffnung; denn der HErr schuf den Wein als Gegenmittel gegen Grundsätze.
Und da David ihn rufen ließ, aß und trank Uria mit uns, und wir setzten ihm zu von rechts und von links; und der König pries Bath-sheba, und ermahnte den Uria, die Gelegenheit zu benutzen, denn so wir alt seien und wohlbetagt, und nicht mehr warm werden könnten, werde es zu spät sein. Auch ich drang ein auf Uria, und veranlaßte ihn, mit mir zu trinken, bis ich dachte, er müsse umfallen.
Aber er tat's nicht. Er erhob sich zu seiner vollen Größe und verkündete, mit ein wenig schwerer Zunge, es sei längst Zeit für ihn, zu Bett zu gehen, denn in der Frühe müsse er sich aufs Pferd schwingen und habe vier Tage Eilritt vor sich bis zu den Wällen von Rabbath-ammon. Worauf er hinaustorkelte, ohne auch nur gute Nacht zu wünschen.
König David sandte dem Uria einen Diener nach, daß dieser ihn sicher nach Hause geleite zu Bath-sheba. Der Diener kehrte bald zurück, und warf sich nieder vor dem König, und sagte, daß Uria, der Hethiter, nicht hinabgegangen war in sein Haus, sondern sich zu Bett gelegt hatte bei den Offizieren der Wache im Tor.
Der König schmiß ihm den Becher an den Kopf; dann rief er nach Seraja, dem Schreiber, um ihm zu diktieren. Ich selbst aber und die anderen, wir gingen ein jeglicher seines Weges.
Es mag an diesem Punkt angebracht sein, noch einige Dokumente aus den Ablagen Joabs anzuführen, welche ich dank der freundlichen Befürwortung meines Herrn Benaja einsehen durfte.
Deren erstes ist ein Brief, den Uria überbringen mußte.
Von König David, dem Günstling des HErrn, dem Ernährer Israels und Beschützer Judas, an Joab, der über das Heer ist; durch Uria, den Hethiter.
Möge Jahweh deine Treue durch immer neue Siege belohnen.
Stelle Uria in den Streit, da er am heißesten ist, und wende dich hinter ihm ab, daß er erschlagen werde und sterbe.
Das zweite ist eine kurze Eintragung in den Bericht des Joab.
Und ich befahl Uria, dem Hethiter, eine Streife in Richtung Tor 5 zu führen, mit dem Auftrag, den Feind zu einem Ausfall zu verlocken, so daß wir Gefangene machen und von diesen erfahren möchten, wie es stünde in Rabbath-ammon.
Das dritte Dokument, eine spätere Eintragung Joabs in seinen Tagesbericht, enthält den wesentlichen Teil seiner Anweisungen an einen Boten, welchen er zu König David sandte.
Wenn du dem König meinen Lagebericht gegeben hast, und du siehst, daß der König erzürnt ist und zu dir spricht: Warum habt ihr euch so nahe zur Stadt ge-

macht mit dem Streit? wißt ihr nicht, wie man von der Mauer zu schießen pflegt? warf nicht ein Weib ein Stück Mühlstein auf Abimelech ben Jerubbesheth, daß er starb? dann sollst du sagen: Uria, der Hethiter, ist auch tot.
Eine letzte Notierung, in der Handschrift von Davids Schreiber Seraja, scheint eine Aufzeichnung der Antwort des Königs an denselben Boten zu sein.
So sollst du zu Joab sagen: Laß dich dieserhalb nicht verdrießen; denn das Schwert frißt bald diesen, bald jenen. Verstärke die Angriffe gegen die Stadt und nimm sie ein.

Schluß der Lesung Nathans aus dem Buch
seiner Erinnerungen, mit Fragen des Ethan ben Hoshaja
und Nathans Antworten in Klammern gesetzt

Da Urias Weib hörte, daß ihr Mann tot war, trug sie Leid um ihn. Und Eliam, ihr Vater, kam, und ihre Mutter auch, und die ganze Familie kam einschließlich der Vettern und Nichten, und sie saßen in Trauer und zerrissen ihre Kleider und wehklagten und jammerten, so daß es zu den Ohren des Königs drang.
Der König redete zu mir: Nun, ich bin sehr für die Ehrung der Toten, aber Bathsheba scheint es doch zu übertreiben, und ich fürchte, die bösen Zungen könnten sagen: Hat die Frau des Uria ihren Mann zu seinen Lebzeiten nicht geehrt, daß sie sich derart aufführt bei seinem Tode? hat sie vielleicht einen Hurer gehabt? Darum, Nathan, gehe zu der Witwe und tröste sie, und sage ihr, sie möge sich der zahllosen Verwandten entledigen, welche ihr Haus unsicher machen.
Ich tat, wie König David mich geheißen; und ich traf Bath-sheba in zerrissenen Kleidern an, das Haar zu einfachem Knoten geschürzt, dabei aber äußerst reizvoll aussehend. Und sie sprach: Warum soll ich nicht weinen, und wehklagen, und Uria betrauern, und meine Verwandten lauthals jammern lassen? Trage ich nicht ein Kind in mir, welches als Waise wird geboren werden, und wird weder Vater noch Erbschaft haben, obzwar es von königlichem Blute ist? Eines ist es, die arme, hilflose Frau eines Soldaten zum König kommen zu lassen, und sie zu zwingen, bei ihm zu liegen und sich zärtlich um ihn zu bemühen, auf ihm sowie unter ihm, aber ein gänzlich anderes, ihr beizustehen in ihrem Unglück, und das königliche Versprechen zu erfüllen. Und sie schlug die Hände vors Gesicht, und schrie laut auf, und sagte, wie sehr schrecklich es sein würde, so ihr Vater Eliam und ihre Mutter und all ihre Verwandten von ihrer mißlichen Lage erführen.
Also machte ich dem König von den Worten der Dame Bath-sheba Mitteilung, und ich fragte ihn, welch königliches Versprechen, wenn überhaupt eines, er ihr gegeben. David erwiderte: Wie soll ich mich erinnern; ein Mann sagt dies und das, wenn er bei einer Frau liegt.
Ich hatte schlimme Vorahnungen, denn der HErr spricht: Du sollst nicht bei deines Nächsten Weibe liegen, sie zu besamen, und dich an ihr verunreinigen.
Der König aber sagte: Gehe hin, und richte der Frau aus, wenn die Zeit der

Trauer vorüber ist, kann sie in den Palast einziehen, und ich will sie ehelichen, aber ohne Aufsehen, denn es ist schon genug Gerede ob der Sache unter dem Volke.
Und nach der Zeit ihrer Trauer zog Bath-sheba in den Palast ein mit all ihren Kisten und Kasten, ihren Teppichen, irdenen Töpfen, Silber, und mitsamt ihren Bediensteten; und ganz Jerusholayim sprach davon, und von der Vermählungsfeier, auf welcher die Frau bestand, denn das Kind war groß in ihrem Leibe, da sie an Davids Seite einherschritt unter dem Baldachin, und sie watschelte wie eine Ente.
(„Doch warum verhielt sich der König so schwächlich und gab der Dame Bathsheba nach in allem, was sie forderte?" fragte ich.
Nathan zuckte die Achseln und meinte, die Königinmutter würde auch mir als eine Persönlichkeit erscheinen, die sich durchzusetzen wisse.
„Bedeutet das, daß mein Herr versuchen wird, eine Unterredung herbeizuführen?"
Nathan winkte verstimmt ab. „Wir kommen jetzt zu meinem berühmten Gleichnis", sagte er, „und zu den Vorhaltungen, die ich dem König machte, und zu meiner Prophezeiung der Zukunft, und keine gewöhnliche Prophezeiung, bitte sehr, wie man sie um ein weniges von jedem kleinen Propheten im Stadttor erhalten kann, sondern eine, die zutrifft und wahr ist in jeder Hinsicht."
Und er fuhr fort.)
Kurz nach der Heirat gebar Bath-sheba König David einen Sohn. Aber die Tat, die David getan, mißfiel dem HErrn.
Und der HErr sandte mich zu David. Ich kam zu ihm und sprach: Es waren zwei Männer in einer Stadt, einer reich, der andre arm. Der Reiche hatte sehr viele Schafe und Rinder; aber der Arme hatte nichts denn ein einziges kleines Schäflein, das er gekauft hatte; und er nährte es, daß es groß ward bei ihm und bei seinen Kindern; es schlief in seinem Schoß, und er hielt's wie eine Tochter.
Da aber zu dem reichen Mann ein Gast kam, ersparte sich's jener, von seinen Schafen und Rindern zu nehmen; nein, er nahm des armen Mannes Schäflein und richtete es zu für den Mann, der zu ihm gekommen war.
Und David ergrimmte mit großem Zorn gegen den Reichen; und er sprach zu mir: So wahr der HErr lebt, der Mann, der solches getan hat, soll sterben; dazu soll er das Schäflein vierfältig bezahlen, darum daß er kein Mitleid hatte.
Da sprach ich zu David: Du bist der Mann.
Der König aber sagte: Habe ich mir doch gedacht, daß da ein Hintergedanke steckte in deiner Geschichte; sage mir darum, ist der HErr dir wahrhaftig erschienen, oder hast du es dir ausgedacht?
Die Knie zitterten mir mächtig, aber der Geist des HErrn war über mich gekommen, und ich redete: So spricht der HErr, der GOtt Israels, ich habe dich zum König gesalbt über Israel, und habe dich errettet aus der Hand Sauls, und habe dir einen Haufen Weiber gegeben, und ich habe dir das Haus Israel ge-

geben und das Haus Juda; und wäre dir das zuwenig gewesen, ich hätte dir noch dies und das dazugelegt. Warum also hast du das Gebot des HErrn mißachtet, daß du Übel vor seinen Augen tatest? Uria, den Hethiter, hat du erschlagen durch das Schwert der Kinder Ammons, und hast sein Weib dir zum Weibe genommen.

Der König aber sagte: Entweder spricht der HErr wahrhaftig durch deinen Mund, Nathan, oder du bist der dreisteste Mensch diesseits des Jordan, denn warst du nicht von Anbeginn an all diesem beteiligt, und wo war damals deine biedere Stimme?

Meine Eingeweide waren voller Furcht, aber der HErr sprach weiter durch meinen Mund und redete zu David: Nun, darum soll das Schwert niemals ablassen von deinem Hause. Siehe, ich will Unglück über dich bringen aus deiner eignen Familie, und will deine Weiber nehmen und sie vor deinen Augen deinem Nächsten geben, und dieser soll bei deinen Weibern liegen im Licht der Sonne. Denn du hast es heimlich getan; ich aber will dies vor dem ganzen Volk Israel tun lassen, und am hellichten Tage.

Ich dachte, bestimmt wird er mich jetzt verprügeln, und ich werde meinen Platz an seinem Tisch verlieren und meine Einkünfte und Titel. Aber der König beugte das Haupt und sprach: Nathan, ich habe gesündigt wider den HErrn. Aber es ist zumeist Bath-shebas Schuld, ich weiß nicht wie und ich weiß nicht warum, ich bin wie Ton in den Händen dieses Weibes.

Da betete ich zum HErrn; und der Geist des HErrn kam noch einmal über mich und sprach zu David: So hat denn der HErr deine Sünde weggenommen von dir; du sollst nicht sterben. Weil du jedoch durch deine Tat den Feinden des HErrn mannigfach Gelegenheit gegeben hast, zu lästern, soll der Sohn, der dir geboren ist, des Todes sein.

Worauf der Geist des HErrn mich verließ. Da aber der König nichts weiter sagte und nachdenklich schien, entfernte ich mich still und ging meines Weges.

(Nathan seufzte tief und legte das letzte Täfelchen beiseite. Ich stand auf und ergriff seine Hand und sagte zu ihm: „Großartig! Einfach großartig! Erschütternd!“)

Gepriesen sei der Name des HErrn, unsres GOttes, der den Menschen sich zum Bilde schuf; sein Bild aber schillert in vielen Farben.

Da ich die Schriftstücke aus den Ablagen des Joab zu Ende gelesen hatte und kam, sie Benaja ben Jehojada zurückzubringen, ließ dieser mich zu sich rufen und erkundigte sich, ob ich zufrieden sei mit den Erkenntnissen, welche ich gewonnen habe. Ich sagte ihm, die Briefe und Aufzeichnungen seien von großem Wert für den König-David-Bericht und ergänzten auf höchst bemerkenswerte Weise die Geschichte von der herzerwärmenden, zärtlichen Liebe König Davids und der Dame Bath-sheba, wie sie mein Herr Nathan in seinem Buch der Erinnerungen geschrieben.

„Was hat er da eigentlich geschrieben?" wollte Benaja wissen. Ich erzählte ihm kurz.
„Und du glaubst das alles?" Benaja grinste und zeigte sein Gebiß. „Besonders den Teil bezüglich des rechtzeitigen Tods des Hethiters Uria?"
„Abgesehen von einer Überbetonung seiner Person", sagte ich, „scheint mein Herr Nathan so ziemlich alles berichtet zu haben, was er mit eignen Augen sah und mit eignen Ohren hörte."
„Was nur beweist", bemerkte Benaja, „daß der Mensch neben seinen Augen und Ohren auch das wenige an Gehirn benutzen soll, welches der HErr ihm verliehen. Ist dir nicht aufgefallen, daß Uria sich höchst sonderbar aufführte? Siehe, einer kehrt heim aus dem Kriege. Er hat im Felde gelagert, er ist vier Tage geritten, er ist müde und staubig, aber voller Säfte – und er weigert sich, zu seiner jungen Frau zu gehen, die ihm einen Brief sandte, wie du ihn gelesen hast?"
„Mein Herr wolle seinem Diener verzeihen: es muß viele Zeugen dafür gegeben haben, daß Uria sich im Tor des Palastes schlafen legte, bei den Offizieren der Wache, und nicht hinabging in sein Haus."
„Und die Begründung, die er für seine Enthaltsamkeit gab?"
„Die war etwas hochtrabend."
„Wenn nun Uria aber bei seiner Frau Bath-sheba gewesen wäre?"
„Wann?"
„Noch bevor er vor das Angesicht König Davids trat, um seinen edlen Gefühlen Ausdruck zu verleihen."
„Mein Herr scheint vergessen zu haben, daß die Frau einen Diener zu König David sandte, um betreffs Urias nachzufragen, und dem König sagen ließ, daß warmes Wasser hingestellt sei für die Füße, und so fort, Uria sei aber nicht hinabgegangen in sein Haus."
„Das ist kein Beweis, daß er es nicht doch getan hätte."
Benaja hatte recht.
„Nehmen wir einmal an, Ethan, daß Uria in sein Haus ging und von Bath-sheba erfuhr, sie sei schwanger, und durch wen: was würde er wohl getan haben?"
„Er hätte sie getötet."
„Wirklich?"
„Zumindest hätte er sie verstoßen."
„Versetz dich in seine Lage."
Ich gedachte Liliths und des Verlusts, der mir drohte, da König Salomo sie zur Spielgefährtin seiner zukünftigen ägyptischen Gattin haben wollte. „Mein Herr wünscht anzudeuten, Uria habe stillgehalten und es gelitten?"
„Nehmen wir an, Ethan, Bath-sheba hätte zu ihrem Gatten etwa folgendermaßen gesprochen: Uria, mein Lieber, du weißt, daß mir nicht viel übrigblieb, als bei dem König zu liegen. Jetzt aber, siehe, will der alte Lüstling es vermeiden, seine Versprechungen erfüllen zu müssen, und will das Kind, welches ich im Leibe trage, als dein Kind erscheinen lassen, damit wir keine Ansprüche erhe-

ben können gegen ihn. Wenn du dich aber klug verhältst, Uria, mein Lieber, und heute Abend nicht hinabgehst in dein Haus, um bei mir zu liegen, so wird niemand bezweifeln können, daß das Kind von David ist, und du wirst aufsteigen im Dienst des Königs und an seiner Tafel sitzen unter den Großen im Königreich; und der kleine Prinz, der in mir ist, soll König sein über Israel."
Gegen meinen Willen mußte ich Benaja bewundern, dessen Gehör bis in die letzten Winkel des Landes reichte, und dessen Verstand ein kluges Netz wob aus den mannigfachsten Fäden, und ich sagte: „Das würde Urias hochsinnige Rede vor dem König erklären, und warum er seine Selbstlosigkeit so betont zur Schau stellte. Aber sah Bath-sheba denn nicht voraus, daß David, zu sehr bedrängt, den Uria einfach beseitigen möchte?"
„Und wenn sie es vorausgesehen hätte?"
Die Zunge lag mir verdorrt im Munde.
Benaja lachte. „Bleibt die Frage, weshalb Uria den Brief des Königs vier Tage und Nächte bei sich trug, ohne ihn je zu lesen. Hättest du das getan, Ethan?"
Ich hoffte, erwiderte ich, das Vertrauen des Königs oder seiner Mächtigen nie zu enttäuschen.
„Wenn aber Uria den Brief doch las?" fragte Benaja.
„So würde er ihn vernichtet haben."
„Ein anderer Brief gleichen Inhalts würde Joab durch einen anderen Boten erreicht haben."
„Dann wäre er, so schnell ihn sein Pferd trug, in eines der syrischen Reiche geflohen oder ins Land seiner Väter. Irgendwohin."
„Geflohen von der glorreichen Zukunft, die seine Frau Bath-sheba ihm ausgemalt hatte und die ihn erwartete, wenn er es nur erreichte, daß er bis zur Geburt des Kindes am Leben blieb?"
„Ein Toter hat keine Zukunft."
„Ich sehe, du hast nie im Krieg gedient, Ethan; sonst würdest du wissen, was dem Uria eine Selbstverständlichkeit war: daß Joab nicht und nicht einmal der König in eigner Person ihn in den Streit stellen konnten, wo dieser am heißesten war, es sei denn, er selbst wünschte, sich dorthin zu begeben. Gemeine Soldaten wie Abimelech ben Jerubbesheth mußten in den Streit gehen, wo dieser am heißesten war und wo ihnen ein Stück Mühlstein auf den Kopf geworfen wurde; aber der Hauptmann einer Tausendschaft konnte sich immer außer Schußweite halten."
„Dennoch fiel Uria an jenem Tag zusammen mit Abimelech."
Benaja klatschte in die Hände, und ein Diener kam und brachte mir einen Krug mit Wohlgerüchen versetzten Wassers und mehrere Tontäfelchen. „Lies", forderte Benaja mich auf. „Joabs eigene Worte. Er gesteht tagtäglich. Es erleichtert ihm das Herz."

Geständnis des Joab ben Zeruja betreffs des Todes des Hethiters Uria, im Verhör mit Benaja ben Jehojada

Frage: Und Uria, der Hethiter, übergab dir den Brief König Davids?
Antwort: Ja.
Frage: Was tatest du dann?
Antwort: Ich befolgte die darin enthaltenen Anweisungen.
Frage: Erschien es dir nicht merkwürdig, daß der König dir befahl, einen deiner besten Hauptleute zu opfern?
Antwort: König David war der Erwählte des HErrn.
Frage: Also stelltest du Uria in den Streit, wo er am heißesten war?
Antwort: Ich sandte ihn, eine Streife zum Tor 5 zu führen, da ich erwarten konnte, daß der Feind von dort ausfallen und das Gefecht eröffnen würde.
Frage: War das alles? Du hast schon so vieles bekannt, du magst ebensogut ein volles Geständnis ablegen.
Antwort: Ich befahl einer Gruppe von Bogenschützen, sich in Bereitschaft zu halten.
Frage: Und Uria starb mit einem Pfeil im Rücken?
Antwort: So geschah es.

Königinmutter Bath-sheba saß träge in ihre Polster gelehnt; nur die Augen zwischen den Schleiern waren wach und belauerten abwechselnd Nathan und mich. Ich hatte beabsichtigt, sie allmählich zu dem für mich wichtigen Punkt hinzuführen: war sie nichts weiter gewesen als das hilflose Weib eines Soldaten, das man gezwungen hatte, das Feuer in den königlichen Eingeweiden zu löschen, oder war sie Ursprung und Triebkraft all der Verbrechen, die auf die erste Sünde folgten, und hatte den König mittels ihres Leibs und der Frucht ihres Leibes dahin gebracht, daß nun ihr Sohn auf dem Thron saß – nicht Amnon, nicht Absalom, nicht Adonia, auch keiner der anderen älteren Söhne von Frauen aus älteren Ehen – sondern ihr Salomo, der Spätling, Sohn einer minderen Frau.
Ich versuchte es auf alle Art. Ich sprach von dem Leid, das der frühzeitige Tod ihres ersten Gatten ihr gebracht; sie antwortete, wie einst David, das Schwert fresse bald diesen, bald jenen. Ich sprach von der großen Güte des HErrn, welcher den Uria nach Jerusholayim kommen ließ, daß er sie noch einmal wiedersehe; sie antwortete, die Wege des HErrn seien unerforschlich.
Doch als ich von dem Kind sprach, das sterben mußte, weil David durch seine Tat den Feinden des HErrn soviel Gelegenheit gegeben, zu lästern, da begannen ihre Lider zu flattern. „Es war so winzig“, sagte sie. „So hilflos.“
„König David liebte das Kind?“
„Er ersuchte GOtt um das Knäblein, und fastete, und lag die ganze Nacht auf der Erde.“
„König David liebte alle seine Kinder“, erwähnte Nathan.

„Das Kind starb für ihn und an seiner Statt“, sagte Bath-sheba, „warum also sollte er es nicht geliebt haben?“
„Er ersuchte GOtt, es am Leben zu lassen“, ergänzte Nathan. „Sieben Tage und sieben Nächte verharrte er im Gebet, und die Ältesten seines Hauses kamen zu ihm und wollten ihn aufrichten von der Erde; er wollte aber nicht, und aß auch nicht mit ihnen.“
„Das Kind lag im Sterben“, sagte Bath-sheba. „Und David konnte sich nicht entschließen: sollte er GOtt danken, daß dieser das Leben des Kindes annahm in Zahlung für seines, oder sich selbst verfluchen ob dieses Handels mit dem HErrn; und sein Schuldgefühl wuchs über die Maßen.“
„Es war kein Handel“, widersprach Nathan. „Es war Bestimmung. Denn David war der Erwählte des Herrn.“
„Und darum mußte das Kind bestraft werden?“ fragte Bath-sheba.
„Aber GOtt segnete Euch mit einem anderen Sohn, Herrin“, ermahnte Nathan. „Und dieser war zu Großem bestimmt, zum Herrscher über Israel.“
„David kam zu mir in jener Nacht.“ Ihr Ausdruck hatte sich verhärtet. „Er hatte frische Kleider angetan und sich gewaschen und gesalbt, und schien im Frieden zu sein mit sich selbst. Ich sagte: Wie kannst du dasitzen, und dir das Hammelfett vom Munde wischen, so als wäre gar nichts geschehen? David erwiderte: Da das Kind noch lebte, fastete ich und weinte; denn ich gedachte, wer weiß, ob mir der HErr gnädig wird, daß das Kind lebendig bleibe! Nun es aber tot ist, was soll ich fasten? kann ich es zurückholen? es kehrt nicht wieder zu mir; ich werde wohl zu ihm fahren.“
Bath-sheba nickte müde. „In gewisser Weise hatte David recht. Ich hörte auf zu weinen, und ich sprach zu ihm: Der HErr mag deine Sünde weggenommen haben, indem er das Leben des Kindes annahm in Vergeltung für das des Uria. Was aber wird aus dem Versprechen, welches du mir vor GOtt gegeben, daß dein und mein Sohn auf deinem Thron sitzen soll? Ist das vielleicht auch weggenommen durch den Tod des Kindes?“
Sie starrte auf die kostbaren Ringe an ihren Fingern. „Und David sprach zu mir: Sei guten Mutes und bereite dein Bett. Und er ging ein in mich und lag bei mir; und ich gebar ihm einen zweiten Sohn, den hießen wir Salomo, um des Friedens willen, den der HErr mit David geschlossen, und wegen der Sühne; und der HErr liebte Salomo.“
Sie hatte offensichtlich geendet. Ich dankte ihr; sie aber zog ein mürrisches Gesicht und begab sich bald zurück in ihre Gemächer.
Nathan schüttelte lange den Kopf. „Ein wahrhaftiges Wunder“, rief er aus. „Noch nie habe ich Königinmutter Bath-sheba von diesen Dingen sprechen hören, und so ins einzelne gehend! Doch wird man die Geschichte gründlich sichten müssen.“
Wenige Tage darauf kam ein königlicher Bote ins Haus und übergab mir eine Vorladung, mich des morgigen Tags nach der Stunde der öffentlichen Audienz

vor dem Angesicht des Weisesten der Könige einzufinden, auch sollte ich alle Unterlagen mit mir bringen, so sich auf die Geschichte von der herzerwärmenden, zärtlichen Liebe König Davids und der Dame Bath-sheba bezögen, bis zu und einschließlich der Geburt ihres zweiten Sohnes, der Salomo geheißen ward um des Friedens willen, den der HErr mit David geschlossen.

Auch gab mir der Mann ein kupfernes Plättchen, darein das königliche Siegel geschnitten war; dies sollte ich dem Wachtposten am Eingang zum inneren Teil des Palastes aushändigen.

Shem und Sheleph, meine Söhne, bewunderten das Plättchen gar sehr, und sie erzählten mir, daß Krethi und Plethi jetzt in vielen Gebäuden der Stadt stünden, und Diener des Benaja ben Jehojada hätten ihrer Schule einen Besuch abgestattet und Lehrer wie auch Schüler um ihre Ansichten befragt, so etwa betreffs der Weisheit des Weisesten der Könige, Salomo, und betreffs der Getreidepreise, und betreffs des Tempels, welchen der König dem HErrn errichten ließ. Und Shem und Sheleph wollten von mir wissen, ob es stimme, daß König Salomo krank sei vor Angst, so daß er zittere und bebe und zwei Diener, einer zur Rechten und einer zur Linken, ihn stützen müßten; und ob nicht das Fräulein Abishag von Shunam, das sich einst zärtlich bemüht hatte um König David, nun mit dem Prinzen Adonia schliefe; und ob nicht Zadok, der Priester, das beste Opferfleisch von den Altären auf dem Markt verkaufen ließ; und ob nicht Josaphat ben Ahilud, der Kanzler, beteiligt sei an den Gewinnen, welche durch die Benutzung von Zwangsarbeit beim Bau des Tempels entstanden; und ob nicht die königliche Kommission zur Ausarbeitung des *Berichts über den Erstaunlichen Aufstieg* und so fort, für welche ich arbeitete, recht eigentlich eine Bande von Fälschern und Wortverdrehern sei; und ob nicht, kurz gesagt, das ganze Königreich Israel dabei sei, vor die Hunde zu gehen.

Da ergrimmte ich im Zorne, und ich schimpfte über die Schlechtigkeit meiner Söhne, die sich mit Gerüchten und üblen Gedanken befaßten, statt sich dem Studium der Gesetze des HErrn zu widmen, wie sie von Moishe, unserm Lehrer, überliefert worden. Tief im Herzen aber war ich voller Unruhe: wenn all dies das Gespräch der Straße war und die Rede der Jünglinge, dann mochte es wohl geschehen, daß jene, welche in den Wegen des HErrn wandelten, mit abgeschnittenem Kopf endeten; denn fühlen die Mächtigen sich bedroht, so schlagen sie die Gerechten.

Am nächsten Morgen aber, nach der Stunde der öffentlichen Audienz, begab ich mich zum Königspalast, und ward vor das Angesicht des Königs geführt, und fand allda Josaphat ben Ahilud, den Kanzler, und sämtliche Mitglieder der Kommission mit Ausnahme des Benaja ben Jehojada. Da ich mich aber erhob aus dem Staub vor dem König, konnte ich mich eines Blicks auf ihn nicht enthalten, um festzustellen, ob er zitterte und bebte, wie mir von Sherm und Sheleph beschrieben worden war.

Der König jedoch klopfte nur mit dem Fuß auf den Sockel des Throns, und er spielte mit den Brüsten des Cherubs zu seiner Rechten und fragte: „Was siehst du mich an, als wäre ich krank? Bin ich wie Saul, den mein Vater David zu heilen bestellt wurde?“

Ich beugte mich tief und sagte, mein Auge sei voll der Bewunderung des Glanzes, welcher auf des Königs Antlitz läge durch den Geist des HErrn.

„Und ich war des Glaubens, ich sähe heute recht elend aus“, sagte er düster, „lag ich doch die Nacht über wach und dachte nach über die Entwürfe für die Innenausstattung des Tempels. Ich gedenke, das ganze Innere mit Gold zu überziehen, und an allen Wänden des Hauses Schnitzwerk zu machen von ausgehöhlten Cherubim, Palmenblättern und Blumen, und im Orakel zwei Cherubim aus Ölbaumholz aufzustellen, ein jeder zehn Ellen hoch, mit ausgestreckten Flügeln, so daß der Flügel des einen diese Wand berührt, der Flügel des andren die andere Wand, und ihre Flügel auch mitten im Raum einander berühren.“

Er blickte um sich, als wartete er auf etwas, und ich beeilte mich, ihm zu versichern, seine Entwürfe seien über alle Maßen prächtig, und würden sicher eines der Weltwunder werden.

„Ethan“, sagte er, „für mich bist du so durchsichtig wie die Teiche von Heshbon am Tore Bath-rabbim, durch deren Wasser hindurch du die Würmer siehst, die sich tief auf dem Grunde ringeln. In Wahrheit denkst du: Baut König Salomo diesen Tempel nicht zum eignen Ruhm eher denn für GOttes, und so, daß die Menschen von überallher kommen und sprechen, seht die Pracht von Salomos Tempel? Ich aber sage dir, des Königs kostbares Kleid bedeutet dem kleinen Mann mehr als ein Paar Hosen, mit dem er die eigne Blöße bedecken könnte, und ein Tempel glänzend von Gold gilt ihm höher als eine kupferne Münze in der eignen Hand; denn so hat HErr Jahweh den menschlichen Geist geprägt.“

Er hörte auf, mit dem Cherub zu spielen, und grub sich die Nägel seiner Finger in die Handfläche. Ich erklärte, sein Verständnis der menschlichen Natur sei unvergleichlich, und schlecht beraten sei der, welcher seine Gedanken vor der Weisheit des Königs zu verbergen suche.

„Ferner denkst du“, fuhr er fort, „warum mischt sich König Salomo in alle Angelegenheiten wie ein Narr, der die Nase in jeden Topf steckt? Ich aber sage dir, ein Führer, der seinen Kopf auf dem Hals zu behalten wünscht, darf sich nicht nur mit Krieg und Frieden befassen und mit der Befolgung der Worte des HErrn, sondern muß sich auch darum kümmern, welche Blume auf welche Wand geschnitzt und welche Geschichte auf welche Art erzählt werden soll. Denn die Macht ist unteilbar: ein Stein, der herausbröckelt aus ihrem Gefüge, mag das Ganze zum Einsturz bringen.“

Er erhob sich und trat herab von seinem Thron, als suche er nach jemandem; dann heftete sein Blick sich auf mich. Ich versicherte eilig, daß ein Bau, welcher vom HErrn gestützt wird, selbst dem Beben der Erde widerstünde.

„Ist Lilith wohlauf, deine Kebse?“ fragte er. „Wie es scheint, werde ich die Tochter Pharaos zur Frau nehmen und ihr ein Haus bauen und eine Dienerschaft geben müssen, denn ich kann sie nicht wohl bei den andern königlichen Damen unterbringen."

Ich beteuerte, ganz Israel werde außer sich sein vor Freude über die Heirat mit Ägypten, doch gewißlich fände sich zwischen Dan und Beer-sheba eine reiche Auswahl an Mägden, alle reizvoller und anmutiger und besser geeignet zum Dienst an Pharaos Tochter als meine Kebse Lilith.

Der König stieß mir mit gestrecktem Finger gegen die Brust. „Ich wünsche dich aber zu ehren, Ethan. Der Kanzler Josaphat und der Prophet Nathan und Benaja ben Jehojada sind einmütig im Lob deines Eifers; und darum . . . "

Ein Lärm erhob sich nahe der Tür, die Stimme Benajas und das Geklirr von Waffen. Der König wandte sich hastig um und eilte auf Benaja zu und fragte: „Es ist vollbracht?"

„Es ist vollbracht", sagte Benaja.

„Du legtest Hand an ihn?"

„Ich legte Hand an ihn."

„Und er ist tot?"

„Tot."

„Der HErr sei gelobt!"

„Amen", sagte Benaja.

Mir aber füllte sich das Herz mit Schrecken, da ich ahnte, welcher Name gestrichen worden war von der Liste, die König David auf dem Sterbebette seinem Sohn übergab; der Weiseste der Könige jedoch, Salomo, schien sich mächtig erleichtert zu fühlen, als er zu seinem Thron zurückkehrte und sich vorsichtig darauf niederließ. „Nun denn", verkündete er, „da die gesamte Kommission zur Ausarbeitung des *Einen und Einzigen Wahren und Autoritativen, Historisch Genauen und Amtlich Anerkannten Berichts über den Erstaunlichen Aufstieg* und so fort versammelt ist, einschließlich Ethans, unsres Redaktors, laßt uns beginnen."

Darauf hieß mich Josaphat ben Ahilud, dem König einen kurzen Abriß der Geschichte von der herzerwärmenden, zärtlichen Liebe seines Vaters David und der Dame Bath-sheba zu geben, so wie ich sie erfahren hatte. Ich folgte seinem Gebot, wobei ich das Allzumenschliche ausließ und meinen Vortrag beendete mit den Worten: „Und David tröstete sein Weib Bath-sheba, und ging ein in sie, und lag ihr bei, und sie gebar einen Sohn, den hießen sie Salomo." Dann fügte ich, um gut Maß zu geben, hinzu: „Und der HErr liebte Salomo."

Der König lächelte.

Und der Gedanke kam mir, wie ich mich wohl verhalten und was ich tun würde, wenn mir einer vor Zeugen erzählte, mein Vater habe den Mann meiner Mutter umbringen lassen, und ich sei das Ergebnis von etwas noch Schlimmerem als Ehebruch.

Der König saß immer noch da und lächelte.

Schließlich trat Josaphat vor und sprach zum König: „Meinem Herrn ist die Einstellung bekannt, welche die Mitglieder der Kommission zur Frage der Einbe-

ziehung unbequemer Tatsachen in Werke der Geschichte haben, nämlich: diese zu berichten, doch mit Diskretion, und sie so darzustellen, daß sie Wohlgefallen finden vor dem Auge des HErrn, unsres GOttes, von dem alle Weisheit stammt. Aber in diesem Fall ist es unser aller bedachte Meinung, Benaja ben Jehojada ausgenommen, daß die Geschichte, so diskret man sie auch erzähle, den Erwählten des HErrn und Königinmutter Bath-sheba in ein höchst zweifelhaftes Licht rücken möchte. Dies läßt uns nur wenig Wahl bezüglich eines so wichtigen Punktes, wie es Geburt und Legitimität des Weisesten der Könige, Salomo, sind: entweder wir berühren die Frage nicht, und warum dann der ganze König-David-Bericht? oder wir erfinden eine neue, gesäuberte Fassung der Geschichte von der herzerwärmenden, zärtlichen Liebe, in welcher wir andeuten, daß Uria an einer Darmverstimmung oder Blutvergiftung starb und daß David die Bath-sheba vom Dach seines Hauses erblickte, *nachdem* sie verwitwet war. Leider aber spielten sich diese Geschehnisse nicht in grauer Vergangenheit ab; sie ereigneten sich vielmehr zu einer Zeit, an die sich Tausende noch Lebender gut erinnern, so daß beides, ein Schweigen unsererseits wie auch ein geeignet Maß an Erdichtetem, bei so manchem in Israel auf Ablehnung stoßen würde. Darum ersuchen wir den Weisesten der Könige in aller Ehrfurcht, eine ebenso treffliche Entscheidung zu fällen wie seinerzeit im Prozeß der zwei Huren um das Kind."
Der König wandte sich an Benaja. „Du warst anderer Meinung?"
„Die Herren überschätzen die Wichtigkeit des Worts." Benaja räusperte sich spöttisch. „Wenn König Salomo den Anspruch erheben wollte, der Sohn, sagen wir, einer unberührten Jungfrau und einer Taube zu sein, welche vom Himmel herabflatterte, so werde ich sechshundert meiner Krethi und Plethi aussenden, und morgen wird ganz Jerusholayim schwören, daß dem so ist."
Der König stutzte, versicherte Benaja seiner Gunst, und fragte mich, welches meine Vorschläge seien.
Ich sagte, ich hielte dafür, daß ein Mann, so weise wie König Salomo, und ausgestattet mit so mannigfaltigen Gaben, und so verehrt vom Volke Israel, und ein Fürst des Friedens, in höchsteigener Person der lebende Beweis für die Hochschätzung und Liebe war, welche der HErr seinen Eltern entgegenbrachte.
„Erstaunlich, Ethan", rief der König aus, „das ist im Grunde, was Mama mir immer gesagt hat. Salomo, mein Sohn, sagte sie immer, dein Vater hat gesündigt im Auge des HErrn, indem er das arme, hilflose Weib eines Soldaten nahm und ihr beilag, und auch ihren Mann umbringen ließ. Aber wer kann urteilen über die Wege des HErrn, sagte sie, der die Versuchung vor deinen Vater gestellt hat, denn damals war ich nicht so unförmig wie heute und häßlich anzusehen, sondern ich war wohlgestalt, und anmutig, und meine Haut wie die Blütenblätter einer Rose aus Sharon; und er erblickte mich im Licht der sinkenden Sonne, da ich meinen Leib wusch. So strafte der HErr denn deinen Vater, indem er das arme Knäblein, deinen älteren Bruder, hinwegnahm, obwohl der kaum sechs

Wochen alt und unschuldig von allem Übel war. Du aber, Salomo, mein Sohn, wardst gezeugt, nachdem die Sünde deines Vaters abgebüßt und vergeben war, wie es denn heißt, Auge um Auge, Zahn um Zahn, Leben um Leben; darum bist du auch nicht ein Kind des Todes, sondern des Lebens; und dein Name ist Friede, und du bist gesegnet durch den HErrn und geliebt von ihm."
Der König schluckte: er war sichtlich bewegt von den Worten seiner Mutter und von dem Gedanken an sein großes Glück, daß er der Zweitgeborene war. Darauf befahl er: „Warum schreibt ihr's dann nicht gemäß Mamas Weisheit. Oder wollt ihr behaupten, gescheiter zu sein als eine alte Frau in Israel, die es zuwege gebracht hat, die Mutter eines Königs zu werden?"
Und also steht es geschrieben im König-David-Bericht, und die Geschichte von David und Bath-sheba ist darin enthalten.

Salomos Urteil über den Chronisten und seinen König-David-Bericht *

..... Ich befand mich in einem Raum von größeren Ausmaßen. Ich traute meinen Augen nicht und schüttelte den Kopf, denn mir war, als hätte ich das Ganze schon einmal gesehen: König Salomo auf seinem Thron zwischen den Cherubim; neben ihm Josaphat ben Ahilud, den Kanzler, dann den Priester Zadok und den Propheten Nathan und Benaja ben Jehojada; und Elihoreph und Ahija b'nai Shisha, die Schreiber, die etwas weiter weg saßen mit ihren Wachstäfelchen und Griffeln, um niederzuschreiben, was gesagt würde. Hier und genauso hatte alles begonnen; nur war der König noch gelber im Gesicht geworden, und sein Blick noch stechender, und sein Mund noch schiefer, so daß sein Antlitz einer jener Masken glich, welche von den Unbeschnittenen benutzt werden, um die bösen Geister vom HErrn zu verscheuchen; in der Tat hatte die Zeit ihre Spuren auf einem jeden im Kreise hinterlassen; nur Benaja bildete eine Ausnahme, wie denn der Spruch sagt: wer nicht fühlt, altert nicht.
Ich aber warf mich in den Staub vor König Salomo und sprach: „Siehe, mein Herr, Euer Diener ist vor Euch wie eine Fußbank, auf die Ihr nur treten mögt; aber vernichtet mich nicht ganz und gar, denn ich bin Euch nützlich gewesen und könnte es wieder sein."
Da ich aufblickte, sah ich, daß der König und seine Mächtigen völlig ungerührt geblieben waren, und ich erkannte, daß dies ein Gerichtshof war, und ich der Angeklagte, und daß die Waagschalen sich gegen mich neigten.
Josaphat ben Ahilud gebot mir, mich zu erheben, und sprach: „Bitte spiele hier nicht den Harmlosen, Ethan, denn der Weiseste der Könige, Salomo, hat deine Künste und Listen durchschaut. Darum lege lieber ein Geständnis ab. Ein volles Geständnis, das nichts verschweigt und die Namen deiner Mitverschworenen preisgibt, kann dir nur helfen, und mag den Weisesten der Könige bewegen, dir Gnade zu erweisen."
„Wenn es meinem Herrn und König und den Herren hier gefällig ist", erwi-

derte ich, „ich würde sofort ein volles Geständnis ablegen, gäbe es nur etwas zu gestehen. Aber Euer Diener fühlt sich frei von Schuld, denn ich habe mit Eifer und gewissenhaft bei der Zusammenstellung und Abfassung des König-David-Berichts gearbeitet und mich dabei buchstäblich und sinngemäß nach den Weisungen gerichtet, welche mir von meinen Herren erteilt wurden und von dem Weisesten der Könige, Salomo."

„Ethan", sagte der König, „von dir hätte ich Einfallreicheres erhofft: denn heutzutage erklären mir alle Übeltäter, sie möchten nur zu gern gestehen." Und zu Josaphat gewandt: „Verlies die Anklage."

Die Anklage war ein längeres Schriftstück, voller Bezüge auf die Worte des HErrn und auf die Weisheit des Weisesten der Könige, und wand sich durch eine Wirrnis behördlicher Wortungeheuer, aus der einige Ausdrücke wie Verleumdung, und Wühlarbeit, und Ehrabschneidung, und Verfälschung, und Irreführung, und literarischer Hochverrat herausragten.

Da Josaphat geendet hatte, verkniff der König die Augen und stellte die Frage: „Sohn des Hoshaja, bekennst du dich schuldig, im Sinne der Anklage, des Hochverrats, begangen in Rede und Schrift durch die Einstreuung von Zweifeln und unerwünschten Gedanken und ruchlosen Auffassungen in den *Einen und Einzigen Wahren und Autoritativen, Historisch Genauen und Amtlich Anerkannten Bericht über den Erstaunlichen Aufstieg, das Gottesfürchtige Leben, sowie die Heroischen Taten und Wunderbaren Leistungen des David ben Jesse, Königs von Juda, während Sieben und beider Juda und Israel während Dreiunddreißig Jahren, des Erwählten GOttes und Vaters von König Salomo,* sowie durch Verkleidung besagter Zweifel und besagter unerwünschter Gedanken und besagter ruchloser Auffassungen in eine Sprache, welche sich harmlos gibt und dem Auge des HErrn wohlgefällig?"

„Nicht schuldig", sagte ich.

Darauf Schweigen. Benaja mahlte mit den Kinnbacken, Nathan blickte mich ängstlich an, und der König spielte mit den Nasen der Cherubim. Schließlich sagte er zu mir: „Sprich."

Ich dachte mir, wenn ich denn schon gehängt werden sollte, dann mochte ich auch wirklich sprechen, und ich begann: „Es lebte einst ein weiser Mann in Ur in Chaldaea; woher unser Urvater Abraham stammt. Dieser Mann war so weise, daß er alles beweisen konnte, was auf der Erde und unter der Erde und in den Himmeln war: das Gras, das Kraut, das sich besamt, die Bäume, die da Frucht tragen, ein jeglicher nach seiner Art, die großen Walfische, die im Meer schwimmen, und das gefiederte Vogelvolk, das über der Erde fliegt, und alles Lebendige, das sich bewegt. Er konnte sogar beweisen, was nicht sichtbar war, den Gedanken im Kopf, den Wunsch im Herzen, die Furcht in den Eingeweiden. Und es kam ein Engel des HErrn, den Weisen zu versuchen, und sprach zu ihm: Du kannst alles beweisen, was da ist? Der weise Mann sagte: Mein Herr spricht wahr. Der Engel sagte: Kannst du aber auch das beweisen, was nicht ist? Kannst du den Gedanken beweisen, der nie gedacht, den Wunsch, der nie gehegt, die Furcht, die nie empfunden wurde? Da fiel der Weise zu Boden vor dem Engel des HErrn, und er rief aus: GOtt allein kann beweisen, was nicht ist; möge der, welcher dich gesandt hat, mir gnädig sein, denn ich bin nur ein Mensch. Nun, wenn es meinem Herrn König und meinen Herren gefällig ist, wie soll dann ein armer Sohn Israels wie ich tun, was der weise Mann aus Ur vor dem Engel des HErrn nicht tun konnte? Wie soll ich zu Euer Zufriedenheit den Zweifel beweisen, der nie gezweifelt, den Gedanken, der nie gedacht, den Plan, der nie geplant wurde?"

„Wir können lesen", sagte Benaja, „sogar zwischen den Zeilen."

„Das Wort des HErrn ist mein Leitfaden gewesen", erwiderte ich, „wie auch der Wunsch des Königs, einen Bericht zu erhalten, der für unsere und alle kommenden Zeiten Eine Wahrheit aufstellen und dadurch Allem Widerspruch und Streit ein Ende setzen und Allen Unglauben bezüglich Davids ben Jesse beseitigen würde."

„Du scheinst andeuten zu wollen, daß da ein Widerspruch besteht zwischen dem Wort des HErrn und dem Wunsch des Königs", bemerkte Josaphat.

„Das Wort des Weisesten der Könige ist seinen Dienern Gesetz", sagte ich, „und hat nicht mein Herr Josaphat selbst in einer der ersten Sitzungen der Kommission dargetan, der König wünsche, daß wir auf subtilere Art vorgehen, und einen Mann, so dessen Ruf vernichtet werden soll, geschickt verdächtigen, und die Wahrheit, so sie gebeugt werden muß, nur geringfügig beugen, damit das Volk auch glaube, was geschrieben steht."

„Was du offenbar als Freibrief betrachtetest, deine schädlichen Gedanken einzufügen", sagte der Priester Zadok, „um derart Widerstreit zu schaffen, Unglauben zu erwecken, Zweifel zu erregen, und überhaupt dem erklärten Zweck des Werkes entgegenzuarbeiten."

„Wie meine Herren wohl wissen", verteidigte ich mich, „schabte ich von den Tatsachen so manches ab, was zu schroff war und was übel roch, und was dem Auge des Königs mißfallen mochte. Aber man kann die Geschichte nicht gänzlich von den Tatsachen trennen und erwarten, glaubwürdig zu bleiben. Wer kann kochen ohne Feuer? Wer kann einen waschen, ohne ihn zu nässen?"

„Ich bin gleichfalls eine Art Historiker", sagte Nathan, „dennoch enthält mein Buch der Erinnerungen nur die edelsten und erhebendsten Gefühle. Wichtig ist die Einstellung dessen, der da schreibt, und ob er in erbaulichem Sinne denkt oder übermäßig kritisch."

„Zählt nicht auch die Einstellung des Lesers?" gab ich zu bedenken. „Was dem einen geziemend dünkt, mag dem andern böse erscheinen."

„Es gibt eine Schreibweise", sagte Josaphat ben Ahilud, der Kanzler, „die keine Deutungen zuläßt."

„Mein Herr spricht wahr", stimmte ich ihm bei, „aber solche Schriften sind wie fauler Fisch auf dem Markte, den keiner kaufen will, und der weggeworfen wird; der Weiseste der Könige aber, Salomo, wollte ein Buch haben, das alle anderen überdauert."

Die Kinnbacken Benajas kamen zur Ruhe. „Bist du bereit, beim Namen des HErrn und beim Leben deiner Frau Esther zu beschwören, Ethan, daß nirgendwo im König-David-Bericht sich auch nur eine Andeutung findet des Sinnes, daß die Dinge nicht ganz genau so waren, wie geschrieben steht?"

Ich dachte an Esther, die da krank lag und abgezehrt, und an die große Gnade des HErrn; aber ich sah auch die Männer, vor denen ich stand, und die waren ohne Gnade.

„Nun?" fragte Benaja.

„Wie die Sonne durch die Wolken bricht", sagte ich achselzuckend, „so wird die Wahrheit durch alle Worte hindurchscheinen."

„Das dürfte genügen", sagte Josaphat.

„Seine Einstellung", sagte Nathan, „ist alles andere als erbaulich."

Der Priester Zadok richtete seinen Blick himmelwärts und sprach: „Und wir werden hier monatelang sitzen müssen wie die Läusesucher, um diesen Wust nach wühlerischen Bemerkungen und anderen Ruchlosigkeiten zu durchstöbern."

Und Benaja sagte lächelnd: „Wissen ist ein Segen des HErrn, wer aber zuviel weiß, ist wie eine schwärende Krankheit, und wie ein Gestank vom Munde. Darum gestattet mir, daß ich diesen Ethan erschlage, damit sein Wissen mit ihm ins Grab sinkt."

Ich aber warf mich König Salomo ein ander Mal zu Füßen und küßte seine fetten Zehen, und ich sprach: „Höret Euren Diener, o Weisester der Könige, denn ich schreie auf zu Euch nicht nur als dem Herrscher, sondern auch als dem Dichter. Laßt mich Euch bitte vorlesen aus meinem Psalm *Zum Preise des HErrn, und zum Lobe Davids,* und dann urteilt über meine Person, und ob ich verdiene, von Benaja erschlagen zu werden."

Bevor der König ja oder nein sagen konnte, zog ich aus meinem Gewand einen Streifen dünnen Leders, auf den ich meine Verse geschrieben hatte, und begann zu lesen.

Zum Preise des Herrn, und zum Lob Davids

Maschil von Ethan, dem Esrahiter
(der HErr spricht:)
Ich habe einen Bund gemacht mit meinem Auserwählten,
ich habe David, meinem Knecht, geschworen:
Dein Same soll sich fortpflanzen ewiglich,
dein Thron bestehen für und für.
Ich habe meinen Knecht David gefunden,
mit meinem heiligen Öl ihn gesalbt.
Meine Hand soll ihn erhalten und mein Arm

soll ihn stärken.
Kein Feind soll ihn überwältigen, kein Sohn des Übels
ihm Schaden tun.
Sondern ich will seine Widersacher schlagen vor ihm,
und die ihn hassen, will ich mit Plagen verfolgen.
Und ich will ihn zu meinem Erstgeborenen machen,
und ihn erhöhen über alle Könige auf Erden.
Meine Gnade will ich ihm sichern auf ewig,
und mein Bund mit ihm soll bestehen.
Sein Same soll lebendig sein durch die Zeiten,
sein Thron dauern, solange die Sonne vor mir scheint,
und soll erhalten sein solange wie der Mond,
der als getreuer Zeuge steht in den Wolken.

König Salomo klatschte höflich Beifall, ebenso die anderen Herren; und die Schreiber Elihoreph und Ahija wollten wissen, ob sie eine Abschrift des Gedichts erhalten könnten, um sie ihren Aufzeichnungen beizulegen.

Ich erklärte, ich würde ihnen freudig eine Abschrift anfertigen, sofern ich lange genug am Leben blieb. Worauf König Salomo seine goldbestickte Kappe nach vorn schob, sich die Kopfhaut kratzte und sein Urteil verkündete, wie folgt:

Salomonisches Urteil

In Erwägung, daß ein jedes Wort, welches dem König und der gesetzlichen Obrigkeit mißfällt, den Tatbestand des Hochverrats erfüllt,

Und in Erwägung, daß gewisse, von dem Angeklagten Ethan ben Hoshaja, aus Esrah, in den *Einen und Einzigen Wahren und Autoritativen, Historisch Genauen und Amtlich Anerkannten Bericht über den Erstaunlichen Aufstieg, das Gottesfürchtige Leben, sowie die Heroischen Taten und Wunderbaren Leistungen des David ben Jesse, Königs von Juda während Sieben und beider Juda und Israel während Dreiunddreißig Jahren, des Erwählten GOttes und Vaters von König Salomo* eingefügte Worte dem Auge des Königs und der gesetzlichen Obrigkeit mißfallen haben,

Und in Erwägung, daß der Angeklagte der in der Anklageschrift angeführten Missetaten für schuldig befunden wurde, Darum nun verurteile ich, Salomo, der Weiseste der Könige, kraft der durch den Bund mit dem HErrn mir verliehenen Macht den genannten Ethan ben Hoshaja zum Tode.

„Sehr gut", sagte Benaja, und zog sein Schwert. König Salomo aber hob die Hand und fuhr fort.

Salomonisches Urteil
(Fortsetzung)

Da der leibliche Tod des Angeklagten Ethan ben Hoshaja dem König jedoch nicht angebracht erscheint, indem er nämlich übelmeinenden Menschen Anlaß

geben könnte zu der Behauptung, der Weiseste der Könige, Salomo, unterdrükke Gedanken, verfolge Schriftgelehrte, und so fort,
Und da es aus dem genannten Grund gleich günstig erscheint, den Angeklagten Ethan ben Hoshaja in unsere Gruben oder Steinbrüche zu verschicken, oder ihn bei den Priestern von Beth-shan oder in einer ähnlichen Einrichtung unterzubringen.
Darum nun soll er zu Tode geschwiegen werden; keines seiner Worte soll das Ohr des Volkes erreichen, weder durch mündliche Übertragung, noch auf Tontäfelchen, noch auf Leder; auf daß sein Name vergessen sei, so als wäre er nie geboren worden und hätte nie eine Zeile geschrieben;
Aber der Psalm, welchen er uns vorlas, *Zum Preise des HErrn, und zum Lobe Davids,* und welcher im Geist und in der Art all jener verfaßt ist, die wie die niedrigsten Bediensteten schreiben, seicht und voller Plattheiten und bar jeder Gestaltungskraft, dieser Psalm soll seinen Namen tragen und bewahrt werden für alle Zeiten.
„Wie mein Herr König befiehlt", sagte Benaja und stieß sein Schwert in die Scheide zurück. „Doch halte ich das direkte Verfahren immer noch für das beste."

→ *2 Samuel 11,1-12,25* *Stefan Heym*

15. Gott verliert eine Wette
Eine wichtige Frage bleibt unbeantwortet

Wenn das Telefon läutet und eine unbekannte Stimme fragt, ob sie mit dem Sohn (der Tochter) von Herrn (oder Frau) XY spreche, und man sagt ja, und die Stimme spricht weiter und sagt, sie spreche aus dem Spital Z und müsse leider mitteilen, daß der Vater (oder die Mutter) einem schweren Verkehrsunfall zum Opfer gefallen sei und man möge möglichst schnell kommen, es stünde sehr schlecht um den Vater (die Mutter), dann handelt es sich um eine sogenannte Hiobsbotschaft.

Hiobsbotschaften sind sehr unangenehme Nachrichten. Katastrophenmeldungen, die uns persönlich betreffen.
Private Hiobsbotschaften werden von Amts wegen meist von der Polizei übermittelt. Es läutet an der Wohnungstür, man öffnet, erblickt einen Uniformierten. Dieser sagt:
Spreche ich mit Herrn Hiob?
Ja. Sie wünschen?
Und schon kommt das Unglück aus dem Mund des uniformierten Herrn.
Hiob (Vorname unbekannt) ist eine Figur aus der Bibel. Es ging ihm gut, er hatte sieben Söhne und drei Töchter, 7000 Stück Kleinvieh, 3000 Kamele, 500 Paar Ochsen, 500 Esel und zahlreiche Knechte und Mägde. Hiob war auch fromm und betete fleißig.

Eines Tages kam ein Bote und sprach: Deine Ochsen waren beim Pflügen und deine Esel weideten auf der Wiese. Da kamen die Räuber, raubten alle Tiere und erschlugen die Knechte und Mägde. Ich allein bin entkommen, um es dir zu melden.
Kaum hatte der erste Bote ausgeredet, kam ein anderer und stammelte: Blitze vom Himmel! Alle Schafe und Ziegen sind tot! Alle Hirten verbrannt! Ich allein lebe und sage es dir!
Schon kam der dritte Bote und schrie: Diebsbanden haben alle Kamele gestohlen!
Aber meine Kinder habe ich noch, murmelte Hiob. Keineswegs! Im Hause des ältesten Sohnes waren sie alle fröhlich versammelt und tranken Wein zur Geburtstagsfeier, da kam der Sandsturm und zerdrückte das Haus.
Das verkündete der vierte Bote.
Und die Kinder?
Alle tot.
Hinter der ganzen Angelegenheit steckte wieder einmal Luzifer. In der biblischen Hiobsgeschichte trägt er den Namen „Satan“, was so viel wie „Ankläger“ bedeutet.
Wen will er denn anklagen?
Gott natürlich.
Und wie lautet der Anklagepunkt?
Selbstzufriedenheit.
Tatsächlich dachte Gott kaum über gewisse Fehler in der Welt-Mechanik nach und lebte in der Vorstellung, die beste aller Welten erschaffen zu haben. Auch die zahlreichen Leiden der Menschen bereiteten ihm wenig Kopfzerbrechen. Er nahm einfach keine Notiz von ihnen.
Das muß sich ändern, dachte Luzifer. Und machte sich auf den Weg zum Paradies.
Gott war zufällig guter Laune und gewährte dem Luzifer eine Audienz.

Man unterhielt sich über alles mögliche, und nach einer Weile brachte Gott den Hiob ins Gespräch: Solch ein braver und guter Mensch!
Darauf Luzifer: Wenn man reich und glücklich ist, dann ist das Frommsein keine Kunst.
Was willst du damit sagen?
Daß Hiob im Unglück ganz schön mit dir hadern wird.
Das glaube ich nicht, sagte Gott.
Wollen wir wetten?
Bitte sehr.
Auf diese Weise wurde Hiob zum Versuchsgegenstand.

Er zeigte sich von den plötzlichen Schicksalsschlägen schwer getroffen, er zerriß das schöne Beduinengewand, das er anhatte und schnitt sich Haare und Bart ab, zum Zeichen stärkster Trauer und Verstörung.
Aber er war widerstandsfähig und sagte zu seiner Frau:
Meine Verluste lassen sich ersetzen. Noch bin ich kräftig. Wir werden fleißig arbeiten und neue Kinder bekommen. Gott hat gegeben, Gott hat genommen. Warum sollte er mir nicht wieder auf die Beine helfen?
Gott war sehr zufrieden. Er sagte zu Luzifer: So habe ich die Menschen gern. Hiobs Fügsamkeit tut mir wohl. Ich habe die Wette gewonnen.
Noch nicht, sagte Luzifer. Noch vermag Hiob zu arbeiten. Erst wenn er unheilbar krank und arbeitsunfähig ist, kann die Entscheidung fallen.
Gott erklärte sich einverstanden, und Hiob wurde vom Scheitel bis zur Sohle vom bösartigsten Aussatz befallen, den man sich vorstellen kann. Wegen der Ansteckungsgefahr mußte er in einem Aschenhaufen sitzen. Er kratzte seine jukkenden Eiterbeulen und war tief verzweifelt.
Seine Frau sagte: Gott sei verflucht!
Hiob erwiderte: Nur mit der Ruhe. Ich muß nachdenken.
Gute Freunde kamen zu Hiob, sie wollten ihn trösten. Sie redeten wie Pfarrer. Sie sagten: Weil du gesündigt hast, mußt du jetzt leiden.
Da wurde Hiob zum ersten Mal wütend: Ich habe nichts verbrochen! Unschuldig leide ich.
Und fing an, Gott zu kritisieren: Ob jemand unschuldig ist oder ein Verbrecher, das spielt für Gott keine Rolle. Schade, daß es kein Gericht gibt, vor dem man Gott anklagen könnte.
Schließlich wurde Hiob noch deutlicher. Er wählte die direkte Rede und fragte Gott persönlich: Laß mich wissen, warum du mich bekämpfst!
Kein Zweifel: Hiob haderte mit Gott.
Eins zu Null für Luzifer.
Ein schwerer Schlag für die Selbstzufriedenheit Gottes.
Hat Gott jetzt die Frage des Hiob beantwortet?
Keine Spur. Gott war so wütend, daß er sofort ein Gewitter über Hiob zusam-

menzog. Es donnerte fürchterlich, und dann vernahm Hiob die brüllende Gottesstimme:
Wo warst du denn, als ich die Erde schuf? Hast du vielleicht der Morgenröte ihren Platz gewiesen? Bist du gewandelt auf dem Grund des Meeres?
Und so weiter.
Das ist die bewährte Taktik, seit altersher bei den Obrigkeiten beliebt. Gott verweist auf seine überlegene Macht, auf seine größere Erfahrung. Er macht es so ähnlich wie Eltern, die auf unangenehme Fragen ihrer Kinder sagen:
Du hast überhaupt noch nichts geleistet im Leben und willst trotzdem alles besser wissen! Bemerkenswert dabei ist: Auch wenn man das Buch Hiob dreimal liest, findet man keine bündige Antwort Gottes auf die Frage des Hiob.
Es ergibt sich der Merksatz:
Wenn Obrigkeiten in Verlegenheit gebracht werden, dann fangen sie zu brüllen an.
Im Fall des Hiob wurde der Zweck des Gebrülls voll erreicht.
Hiob erschrak und versprach Gott, keine Fragen mehr zu stellen.
Er sagte:
Bis jetzt warst du mir nur durch Gerüchte bekannt. Nun kenne ich dich persönlich. Ich leiste Widerruf! Ich bereue!
Das ist die richtige Gesinnung, sagte Gott zu Luzifer.
Wieso? Was soll er denn bereuen? Er hat doch eine durchaus vernünftige Frage gestellt!
Frech war er!
Das sagen alle Obrigkeiten, wenn man ihnen peinliche Fragen stellt. Warum hast du dem Hiob nicht wenigstens mitgeteilt, daß er zu einem Experiment verwendet wird?
Das geht ihn nichts an.
Wirklich nicht?
Mit dieser letzten Frage verabschiedete sich Luzifer.
Nachdem Gottes Zorn verraucht war, blieb bei ihm eine gewisse Nachdenklichkeit zurück. Gott dachte: Vielleicht habe ich dem Hiob Unrecht getan.
Ob Gott vielleicht so etwas wie ein schlechtes Gewissen hatte dem Hiob gegenüber?
Das ist schon möglich.
Auf alle Fälle schenkte Gott dem Hiob die Gesundheit wieder. In kurzer Zeit besaß Hiob doppelt so viel Hab und Gut wie früher, ferner sieben Söhne und drei Töchter.
Nach Auskunft der Bibel soll Hiob nach seiner Prüfung noch 140 Jahre gelebt haben und zufrieden gestorben sein.

Noch heute sagen die Religionslehrer, daß Unglücksfälle nichts anderes als Prüfungen von Gott sind. (Vorausgesetzt man ist kein Verbrecher; wenn man ein

Verbrecher ist – wie Adolf Hitler beispielsweise –, dann ist ein Unglücksfall eine Strafe Gottes.)
Was ist eine Prüfung?
Ein theologisches Experiment.
(„Theologie“ = „Gotteswissenschaft“.)
Wenn man also beim Skifahren einen bösen Sturz tut und ein gelähmtes Rückgrat behält und das ganze Leben im Rollstuhl verbringen muß, dann ist man vielleicht ein theologischer Versuchsgegenstand – wie Hiob.
Gott und Luzifer warten, was man dann sagt.
Anscheinend schließen die beiden immer noch ihre Wetten ab.
Manchmal gewinnt Gott, manchmal Luzifer.
Der Gelähmte im Rollstuhl wird vielleicht folgende Frage stellen: Wie komme ausgerechnet ich dazu, ein theologischer Versuchsgegenstand zu sein? Das ist eine gute Frage.
Eine Antwort darauf gibt es nicht.
Warum schafft Gott die Leiden unschuldiger Menschen nicht ab?
Weil er dann die ganze Welt zerstören und eine bessere erschaffen müßte.
Warum tut er das nicht?
Das weiß ich nicht.

→ *Hiob*

Adolf Holl

16. Hiob
Aus dem Roman eines einfachen Mannes

Er fühlte sich leicht, ja leichter als jemals in all seinen Jahren. Er hatte alle Beziehungen gelöst. Es fiel ihm ein, daß er schon seit Jahren einsam war. Einsam war er seit dem Augenblick gewesen, an dem die Lust zwischen seinem Weib und ihm aufgehört hatte. Allein war er, allein. Frau und Kinder waren um ihn gewesen und hatten ihn verhindert, seinen Schmerz zu tragen. Wie unnütze Pflaster, die nicht heilen, waren sie auf seinen Wunden gelegen und hatten sie nur verdeckt. Jetzt, endlich, genoß er sein Weh mit Triumph. Es galt, nur noch eine Beziehung zu kündigen. Er machte sich an die Arbeit.

Er ging in die Küche, raffte Zeitungspapier und Kienspäne zusammen und machte ein Feuer auf der offenen Herdplatte. Als das Feuer eine ansehnliche Höhe und Weite erreichte, ging Mendel mit starken Schritten zum Schrank und entnahm ihm das rotsamtene Säckchen, in dem seine Gebetsriemen lagen, seinen Gebetsmantel und seine Gebetbücher. Er stellte sich vor, wie diese Gegenstände brennen würden. Die Flammen werden den gelblich getönten Stoff des Mantels aus reiner Schafwolle ergreifen und mit spitzen, bläulichen, gefräßigen Zungen vernichten. Der glitzernde Rand aus silbernen Fäden wird langsam verkohlen, in kleinen rotglühenden Spiralen. Das Feuer wird die Blätter der Bücher sachte zusammenrollen, in silbergraue Asche verwandeln und die scharzen Buchstaben für ein paar Augenblicke blutig färben. Die ledernen Ecken der Einbände werden emporgerollt, stellen sich auf, wie seltsame Ohren, mit denen die Bücher zuhören, was ihnen Mendel in den heißen Tod nachruft. Ein schreckliches Lied ruft er ihnen nach. „Aus, aus, aus ist es mit Mendel Singer", ruft er, und mit den Stiefeln stampft er den Takt dazu, daß die Dielenbretter dröhnen und die Töpfe an der Wand zu klappern beginnen. „Er hat keinen Sohn, er hat keine Tochter, er hat kein Weib, er hat keine Heimat, er hat kein Geld. Gott sagt: ich habe Mendel Singer gestraft; wofür straft er, Gott? Warum nicht Lemmel, den Fleischer? Warum straft er nicht Skowronnek? Warum straft er nicht Menkes? Nur Mendel straft er! Mendel hat den Tod, Mendel hat den Wahnsinn, Mendel hat den Hunger, alle Gaben Gottes hat Mendel. Aus, aus, aus ist es mit Mendel Singer."

So stand Mendel vor dem offenen Feuer und brüllte und stampfte mit den Füßen. Er hielt das rotsamtene Säckchen in den Armen, aber er warf es nicht hinein. Ein paarmal hob er es in die Höhe, aber seine Arme ließen es wieder sinken. Sein Herz war böse auf Gott, aber in seinen Muskeln wohnte noch die Furcht vor Gott. Fünfzig Jahre, Tag für Tag, hatten diese Hände den Gebetsmantel ausgebreitet und wieder zusammengefaltet, die Gebetsriemen aufgerollt und um den Kopf geschlungen und um den linken Arm, dieses Gebetbuch aufgeschlagen, um und um geblättert und wieder zugeklappt. Nun weigerten sich die Hände, Mendels Zorn zu gehorchen. Nur der Mund, der so oft gebetet hatte, weigerte sich nicht. Nur die Füße, die oft zu Ehren Gottes beim Halleluja gehüpft hatten, stampften den Takt zu Mendels Zorngesang.

Da die Nachbarn Mendel also schreien und poltern hörten und da sie den graublauen Rauch durch die Ritzen und Spalten seiner Tür in den Treppenflur dringen sahen, klopften sie bei Singer an und riefen, daß er ihnen öffne. Er aber hörte sie nicht. Seine Augen erfüllte der Dunst des Feuers, und in seinen Ohren dröhnte sein großer schmerzlicher Jubel. Schon waren die Nachbarn bereit, die Polizei zu holen, als einer von ihnen sagte: „Rufen wir doch seine Freunde! Sie sitzen bei Skowronnek. Vielleicht bringen sie den Armen wieder zur Vernunft."

Als die Freunde kamen, beruhigte sich Mendel wirklich. Er schob den Riegel zurück und ließ sie eintreten, der Reihe nach, wie sie immer gewohnt waren,

in Mendels Stube zu treten, Menkes, Skowronnek, Rottenberg und Groschel. Sie zwangen Mendel, sich aufs Bett zu setzen, setzten sich selbst neben ihn und vor ihn hin, und Menkes sagte: „Was ist mit dir, Mendel? Warum machst du Feuer, warum willst du das Haus anzünden?"
„Ich will mehr verbrennen als nur ein Haus und mehr als einen Menschen. Ihr werdet staunen, wenn ich euch sage, was ich wirklich zu verbrennen im Sinn hatte. Ihr werdet staunen und sagen: auch Mendel ist verrückt, wie seine Tochter. Aber ich versichere euch: ich bin nicht verrückt. Mehr als sechzig Jahre war ich verrückt, heute bin ich es nicht."
„Also sag uns, was du verbrennen willst!"
„Gott will ich verbrennen."
Allen vier Zuhörern entrang sich gleichzeitig ein Schrei. Sie waren nicht alle fromm und gottesfürchtig, wie Mendel immer gewesen war. Alle vier lebten schon lange genug in Amerika, sie arbeiteten am Sabbat, ihr Sinn stand nach Geld, und der Staub der Welt lag schon dicht, hoch und grau auf ihrem alten Glauben. Viele Bräuche hatten sie vergessen, gegen manche Gesetze hatten sie verstoßen, mit ihren Köpfen und Gliedern hatten sie gesündigt. Aber Gott wohnte noch in ihren Herzen. Und als Mendel Gott lästerte, war es ihnen, als hätte er mit scharfen Fingern an ihre nackten Herzen gegriffen.
„Lästere nicht, Mendel", sagte nach einem längeren Schweigen Skowronnek. „Du weißt besser als ich, denn du hast viel mehr gelernt, daß Gottes Schläge einen verborgenen Sinn haben. Wir wissen nicht, wofür wir gestraft werden."
„Ich aber weiß es, Skowronnek", erwiderte Mendel. „Gott ist grausam, und je mehr man ihm gehorcht, desto strenger geht er mit uns um. Er ist mächtiger als die Mächtigen, mit dem Nagel seines kleinen Fingers kann er ihnen den Garaus machen, aber er tut es nicht. Nur die Schwachen vernichtet er gerne. Die Schwäche eines Menschen reizt seine Stärke, und der Gehorsam weckt seinen Zorn. Er ist ein großer grausamer Isprawnik. Befolgst du die Gesetze, so sagt er, du habest sie nur zu deinem Vorteil befolgt. Und verstößt du nur gegen ein einziges Gebot, so verfolgt er dich mit hundert Strafen. Willst du ihn bestechen, so macht er dir einen Prozeß. Und gehst du redlich mit ihm um, so lauert er auf die Bestechung. In ganz Rußland gibt es keinen böseren Isprawnik!"
„Erinnere dich, Mendel", begann Rottenberg, „erinnere dich an Hiob. Ihm ist Ähnliches geschehen wie dir. Er saß auf der nackten Erde, Asche auf dem Haupt, und seine Wunden taten ihm so weh, daß er sich wie ein Tier auf dem Boden wälzte. Auch er lästerte Gott. Und doch war es nur eine Prüfung gewesen. Was wissen wir, Mendel, was oben vorgeht? Vielleicht kam der Böse vor Gott und sagte, wie damals: Man muß einen Gerechten verführen. Und der Herr sagte: Versuch es nur mit Mendel, meinem Knecht."
„Und da siehst du auch", fiel Groschel ein, „daß dein Vorwurf ungerecht ist. Denn Hiob war kein Schwacher, als Gott ihn zu prüfen begann, sondern ein Mächtiger. Und auch du warst kein Schwacher, Mendel! Dein Sohn hatte ein

Kaufhaus, ein Warenhaus, er wurde reicher von Jahr zu Jahr. Dein Sohn Menuchim wurde beinahe gesund, und fast wäre er auch nach Amerika gekommen. Du warst gesund, dein Weib war gesund, deine Tochter war schön, und bald hättest du einen Mann für sie gefunden!"

„Warum zerreißt du mir das Herz, Groschel?" entgegnete Mendel. „Warum zählst du mir auf, was alles gewesen ist, jetzt, da nichts mehr ist? Meine Wunden sind noch nicht vernarbt, und schon reißt du sie auf."

„Er hat recht", sagten die übrigen drei wie aus einem Munde.

Und Rottenberg begann: „Dein Herz ist zerrissen, Mendel, ich weiß es. Weil wir aber über alles mit dir sprechen dürfen und weil du weißt, daß wir deine Schmerzen tragen, als wären wir deine Brüder, wirst du uns da zürnen, wenn ich dich bitte, an Menuchim zu denken? Vielleicht, lieber Mendel, hat du Gottes Pläne zu stören versucht, weil du Menuchim zurückgelassen hast? Ein kranker Sohn war dir beschieden, und ihr habt getan, als wäre es ein böser Sohn." Es wurde still. Lange antwortete Mendel gar nichts. Als er wieder zu reden anfing, war es, als hätte er Rottenbergs Worte nicht gehört; denn er wandte sich an Groschel und sagte:

„Und was willst du mit dem Beispiel Hiobs? Habt ihr schon wirkliche Wunder gesehen, mit euren Augen? Wunder, wie sie am Schluß von Hiob berichtet werden? Soll mein Sohn Schemarjah aus dem Massengrab in Frankreich aufstehn? Soll mein Sohn Jonas aus seiner Verschollenheit lebendig werden? Soll meine Tochter Mirjam plötzlich gesund aus der Irrenanstalt heimkehren? Und wenn sie heimkehrt, wird sie da noch einen Mann finden und ruhig weiterleben können, wie eine, die niemals verrückt gewesen ist? Soll mein Weib Deborah sich aus dem Grab erheben, noch ist es feucht? Soll mein Sohn Menuchim mitten im Krieg aus Rußland hierherkommen, gesetzt den Fall, daß er noch lebt? Denn es ist nicht richtig", und hier wandte sich Mendel wieder Rottenberg zu, „daß ich Menuchim böswillig zurückgelassen habe und um ihn zu strafen. Aus andern Gründen, meiner Tochter wegen, die angefangen hatte, sich mit Kosaken abzugeben – mit Kosaken! –, mußten wir fort. Und warum war Menuchim krank? Schon seine Krankheit war ein Zeichen, daß Gott mir zürnt – und der erste der Schläge, die ich nicht verdient habe."

„Obwohl Gott alles kann", begann der Bedächtigste von allen, Menkes, „so ist doch anzunehmen, daß er die ganz großen Wunder nicht mehr tut, weil die Welt ihrer nicht mehr wert ist. Und wollte Gott sogar bei dir eine Ausnahme machen, so stünden dem die Sünden der andern entgegen. Denn die andern sind nicht würdig, ein Wunder bei einem Gerechten zu sehn, und deshalb mußte Loth auswandern, und Sodom und Gomorrah gingen zugrunde und sahen nicht das Wunder an Loth. Heute aber ist die Welt überall bewohnt – und selbst wenn du auswanderst, werden die Zeitungen berichten, was mit dir geschehen ist. Also muß Gott heutzutage nur mäßige Wunder vollbringen. Aber sie sind groß genug, gelobt sei sein Name! Deine Frau Deborah kann nicht lebendig werden, dein Sohn Schemarjah kann nicht lebendig werden. Aber Menuchim lebt wahrscheinlich, und nach dem Krieg kannst du ihn sehn. Dein Sohn Jonas ist vielleicht in Kriegsgefangenschaft, und nach dem Krieg kannst du ihn sehn. Deine Tochter kann gesund werden, die Verwirrung wird von ihr genommen werden, schöner kann sie sein als zuvor, und einen Mann wird sie bekommen, und sie wird dir Enkel gebären. Und einen Enkel hast du, den Sohn Schemarjahs. Nimm deine Liebe zusammen, die du bis jetzt für alle Kinder hattest, für diesen einen Enkel! Und du wirst getröstet werden."

„Zwischen mir und meinem Enkel", erwiderte Mendel, „ist das Band zerrissen, denn Schemarjah ist tot, mein Sohn und der Vater meines Enkels. Meine Schwiegertochter Vega wird einen andern Mann heiraten, mein Enkel wird einen neuen Vater haben, dessen Vater ich nicht bin. Das Haus meines Sohnes ist nicht mein Haus. Ich habe dort nichts zu suchen. Meine Anwesenheit bringt Unglück, und meine Liebe zieht den Fluch herab, wie ein einsamer Baum im flachen Felde den Blitz. Was aber Mirjam betrifft, so hat mir der Doktor selbst gesagt, daß die Medizin ihre Krankheit nicht heilen kann. Jonas ist wahrscheinlich gestorben, und Menuchim war krank, auch wenn es ihm besser ging. Mitten in Rußland, in einem so gefährlichen Krieg wird er bestimmt zugrunde gegangen sein. Nein, meine Freunde! Ich bin allein, und ich will allein sein. Alle Jahre habe ich Gott geliebt, und er hat mich gehaßt. Alle Jahre hab' ich ihn gefürchtet, jetzt kann er mir nichts mehr machen. Alle Pfeile aus seinem Köcher haben mich schon getroffen. Er kann mich nur noch töten. Aber dazu ist er zu grausam. Ich werde leben, leben, leben."

„Aber seine Macht", wandte Groschel ein, „ist in dieser Welt und in der andern. Wehe dir, Mendel, wenn du tot bist!"

Da lachte Mendel aus voller Brust und sagte: „Ich habe keine Angst vor der Hölle, meine Haut ist schon verbrannt, meine Glieder sind schon gelähmt, und die bösen Geister sind meine Freunde. Alle Qualen der Hölle habe ich schon gelitten. Gütiger als Gott ist der Teufel. Da er nicht so mächtig ist, kann er nicht so grausam sein. Ich habe keine Angst, meine Freunde!"

Da verstummten die Freunde. Aber sie wollten Mendel nicht allein lassen, und also blieben sie schweigend sitzen. Groschel, der jüngste, ging hinunter, die Frauen der andern und seine eigene zu verständigen, daß die Männer heute abend nicht nach Hause kommen würden. Er holte noch fünf Juden in Mendel Singers Wohnung, damit sie zehn seien und das Abendgebet sagen können. Sie begannen zu beten. Aber Mendel Singer beteiligte sich nicht am Gebet. Er saß auf dem Bett und rührte sich nicht. Selbst das Totengebet sagte er nicht – und Menkes sagte es für ihn. Die fremden fünf Männer verließen das Haus. Aber die vier Freunde blieben die ganze Nacht. Eine der beiden blauen Lampen brannte noch mit dem letzten Dochtrest und dem letzten Tropfen Öl auf dem flachen Grunde. Es war still. Der und jener schlief auf seinem Sitz ein, schnarchte und erwachte, von seinen eigenen Geräuschen gestört, und nickte wieder ein.

Nur Mendel schlief nicht. Die Augen weit offen, sah er auf das Fenster, hinter dem die dichte Schwärze der Nacht endlich schütter zu werden begann, dann grau, dann weißlich. Sechs Schläge erklangen aus dem Innern der Uhr. Da erwachten die Freunde, einer nach dem andern. Und ohne daß sie sich verabredet hätten, ergriffen sie Mendel bei den Armen und führten ihn hinunter. Sie brachten ihn in die Hinterstube der Skowronneks und betteten ihn auf ein Sofa. Hier schlief er ein.

Seit diesem Morgen blieb Mendel Singer bei den Skowronneks. Seine Freunde verkauften die kümmerliche Einrichtung. Sie ließen nur das Bettzeug zurück und den rotsamtenen Sack mit den Gebetsutensilien, die Mendel beinahe verbrannte hätte. Den Sack rührte Mendel nicht mehr an. In der Hinterstube der Skowronneks hing er grau und verstaubt an einem mächtigen Nagel. Mendel Singer betete nicht mehr. Wohl wurde er manchmal gebraucht, wenn ein zehnter Mann fehlte, um die vorgeschriebene Zahl der Betenden vollzählig zu machen. Dann ließ er sich seine Anwesenheit bezahlen. Manchmal lieh er auch dem und jenem seine Gebetsriemen aus, gegen ein kleines Entgelt. Man erzählte sich von ihm, daß er oft in das italienische Viertel hinüberging, um Schweinefleisch zu essen und Gott zu ärgern. Die Menschen, in deren Mitte er lebte, nahmen für Mendel Partei in dem Kampf, den er gegen den Himmel führte. Obwohl sie gläubig waren, mußten sie dem Juden recht geben. Zu hart war Jehovah mit ihm umgegangen.

→ *Hiob*

Joseph Roth

17. Hiob gut bürgerlich

Zuerst regnet es Staub und unaussprechliche Substantive, bis alles Leben verdorrt ist. Aus den Leitungshähnen dagegen quillt parfümierter Rasierschaum. Spalten tun sich auf, aus denen Marschmusik dringt, Zitherspiel, Jodeln und Predigen. Schlagersänger mit aufgerissenem Rachen, geweissagt in der Offenbarung Johannis, schleichen ums Haus, in dessen Konstruktion der Wurm sich

mit Termiten verbündet hat, er genießt, was sie zernagen, dröhnend fällt die Decke herab, verfehlt, Hiobs Qual zu steigern, sein Weib; die Wände brechen nach außen weg, so daß nichts mehr vor äußerster Unbill schützt.
Hiob fleht, aber sein Wagen springt nicht an: alle transzendente Energie ist aus der Batterie entwichen. Wie verlassen bin ich, ruft Hiob, da aus dem Swimming-Pool im Garten der Leviathan steigt, schauerlich lächelnd wie ein tüchtiger Beamter, blekend, prustend, in Marschalluniform, goldlitzig über und über, den Marschallstab in der Hand, ihn in Hiobs Tornister zu stecken. Wind erhebt sich, Sturm, und fegt Zeitungen her, sie klatschen in des Heimgesuchten Gesicht: Friedensverhandlung da, Friedensverhandlungen dort, Sturmangriff, Bajonettgefecht, und meine Tage sind schneller gewesen denn ein Läufer; sie sind geflohen und haben nichts Gutes erlebt. Nun: Klagen solcher Art kennt die Gegend zur Genüge, das hält die Heuschrecken nicht auf, die in Autobussen vorfahren, vorm Bauch die Kamera, Hiob in seinem glänzenden Elend zu knipsen. Schließlich: er leidet ja, das sieht man deutlich: an Schuppen, Haarausfall, Impotenz, Rauchergangrän und Platzangst, da er bangen muß, selbst den letzten Platz, auf den er gelangte, noch zu verlieren: besser heimgesucht als abgebucht. Eine Flutwelle hat sich bereits angekündigt, die ihn fristlos kündigen wird, herangerollt, ihn entläßt und verrauscht. Wie entlassen bin ich, ruft Hiob, da selbst das Ungeziefer ihn nun nicht mehr grüßt und so tut, als habe es ihn nie gekannt. Auch die Bügelfalten ziehen sich konsequent aus seinen Hosen zurück. Die Zähne nehmen Abschied von seinem Unterkiefer, von seinem Oberkiefer: alles Lamentieren und Bezichtigen wird unverständlich mittlerweile: besser unverständlich als nicht mehr kenntlich.
Um ihn vollends fertigzumachen, erhält er Brüder und Schwestern, vierzehntausend Schafe, sechstausend Kamele, tausend Joch Rinder sowie tausend Eselinnen und sieben Söhne und drei Töchter. Von diesem Schlag erholt er sich nicht mehr. Der Orden für unverzagtes Durchhalten und für unwandelbaren Glauben an den guten Endzweck aller Heimsuchung erreicht ihn nur noch postum und setzt den Schlußpunkt unter ein miriadenhaftes Geschick.
Ist's nicht also? Wohlan, wer will mich Lügen strafen und bewähren, daß meine Rede nichts sei? (Vers 25, Kapitel 24).

→ *Hiob*

Günter Kunert

18. Jonas zum Beispiel

Jehova war der Herr, der das Meer und das Trockene gemacht hat, und die Juden waren sein Volk, er schloß einen Vertrag mit ihnen. Der ging über die menschlichen Kräfte, von Zeit zu Zeit geriet er in Vergessenheit. Dann erweckte Jehova einen Vorbedachten und Auserwählten in seinem Volke zum Propheten, der sollte dem König mit seinen Großen und ihren Untertanen sagen, wie der Herr es meine. Jesaja lebte im Unglück mit seinen Reden, Jeremia kam in die Kloake zu sitzen. Die Seele des Propheten ist empfindlich und wissend und zweiflerisch, um die Stimme des Herrn zu hören und das Unglück zu erfahren.
Als die Bosheit und Sünde der Stadt Ninive vor Jehova gekommen war, geriet er in Zorn wegen seines Gesetzes. Er berief Jona (den Sohn Amitthais, von Gath-Hahepher) und beauftragte ihn mit dem Ausrufen seines großen Ärgers und mit der Verkündung des nahen Untergangs in den Straßen von Ninive.
Da wollte Jona nach Tharsis fliehen. Die gelehrte Forschung dieser Hinsicht meint, daß diese Stadt vielleicht in Südspanien vermutet werden könne, und hält eine unvergleichliche Entfernung für jedenfalls wahrscheinlich. Als das Schiff aus dem Hafen von Joppe gelaufen war, drückte Jehova einen gewaltigen Wind ins Meer, und es entstand ein gewaltiger Sturm auf dem Meere: so daß das Schiff zu scheitern drohte. Die Besatzung warf das Los über den Schuldigen, und das Los fiel auf Jona. Er soll ja geschlafen haben. Sie holten ihn an Deck und schmissen ihn über Bord, zumal er es selber für das Beste hielt. Und das Meer wurde still. Und Jehova entbot einen großen Fisch, der verschlang Jona, und Jona sang drei Tage und drei Nächte im Bauch des Fisches zu Jehova, seinem Herrn. So heißt es. Dann spie der Fisch ihn ans Land, und Jona ging nach Ninive.
Ninive war eine über alle Maßen große Stadt und nur in drei Tagesreisen zu durchqueren. Und Jona ging in die Stadt hinein eine Tagereise weit; dann predigte er: Noch vierzig Tage, und Ninive ist zerstört!, und die Leute von Ninive erkannten Gott in seinem großen Ärger. Sie riefen ein schlimmes Fasten aus und kleideten sich in ihre Trauergewänder. Und der König von Ninive bedeckte sich mit dem Trauergewand und bestrich sich ein wenig mit Asche. Der König befahl: Menschen und Vieh sollen nichts genießen, sie sollen nicht weiden noch Wasser trinken. Sie sollen sich in Trauer hüllen: Menschen und Vieh, und mit Macht zu Gott rufen, und sollen ein jeder sich bekehren von seinem bösen Wandel und von dem Frevel, der an seinen Händen ist. Wer weiß, vielleicht gereut es Gott doch noch. Als Gott nun diese Dinge alle sah, die sie tun wollten, gereute ihn das angedrohte Unheil, und er tat es nicht.
Das verdroß Jona sehr, und er ging zornig weg. Er baute eine Hütte östlich der Stadt und saß darunter, bis er sehe, wie es der Stadt ergehen werde. Und zum dritten Male redete Jehova mit ihm: Ist es recht, daß du hier sitzest und lieber

sterben möchtest als noch weiter zu leben? Aber Jona antwortete, das sei recht, denn warum habe er nach Tharsis fliehen wollen? Weil du nie tust, wie du gesagt hast und wie es gerecht ist nach deinem Gesetz! Und der Herr entbot einen Rizinus, dessen Saft als castor oil gehandelt wird anderswo in der Welt, der wuchs über Jona empor, um seinem Haupte Schatten zu geben und ihm so seinen Unmut zu nehmen. Über diesen Rizinus freute Jona sich sehr. Am folgenden Morgen entbot Jehova einen Wurm, der beschädigte den Rizinus, so daß er verdorrte. Und der Herr setzte Jona zu mit hartem Wind und großer Hitze. Da wünschte Jona sich den Tod. Der Herr aber sprach zu Jona: Ist es recht, daß du so zürnest um des Rizinus willen? Jona antwortete: Das Leben ist mir verleidet. Da sagte Jehova, sein Herr: Dich jammert des Rizinus, um den du keine Mühe hattest, der groß gewachsen ist und verdorben von einem Morgen zum anderen. Warum jammert dich nicht der großen Stadt Ninive, in der über hundertzwanzigtausend Menschen sind, die zwischen links und rechts noch nicht unterscheiden können, dazu die Menge Vieh?
Und Jona blieb sitzen im Angesicht der sündigen Stadt Ninive und wartete auf ihren Untergang länger als vierzig mal vierzig Tage? Und Jona ging aus dem Leben in den Tod, der ihm lieber war? Und Jona stand auf und führte ein Leben in Ninive? Wer weiß.

→ *Jona*

Uwe Johnson

19. Der Mann im Fisch

Die Tür im mondbeglänzten Aufbau des Schiffes tat sich auf: ein mit seinem strengen Licht Jona blendendes Rechteck, in dem ein Schatten erschien, der scharfumrissene Schatten eines hochgewachsenen Mannes, der nun die Tür hinter sich schloß.
Der andere drehte sich um, blickte Jonas mit vorgerecktem Kopf an, nickte und sagte: „Wir haben uns mehrmals verpaßt. . . Das heißt, verpaßt ist nicht das richtige Wort, die Zeit stand ja noch hindernd zwischen uns, Jahrtausende. Aber ich wußte, daß ich dich treffe. . . “

Dr. Jonas wies auf seinen Namen hin, schon als kleiner Junge habe man ihn mit dem Hinweis auf den Walfisch, der ihn eines Tages verschlingen werde, gehänselt. Man kenne nämlich in seiner Zeit die Geschichte des Propheten Jona, ja, aus einem Buch, und das Buch seines Lebens gehöre sogar zu den heiligen Büchern seiner Religion, weswegen er denn auch, so wie die Dinge lägen, nicht mehr alles, was in diesem Buch stehe, für bare Münze nehme. „Ich lebte in einem kleinen Land Europas, als ein Pfarrer. Und um unser kleines Land herum: Krieg. Die ersten Jahre meiner seelsorgerischen Tätigkeit bestanden eigentlich nur darin, Gott vor den Menschen zu verteidigen. Aber ich gestehe dir, es gelang mir nicht; die Zeugen, die gegen Gott auftraten, waren zu zahlreich. Ich hatte damals noch Mitleid mit dem angeklagten Gott, aber auch mit dem anklagenden Menschen – aber das In-der-Mitte-Stehen ist auf die Dauer unerträglich, man muß sich entscheiden. Und ich ergriff die Partei des Menschen – eine Zeitlang wenigstens! Ich begann mein ‚Experiment der Hoffnung', wie später die Öffentlichkeit mein Hilfswerk einmal nannte, begann es genau in jener Zeit, als ich merkte, daß ich kaum noch etwas zu lehren hatte, weder in der Schule noch auf der Kanzel, wiewohl es mir noch leichter fiel, zu predigen als Religionsunterricht zu erteilen, da ja dem Prediger in meinem Zeittropfen nicht mehr wie in früheren Zeiten von den Zuhörern Fragen zugerufen werden dürfen. Noch leichter als das Predigen fiel mir das liturgische Gebet, bis ich herausfand, daß das Organisieren am leichtesten ging.

Kennst du Termiten? Das sind große Ameisen, die fressen ein Ding, etwa einen Tisch, ganz von innen auf und lassen nur eine hautdünne Schicht der Außenwände stehen, um sich auch noch in demselben Ding zu verbergen, das sie ausgefressen haben. So wie diese von innen aufgefressenen Möbel standen in meinem Geist die Hauptsätze meines Glaubens herum, unbenutzt, wie schöne, alte Möbel. Mit den Hauptsätzen meine ich die heilige Lehre, das, was unserm Glauben als Offenbarung übergeben ist. Ich pflegte diese Möbel viele Jahrzehnte – und mit zarter Hand: ich wußte, daß sie fast alle von meinen Zweifeln angefressen und hohl seien. Eines Tages blieb ich vor einem Möbel stehen: es war der Glaubenssatz, daß Gott die Welt erhält, liebt und zu ihrem Sinn und Ziel führt. Ich schaute das schöne Stück genau an, nicht, daß ich daran gerührt oder geklopft oder es auf die Seite gerückt hätte. Nein, ich schaute es nur nachdenklich an, und da brach es mit einem kleinen Ächzen zusammen, es stäubte, und da lag ein Häufchen Holzmehl, ein paar Splitter und etwas wie eine Haut aus Lack. Ich erfuhr, daß eine große Stadt zu Schutt und Asche geworden war – in der Dauer eines einzigen Atemzuges. Geflügelte Streitwagen hatten über der Stadt – wie soll ich es dir erklären – ja, sie hatten – nein, es läßt sich nicht im Bilde sagen: es geschah – es fiel herab auf die Stadt – und sie existierte nicht mehr – und war doch so groß wie – wie – nenne mir eine große Stadt in deiner Zeit –"

„Ninive!" sagte Jona.

„Hör auf mit deinem Ninive! Meinst du gar, ich wollte dich mit dem, was ich dir sage, auf den Weg nach Ninive setzen? Da irrst du dich! Ich berichte dir das, um dir zu zeigen, wann auf den Tag genau mein Glaube an einen Gott, der sich um die Welt kümmert, zusammengebrochen ist. Ich weiß zwar, es war nicht Gott, der diese Stadt zerstörte – es war der Mensch. Aber Gott, wäre er an der Welt interessiert, hätte den Menschen bei dieser ungeheuerlichen Tat hindern müssen."

Jona schaute zum Mond hinüber, der lag fast auf dem Horizont. Schließlich blickte er Dr. Jonas aus den Augenwinkeln an und fragte: „Diese große Stadt, von der du sprichst, ist – daran kann kein Zweifel bestehen! – wegen ihrer Sünden zerstört worden. Oder glaubst du, der Mensch könne vernichten – gegen Gottes Willen?"

„Unsinn! Dieser dein den Menschen zürnender Gott ist aus meiner Rumpfdogmatik verbannt, und zwar als Blödsinnsprodukt einer Theologie, die sich Gott nach dem Bilde des Menschen schuf. Du freilich kannst Gott nicht aus dem Spiel lassen, wo nähmest du sonst deine übernatürliche Frechheit her und deinen heiligen Zorn! Geh du nur nach Ninive. Ich vermag es nicht, wider sie zu predigen, weil ich weiß: niemand hat etwas gegen den Menschen – der Mensch selber ist es, der sich die Apokalypse des Unsinns schafft."

Jona begann mit seinem Bericht an der Stelle, wo er sich am Strand des Meeres gewissermaßen selber entdeckt hatte, nördlich von Byblos, der Insel Kypern gegenüber, hilflos wie ein Neugeborener, die Erinnerung getrübt, fast erloschen, im Kopf nichts als die Weisung: Nach Ninive!

Jona schloß seinen Bericht und blickte Dr. Jonas an, der mit einem Abstand nehmenden Lächeln vor ihm saß.

„Warum schweigst du?" fragte Jona endlich.

In den überbuschten Höhlen von Dr. Jonas Augen entstand ein irisierendes Lächeln, das dann auf die Haut übersprang; sein Ausdruck schwankte zwischen kritischer Kühle und erregter Neugier. Endlich hob er an: da gebe es ja noch diese Schlußworte, die der Autor des Buches „Jona" Gott in den Mund lege – ob er diese Worte kenne? Als Jona nur fragend die Brauen zusammenzog, begann Dr. Jonas zu zitieren, seine Stimme hielt sich in betontem Abstand zu dem, was sie vorbrachte: „Da sprach Gott zu Jona: ‚Meinst du, daß deine Aufregung um den Kürbis berechtigt ist?' Und Jona antwortete: ‚Und wie berechtigt! Ich wäre am liebsten tot.' Und der Herr sprach: ‚So führst du dich auf wegen einer Kürbisstaude, die du nicht gemacht, nicht einmal aus dem Samen gezogen hast, wegen einer Pflanze, die über Nacht entsteht und über Nacht vergeht. Und ich sollte mich nicht wegen Ninive aufführen, wie ich es tat, wegen einer so großen Stadt, mehr als hundertundzwanzigtausend Menschen wohnen in ihren Mauern, Menschen, die doch allermeist nicht wissen, was recht ist und link – und dazu all das Vieh?' " Dr. Jonas machte eine Pause, nickte Jona zu und sagte: „Diese Schlußsätze, die du mir vorenthieltest, sie sind wohl, wie ich von vornherein vermutete, nie gesprochen worden – oder?"

Jona schüttelte erregt den Kopf: „Ich verstehe dich nicht. Waren diese Worte denn nicht in meinem Bericht die treibende Kraft? Hatten nicht sie die geheime Führung? Warteten nicht sie am Ende als der eigentliche Sinn der übrigen, meiner persönlichen Worte?"

„Ach", stieß Dr. Jonas entmutigt hervor, er ließ sich mit dem Rücken in seinen Sessel sinken, legte die Hände ineinander und warf müde den Kopf hin und her. „Aber ich ahnte es", fuhr er fort, „du bist zwar kein Lügner, so wenig wie jener Verfasser des Buches ‚Jona', ich habe dir genau zugehört. Wir in unserm Zeittropfen haben eine Wissenschaft entdeckt, die heißt Seelenkunde. Mit ihr können wir alles, was der Mensch tut und sagt und denkt und sogar, was er träumt, auf seine innere oder äußere Ursache zurückführen. So können wir beinahe alles verstehen, entschuldigen, aber auch durchschauen und entlarven. Ich durchschaue dich kraft dieser Wissenschaft, und so bin ich dir auch nicht böse, aber ich muß feststellen: du flunkerst! Du hast mir – Geschichten erzählt, genau wie der Verfasser deines Lebensbuches, Erbaulichkeiten, die den leicht erkenntlichen Zweck verfolgen, Gott in uns künstlich am Leben zu erhalten. Dazu ist ja seine Rechtfertigung vor den Menschen erforderlich – angesichts des geschichtlichen Belastungsmaterials ein höchst komplizierter und für unsre Wahrhaftigkeit sogar ein halsbrecherischer Vorgang. Ich kenne mich in dieser Sache aus, du erinnerst dich?"

„Ja – aber ich bitte dich", Jona legte seine beiden Hände auf die Knie und beugte sich weit vor, „ich habe Geschichten erzählt, so sagst du? Und ich dachte, ich hätte dir meine Geschichte erzählt, die Geschichte vom selbstgerechten, vom menschenhassenden Unheilspropheten, der gegen seinen Willen Ninive die Gnade brachte und der von der bußfertigen Stadt darauf selber bekehrt wurde zur Erkenntnis des unbegrenzten, allgegenwärtigen Reiches der Gnade. Das nennst du – Geschichten?"

„Ja! Denn mir und meinen Zeitgenossen ist ein solches Reich unbekannt. Wo gibt es diesen Gott, der Städte, der Menschen und Tiere verschont? Wir haben nun einmal keine Erfahrung in dieser Hinsicht aufzuweisen... Unsere Erfahrung ist die der Ameisen, über deren Bau Ochsen hintrampeln oder bösartige Kinder. Du bist also im besten Fall ein Dichter, der die Dinge nicht so haben will, wie sie sind, und darum – Märchen erzählt. Warum sollen wir dir glauben? Wie können wir, dürfen wir dir glauben, ohne unwahrhaftig zu werden?"

„Wenn es aber doch geschehen ist, gegen meinen Willen, gegen meine Auffassung von Gerechtigkeit! Wenn ich es bezeugen kann, was da geschah: – in Ninive, mit Ninive geschah? Ich war ja deiner Meinung, daß die Welt verloren ist, daß niemand und nichts ihren Sturz ins Verderben aufhalten kann. Da kam es so! Ich habe es ja nicht geträumt, ich habe es erfahren!"

Und darauf Dr. Jonas mit schneidender Stimme: „Du verstehst nichts von Seelenkunde: unser Intellekt kann Erfahrungen zu Illusionen und Illusionen zu Erfahrungen verarbeiten. Außerdem: wir, ich und die Menschen meiner Zeit, be-

finden uns nicht mehr im Wirkbereich Gottes, sondern in der Hand jener Dämonen aus Metall und Feuer, die wir uns selber gemacht haben. Wie könnte uns Gott, selbst wenn er sich unsrer erinnerte, dort noch erreichen, da diese selbstgemachten Dämonen weder auf Gott noch auf den Menschen hören? Was nutzt es darum, wider sie zu predigen? Der Mensch würde dir antworten: Sag's unsern Selbstgemachten! Diese aber hören nicht – hören nichts – hast du mich begriffen? Allerdings", Dr. Jonas zog sich plötzlich zusammen, bis er krumm und klein auf seinem Sessel dasaß, „falls deine Erfahrung wirklich echt – wahr sein sollte, dann müßtest du ja den Mut aufbringen, für sie einzustehen – nicht hier in der Nichtzeit, sondern dort, wo du schon immer hinwolltest. . . Was meinst du?", Dr. Jonas Stimme flackerte und lockte, „wenn du hingingest – wenn meine Zeit durch dich auch nur die Frist Ninives geschenkt erhielte – und dann kämst du zu mir zurück, Jona, ich versichere dir, ich wäre bereit zu glauben – das wäre allerdings ein Beweis. . . "
Jona wurde bleich, er schloß die Augen, sein Rücken spannte sich, während Dr. Jonas flüsterte: „Wie du es machst, ist mir gleich: schaff mir ein zweites Ninive, und ich glaube an das erste: an die Lehre von einem sich erbarmenden, in Zeit und Raum gnädigen Gott!"

→ *Jona*

Stefan Andres

20. Lebensbeschreibung

Was nützt es dem Menschen,
wenn er an der Seele gewinnt,
an der Welt aber Schaden leidet?

Gott erblickte das Licht der Welt in der Nacht vom vierundzwanzigsten zum fünfundzwanzigsten Dezember.

Die Mutter Gottes wickelte Gott in Windeln. Auf einem Esel flüchtete er sodann nach Ägypten. Als seine Taten verjährt waren, kehrte er in sein Geburtsland zurück, weil er fand, daß dort der Ort sei, an welchem ein jeder am besten gedeihen könnte. Er wuchs auf im stillen und nahm zu an Alter und Wohlgefallen. Es litt ihn in der Welt. Er wurde die Freude seiner Eltern, die alles daran setzten, aus ihm einen ordentlichen Menschen zu machen. So lernte er nach einer kurzen Schulzeit das Zimmermannshandwerk. Dann, als seine Zeit gekommen war, legte er, sehr zum Verdruß seines Vaters, die Hände in den Schoß.

Er trat aus der Verborgenheit. Es hielt ihn nicht mehr in Nazareth. Er brach auf und verkündete, daß das Reich Gottes nahe sei. Er wirkte auch Wunder. Er sorgte für Unterhaltung bei Hochzeiten. Er trieb Teufel aus. Einen Schweinezüchter brachte er auf solche Art um sein Eigentum. In Jerusalem verhinderte er eines Tages im Tempel den geregelten Geldverkehr. Ohne das Versammlungsverbot zu beachten, sprach er oft unter freiem Himmel. Aus der Langeweile der Massen gewann er einigen Zulauf. Indes predigte er meist tauben Ohren.

Wie später die Anklage sagte, versuchte er, das Volk gegen die Obrigkeit aufzuwiegeln, indem er ihm vorspiegelte, er sei der ersehnte Erlöser. Anderseits war Gott kein Unmensch. Er tat keiner Fliege etwas zuleide. Niemandem vermochte er auch nur ein Haar zu krümmen.

Er war nicht menschenscheu. Unbeschadet seines ein wenig großsprecherischen Wesens, war er im Grunde harmlos.

Immerhin hielten einige Gott für besser als gar nichts. Die meisten jedoch erachteten ihn für so gut wie gar nichts.

Deshalb wurde ihm ein kurzer Prozeß gemacht. Er hatte zu seiner Verteidigung wenig vorzubringen. Wenn er sprach, sprach er nicht zur Sache. Im übrigen blieb er bei seiner Aussage, daß er der sei, der er sei. Meist aber schwieg er. Am Karfreitag des Jahres dreißig oder neununddreißig nach der Zeitwende wurde er, in einem nicht ganz einwandfreien Verfahren, ans Kreuz gehenkt. Er sagte noch sieben Worte.

Um drei Uhr am Nachmittag, bei sonnigem Wetter, gab er den Geist auf. Zur gleichen Zeit wurde in Jerusalem ein Erdbeben von mittlerer Stärke verzeichnet. Es ereigneten sich geringe Sachschäden.

Peter Handke

21. Alle Fäden drehen sich um seine Spindel

Zur Zeit, da in Syrien Cyrenius Landpfleger war, kam ins Büro des Bürgermeisters Gabriel Silberstein in Nazareth eines Tages ein Mann, der für seine Frau um eine Unterkunft bat, da sie ein Kind trüge. Am selben Tag brachte in Rom der Narr des Kaisers Augustus diesen auf den Gedanken, eine Volkszählung zu veranstalten, und sprang vorm Gasthaus „Zum Blauen Elefanten" in Bethlehem der Depeschenbote vom Fahrrad und übergab dem Hauswirt, der sich erst sorgfältig die Hände abwischte, ein Telegramm. . . Indessen hatte der Bürgermeister Gabriel Silberstein den Tischler Joseph Jakobsohn und seine Frau wieder fortschicken müssen, da über Nazareth die Zuzugssperre verhängt worden war.

Kurz darauf diktierte in Rom Kaiser Augustus seinem Hofnarren das Dekret zur Volkszählung, und beugte sich im „Blauen Elefanten" in Bethlehem die höckrige Glatze des Wirts über das Telegramm, in dem ein Herr aus Damaskus für sich und drei Damen zwei Zimmer bestellte.

Einige Tage darauf stand vor einer Herberge in Sichar, das in Samaria liegt, der Esel des Tischlers Joseph Jakobsohn angebunden und unterhielt sich mit einem anderen Esel. „Diese Kaiser", sagte er, „kommen auf die ausgefallensten Ideen, ausgerechnet jetzt, wo die Frau meines Herrn jeden Tag niederkommen kann, veranstaltet der eine Volkszählung. Als ob das nicht noch Zeit gehabt hätte." – Um dieselbe Stunde warfen sich die drei Männer, die schon seit Wochen vom Osten her als winzige Punkte die Wüste durchquerten, in den spärlichen Schatten einer Dattelpalme und bliesen sich auf ihre blasenbedeckten Füße.

„Ich hätte nicht auf euch hören sollen", sagte der Jüngste, „wer weiß, welchem Teufelsspuk wir da nachgerannt sind."

„Ich laß mir's nicht ausreden", sagte einer der andern beiden, „es war ein Stern."

In dieser Minute schalt in Jerusalem König Herodes beim Mittagessen auf den kaiserlichen Volkszählerlaß, diktierte in seinem Büro in Nazareth Gabriel Silberstein der Sekretärin einen Brief an seine vorgesetze Dienststelle, in dem es hieß: „. . . habe ich, wie befohlen, dem Joseph Jakobsohn den Zuzug verweigert", und näherte sich auf der Chaussee, die von Chorazin in Galiläa geradewegs nach Jericho führt, eine schnittige Limousine mit einem jungen, elegant gekleideten Stutzer und drei verschleierten Damen darin dem Straßenwärterhäuschen kurz vor Magdala.

Unter den Schafherden auf den Weiden um Bethlehem machte sich um diese Zeit eine merkwürdige Erregung bemerkbar. Die Tiere fraßen nicht mehr und drängten mehrmals in dichten, staubaufwirbelnden Rudeln zur Stadt hin, so daß die Hirten und Hütehunde Mühe hatten, sie zusammenzuhalten. Joseph Jakob-

sohn befand sich da mit seiner Frau und dem Esel gerade auf dem Weg von Beth-El nach Rama. Obwohl Maria ihn herzlich gebeten hatte, sich nicht zu ärgern, der Bürgermeister habe eben seine Vorschriften einzuhalten, schimpfte Joseph doch auf ihn und außerdem noch auf die kaiserlich-königlichen Behörden im allgemeinen, und dabei ließ er seinen Zorn an dem immer störrischer werdenden Esel aus. In Bethlehem indessen buken die Kinder Lehmkuchen in der Gosse, warfen sich blitzende Taubenschwärme in den Wind, rief der Melonenverkäufer Simon Eustachus seine Ware aus, bereitete der Wirt vom „Blauen Elefanten" sich auf seine Gäste vor, verlieh der Eselverleiher Moses Veitelsohn seine Esel und schrieb ein junges Mädchen an seinen Geliebten: „Irgend etwas geschieht."
Die drei Wüstenwanderer hatten jetzt den Jordan erreicht. Weil sie keine Fähre erblickten, schickten sich die zwei Älteren an, hinüberzuschwimmen. Der dritte, der Jüngste, wollte es aufgeben. Da sah er, daß das Wasser die beiden anderen nicht aufnahm, sondern daß es sie trug wie die Erde, so daß sie nackt und lachend über es hinliefen. Sogleich wollte er ihnen folgen, versank aber, und die anderen beiden mußten ihn herausziehen und ihn sich aufladen.
Die Unruhe der Schafe auf den Weiden um Bethlehem hatte nun auch die Hirten ergriffen.
„Ich weiß nicht, was los ist mit mir", sagte ein Schwarzbärtiger; „aber mir steckt irgend etwas in den Knochen."
„Mir ist wie Frühling", sagte ein Junger.
„Bleibt vernünftig", warnte ein Alter, „die Schafe machen euch rappelig."
Wenig später ging die Tür zur Setzerei der Jerusalemer News auf und der Chef kam herein.
„'n Abend, Jungs."
Die Reporter tippten schläfrig an ihre Hüte.
„In Bethlehem soll heute was los sein, 'n Volksfest oder so was. Wer geht freiwillig?"
Die Reporter gähnten. „Nathanael soll gehn", sagte einer, „der is der Jüngste."
„Aber ich bin doch Fußballreporter", sagte Nathanael.
„Was 'n richtiger Reporter is", sagte der Chef, „der muß alles können."
Nun sahen die Insassen der Limousine Bethlehem unter sich liegen.
„Hoffentlich hat der Wirt unser Telegramm auch bekommen", sagte eine der Damen und schob ihren Schleier zurecht.
„Viel wichtiger", sagte der Stutzer am Steuer, „viel wichtiger ist, daß meine Information stimmt und daß es wirklich hier stattfindet."
Auf der Straße von Bethanien nach Bethlehem verabschiedete sich zur selben Zeit ein Sandfloh von einem Skorpion mit den Worten: „Glaube mir, er wird auch uns lieben", und in Jerusalem standen der Katzenverkäufer Omar ben Israh, der Felgenschmied Schmeile Itzig und ein aussätziger Bettler vorm Palast des Herodes und sahen zu, wie der König mit verkniffenem Gesicht den drei

Wüstenwanderern, die er in Sonderaudienz empfangen hatte, das Abschiedsgeleit gab.
In der Nacht darauf packte es auch den alten Hirten; er gab dem Drängen des Schwarzbärtigen und des Jungen nach, sie trieben ihre Herde zusammen, und in eine riesige Staubwolke gehüllt, zog das Feld der wolligschwitzenden Leiber gen Bethlehem. Hier lehnte gerade Nathanael, der Reporter der Jerusalem News, sein Motorrad an einen Schuppen, der dem Wirt „Zum Blauen Elefanten" gehörte, und fragte den Joseph Jakobsohn, der an der Tür stand, ob er nichts von einem Volksfest wisse, das heute hier stattfinden solle. Doch Joseph wußte nichts von einem solchen Fest; außerdem war er ärgerlich, weil sein Feuerzeug nicht brannte und weil man ihm mit seiner Frau nur diesen schäbigen Schuppen hier zugewiesen hatte. Es war sternklar, die Zikaden geigten, und vom Wirtshaus herüber quarrte ein Grammophon.
In der Gesindestube im Palast des Herodes sagte kurz darauf der Kammerdiener zum Stubenmädchen zwischen zwei Küssen: „Du kannst dir denken, daß ihn das ganz schön gewurmt hat", und in Bethlehem hoben sich zur selben Stunde alle Taubenschwärme zum Nachthimmel auf und kreisten über dem Schuppen, der dem Wirt „Zum Blauen Elefanten" gehörte. Da hatten aber die drei Wüstenwanderer und der aussätzige Bettler und Schmeile Itzig und Omar ben Israh, die ihnen gefolgt waren, das Kidron-Tal südlich Jerusalem schon hinter sich, und die sahen in der hellen Nacht bereits die rötlichen Staubfahnen, die die nach Bethlehem ziehenden Schafherden aufwirbelten. Hier hatte sich unterdessen Nathanael, der Reporter der Jerusalem News, im „Blauen Elefanten" gelangweilt ein Bier geben lassen, war Joseph, nachdem er seine Pfeife knurrend in die Tasche geschoben hatte, wieder im Schuppen verschwunden und sagte, indem er das Grammophon aufzog, der Stutzer zu seinen Begleiterinnen: „Verdammt, ich spüre es deutlich: der Alte hat sich verjüngt."
Jetzt erkannte der aussätzige Bettler, der mit dem Katzenverkäufer Omar ben Israh und dem Felgenschmied Schmeile Itzig den drei Wüstenwanderern gefolgt war, die Taubenschwärme und zeigte sie jenen. Durch die löchrige Rückwand des Schuppens, der dem Wirt „Zum Blauen Elefanten" gehörte, sah in diesem Augenblick eine Kuh und fragte: „Was denn, der Knirps da?" Doch Joseph Jakobsohns Esel antwortete nicht, denn er schlief schon. Als nun auch die Schafherden den Schuppen erreicht hatten, war ihre Unrast auf einmal wie weggeblasen. Sie ließen sich, wo sie standen, aufs Feld fallen und begannen gemächlich wiederzukäuen. Da senkten sich auch die Taubenschwärme wie eine einzige Silberwolke auf den Schuppen und die umstehenden Palmen. Die Hirten aber strähnten ihre zerzausten Bärte und klopften sich den Staub aus den Kitteln; und die Straße von Jerusalem herauf kamen singend und von Schmeile Itzigs Mundharmonika begleitet, der Bettler, Omar ben Israh und die drei Wüstenwanderer gezogen. In derselben Sekunde zerschlug der Stutzer im „Blauen Elefanten" die kreisende Grammophonplatte, bekam Herodes im Schlafzimmer seines Palasts

einen Asthmaanfall, und sagte Maria zu Joseph, der, ein Kinderlied summend, an seiner kalten Pfeife herumkaute: „Sieh doch mal nach, was das für ein Lärm ist."
Plötzlich verspürte der aussätzige Bettler, der mit den Hirten, mit Schmeile Itzig, Omar ben Israh und den drei Wanderern wartend vorm Schuppen stand, ein Gefühl, als ob ihn lauwarme Milch überflösse. Erstaunt sah er an sich herab und entdeckte keine einzige Schwäre mehr an seinem Körper. „Ich bin geheilt!" schrie er, daß die Tauben erschreckt aus den Palmen auffuhren. Unmittelbar darauf schrillte im „Blauen Elefanten" das Telefon. Verschlafen nahm der Hausknecht den Hörer ab; der Stutzer, der mit den Damen und dem angeheiterten Nathanael beim Umtrunk saß, spitzte die Ohren. Da trat Joseph aus dem Schuppen, die Tür hinter ihm stand einen Spalt breit auf, und etwas Licht fiel heraus. Im Nu senkten die Tauben sich wieder auf ihre Palmen. Die Schafe hörten zu kaufen auf, Schmeile Itzig schob verlegen hustend seine Mundharmonika in die Tasche, die Hirten reckten die Hälse, und einer der Wüstenwanderer, der Älteste war es, sagte in die zikadendurchzirpte Stille hinein: „Wir möchten es anbeten." – In diesem Augenblick träumte in Bethlehem ein Kind von einem Schaukelpferd und einem Schokoladenzwerg, zählte der Melonenverkäufer Simon Eustachus bei einer Öllampe zum tausendsten Mal sein Erspartes, drängte sich der Eselverleiher Moses Veitelsohn im Schlaf dichter an seine Frau, und saß vorm geöffneten Fenster ein Mädchen und dachte an seinen Geliebten.
Jetzt kam vom Gasthaus brummend der Hausknecht herübergeschlurft und flüsterte Joseph etwas ins Ohr. – „Der König?" fragte Joseph, „aber was hat es ihm denn getan?" – Da kam aus dem „Blauen Elefanten", ein Bein nachziehend, eilig der Stutzer gehumpelt, er sprang in sein Auto, er warf den Motor an und jagte, in eine schweflige Qualmwolke gehüllt, in Richtung Jerusalem davon. Im Gasthaus drinnen quarrte indes das Grammophon wieder, und tanzte Nathanael, der Reporter der Jerusalem News, mit den Damen des Stutzers. – Joseph ließ jedoch nur die drei Wanderer ein, sie knieten nieder im Schuppen und beteten. „Aber beeilt euch", sagte Joseph dazwischen; „wir müssen dann weiter". Darauf scheuchte er den Esel hoch und begann ihn mit Stroh abzureiben. Draußen vorm Schuppen hatten unterdessen die Hirten ein Feuer gemacht. Schmeile Itzig hatte wieder die Harmonika am Mund, und der Bettler und der Katzenverkäufer Omar ben Israh und die Hirten summten mit und klatschten in die Hände dazu.

Als kurze Zeit später der Wirt „Zum Blauen Elefanten", die Nachtmütze auf dem höckrigen Schädel, erbost zu ihnen herüberschrie, sie sollten das Feuer auslöschen, fragte in seinem Audienzsaal gerade Herodes schweratmend den Stutzer: „Und du hast dich nicht geirrt: Man hat ihn gewarnt?"
„Ein Irrtum ist ausgeschlossen", sagte der Stutzer; „der Anruf kam vom Palast."

Der König biß sich auf die Lippen. „Und was würdest du an meiner Stelle jetzt tun?"
Der Stutzer sah nachdenklich auf sein rechtes Bein, dessen Schuh etwas klobiger war als der linke. „Ich würde sofort sämtliche Neugeborenen in Bethlehem und Umgebung. . . " Er räusperte sich. „Ah", machte der König, „verstehe." Und er griff nach der Glocke. In derselben Minute beugte sich Maria über das Kind. Das Kind griff lachend nach ihrer Brust; aber Maria lächelte nicht, ihr Gesicht war starr. Vorm Schuppen, wo die Hirten sich jetzt zum Aufbruch anschickten, schob indessen der Reporter der Jerusalem News, von einem Meer wolliger Rücken umwogt, schwankend und fluchend sein Motorrad an. Die drei Wüstenwanderer waren da aber schon wieder unterwegs zum Jordan, und auch der Bettler und Omar ben Israh, der Katzenverkäufer, und Schmeile Itzig, der Felgenschmied, marschierten da bereits wieder pfeifend und musizierend zurück nach Jerusalem. Wenig später brach dann auch Joseph auf; den schlafstarren Esel, mit Maria darauf, zog er hinter sich her. Und nun hatte endlich auch Nathanael sein Motorrad flott, er schwang sich hinauf und fuhr los.
Inzwischen ging die Nacht ihrem Ende entgegen. Die Hirten hatten jetzt wieder ihre Weideplätze erreicht, ausgestreckt lagen sie zwischen den äsenden Schafen im tauigen Gras und sahen zu, wie die Sonne aufging, hatten die drei Wüstenwanderer bereits wieder den Jordan erreicht, sie wuschen sich und verrichteten ihr Morgengebet. Joseph hob erst eine Stunde danach Maria vom Esel, sie aßen getrocknete Datteln, Maria stillte ihr Kind, dann zogen sie weiter. Nicht lange darauf schob in Jerusalem Omar ben Israh seinen Rolladen hoch, daß die Katzen dahinter geblendet ins Licht starrten, gab Nathanael, einen Eisbeutel auf dem Kopf, telefonisch an die Redaktion eine nichtssagende Notiz über ein ausgefallenes Volksfest durch, und etwas später hörte man auch Schmeile Itzig in seiner Werkstatt singend und pfeifend mit seiner Arbeit beginnen. Und indessen nicht weit davon der vom Aussatz geheilte Bettler sich in einer Kaschemme einen Freudenrausch antrank, traten vorm Palast des Herodes die Häscher an, buken in Bethlehem die Kinder Lehmkuchen auf der Straße, warfen sich blitzende Taubenschwärme in den Wind, rief der Melonenverkäufer Simon Eustachus seine Ware aus, stellte der Wirt „Zum Blauen Elefanten" fest, daß ihn die Reisegesellschaft um die Zeche geprellt hatte, verlieh der Eselverleiher Moses Veitelsohn seine Esel und schrieb ein junges Mädchen an seinen Geliebten: „Ich weiß nicht, aber irgendwas ist geschehen."

→ *Lukas 2,1-20*
Matthäus 2,1-16

Wolfdietrich Schnurre

22. Die drei dunklen Könige

Er tappte durch die dunkle Vorstadt. Die Häuser standen abgebrochen gegen den Himmel. Der Mond fehlte und das Pflaster war erschrocken über den späten Schritt. Dann fand er eine alte Planke. Da trat er mit dem Fuß gegen, bis eine Latte morsch aufseufzte und losbrach. Das Holz roch mürbe und süß. Durch die dunkle Vorstadt tappte er zurück. Sterne waren nicht da.

Als er die Tür aufmachte (sie weinte dabei, die Tür), sahen ihm die blaßblauen Augen seiner Frau entgegen. Sie kamen aus einem müden Gesicht. Ihr Atem hing weiß im Zimmer, so kalt war es. Er beugte sein knochiges Knie und brach das Holz. Das Holz seufzte. Dann roch es mürbe und süß ringsum. Er hielt sich ein Stück davon unter die Nase. Riecht beinahe wie Kuchen, lachte er leise. Nicht, sagten die Augen der Frau, nicht lachen. Er schläft.

Der Mann legte das süße mürbe Holz in den kleinen Blechofen. Da glomm es auf und warf eine Handvoll warmes Licht durch das Zimmer. Die fiel hell auf ein winziges rundes Gesicht und blieb einen Augenblick. Das Gesicht war erst eine Stunde alt, aber es hatte schon alles, was dazugehört: Ohren, Nase, Mund und Augen. Die Augen mußten groß sein, das konnte man sehen, obgleich sie zu waren. Aber der Mund war offen und es pustete leise daraus. Nase und Ohren waren rot. Er lebt, dachte die Mutter. Und das kleine Gesicht schlief.

Da sind noch Haferflocken, sagte der Mann. Ja, antwortete die Frau, das ist gut. Es ist kalt. Der Mann nahm noch von dem süßen weichen Holz. Nun hat sie ihr Kind gekriegt und muß frieren, dachte er. Aber er hatte keinen, dem er dafür die Fäuste ins Gesicht schlagen konnte. Als er die Ofentür aufmachte, fiel wieder eine Handvoll Licht über das schlafende Gesicht: Die Frau sagte leise: Kuck, wie ein Heiligenschein, siehst du? Heiligenschein! dachte er, und er hatte keinen, dem er die Fäuste ins Gesicht schlagen konnte.

Dann waren welche an der Tür. Wir sahen das Licht, sagten sie, vom Fenster. Wir wollen uns zehn Minuten hinsetzen. Aber wir haben ein Kind, sagte der Mann zu ihnen. Da sagten sie nichts weiter, aber sie kamen doch ins Zimmer, stießen Nebel aus den Nasen und hoben die Füße hoch. Wir sind ganz leise, flüsterten sie und hoben die Füße hoch.

Dann fiel das Licht auf sie.

Drei waren es. In drei alten Uniformen. Einer hatte einen Pappkarton, einer einen Sack. Und der dritte hatte keine Hände. Erfroren, sagte er, und hielt die Stümpfe hoch. Dann drehte er dem Mann die Manteltasche hin. Tabak war darin und dünnes Papier. Sie drehten Zigaretten. Aber die Frau sagte: nicht, das Kind. Da gingen die vier vor die Tür, und ihre Zigaretten waren vier Punkte in der Nacht. Der eine hatte dicke umwickelte Füße. Er nahm ein Stück Holz aus seinem Sack. Ein Esel, sagte er, ich habe sieben Monate daran geschnitzt. Für das

Kind. Das sagte er und gab es dem Mann. Was ist mit den Füßen? fragte der Mann. Wasser, sagte der Eselschnitzer, vom Hunger. Und der andere, der dritte? fragte der Mann und befühlte im Dunkeln den Esel. Der dritte zitterte in seiner Uniform: Oh, nichts, wisperte er, das sind nur die Nerven. Man hat eben zuviel Angst gehabt. Dann traten sie die Zigaretten aus und gingen wieder hinein.

Sie hoben die Füße hoch und sahen auf das kleine schlafende Gesicht. Der Zitternde nahm aus seinem Pappkarton zwei gelbe Bonbons und sagte dazu: Für die Frau sind die.

Die Frau machte die blauen Augen weit auf, als sie die drei Dunklen über das Kind gebeugt sah. Sie fürchtete sich. Aber da stemmte das Kind seine Beine gegen ihre Brust und schrie so kräftig, daß die drei Dunklen die Füße aufhoben und zur Tür schlichen. Hier nickten sie nochmal, dann stiegen sie in die Nacht hinein.

Der Mann sah ihnen nach. Sonderbare Heilige, sagte er zu seiner Frau. Dann machte er die Tür zu. Schöne Heilige sind das, brummte er und sah nach den Haferflocken. Aber er hatte kein Gesicht für seine Fäuste.

Aber das Kind hat geschrien, flüsterte die Frau, ganz stark hat es geschrien. Da sind sie gegangen. Kuck mal, wie lebendig es ist, sagte sie stolz. Das Gesicht machte den Mund auf und schrie. Weint er? fragte der Mann.

Nein, ich glaube, er lacht, antwortete die Frau.

Beinahe wie Kuchen, sagte der Mann und roch an dem Holz, wie Kuchen. Ganz süß.

Heute ist ja auch Weihnachten, sagte die Frau.

Ja, Weihnachten, brummte er, und vom Ofen her fiel eine Handvoll Licht hell auf das kleine schlafende Gesicht.

→ Matthäus 2,1-12 *Wolfgang Borchert*

23. Ein Gutachter des Herodes

Tatbestand: König Herodes befragte Schriftgelehrte, wo der Geburtsort des neuen Judenkönigs sei. Sie nannten Bethlehem. Als sie diese Auskunft gaben, mußten sie sich darüber klar sein, daß Herodes dieses Königskind verfolgen, ja, wahrscheinlich töten würde.

Untersuchungsrichter: „Rabbi, Sie haben also König Herodes den Hinweis gegeben, daß nur Bethlehem als Geburtsort des neuen Königs der Juden in Frage käme?"

Schriftgelehrter: „Das ist nicht richtig. Ich habe zu einer Gutachtergruppe gehört, die aus Schriftgelehrten Jerusalems bestand. Mein Hinweis war nur einer von vielen."

Richter: „Wenn ich Sie recht verstehe, wollen Sie damit sagen, daß Ihr Hinweis gar nicht notwendig gewesen wäre. Deckten sich denn die Ansichten der Gutachter?"

Gelehrter: „Nein; es gab – wie immer – verschiedene Meinungen, wobei einige eine erschreckende Unkenntnis der Heiligen Schrift zeigten. Eine kleine Gruppe jedoch, zu der ich gehörte, bewies aufgrund des Propheten Michäas, daß der Geburtsort des Messias nur Bethlehem sein könne. Heißt es doch bei Michäas: ‚Aber du, Bethlehem – Ephrata, unter Judas Gauen der kleinste, aus dir wird hervorgehen, der Herrscher sein wird in Israel!' "

Richter: „Sie geben also zu, durch den Verweis auf Michäas, den Geburtsort des Königskindes und damit das Kind selber preisgegeben zu haben?"

Gelehrter: „Ich sagte bereits, daß ich nur einer von mehreren gewesen bin, auch andere kannten die Heiligen Schriften gut und nannten die gleiche Stelle. Wenn ich aber ein Gutachten abzugeben habe, dann gebietet mir die Ehrfurcht vor dem Heiligen Text und der Wissenschaft, daß ich die richtige Stelle nenne."

Richter: „Sie mußten sich doch aber klar darüber sein, welche Folgen ein solches Gutachten haben konnte. Wäre es da nicht besser gewesen, Sie hätten der Einladung des Königs keine Folge geleistet? Oder zählten Sie zu seinen Anhängern?"

Gelehrter: „Kein Rechtgläubiger und erst recht kein Schriftgelehrter konnte Anhänger des Herodes sein. Dieser Römling auf dem Throne Juda hatte blutbesudelte Hände, jeder wußte das in Jerusalem. Mit denselben Händen hat er den römischen Göttern geopfert und das Grab Davids geplündert. Von den Schriftgelehrten hielt er nichts. Abergläubisch erschrak er jedoch über die fremdländischen Sterngucker und suchte nun auf einmal unseren Rat."

Richter: „Und doch haben Sie seinen Palast betreten, seine Hand geschüttelt, Auskunft gegeben und wahrscheinlich auch Geschenke empfangen?!"

Gelehrter: „Wenn Herodes seine Boten schickte, so war es nicht ratsam, ihn lange warten zu lassen. Und, was wollte er denn von mir, doch nichts anderes als die Beantwortung einer Fachfrage: ‚Wo ist der Geburtsort des Messias?' Diese Frage habe ich beantwortet und nicht mehr."

Richter: „Sie haben eben gesagt, jeder Mensch in Jerusalem hätte gewußt, daß die Hände des Herodes mit Blut besudelt seien. Da mußten Sie doch stutzig werden, wenn dieser Heide und Henker auf einmal nach dem Geburtsort des Erlösers forschte. Es mußten Ihnen Bedenken kommen, eine entsprechende Auskunft zu geben. Es war ja allgemein bekannt. daß der König sogar Angehörige seiner Familie hatte umbringen lassen, weil er um seinen Thron fürchtete."

Gelehrter: „Die Sache damals war ziemlich verworren. Als diese obskuren Sterndeuter kamen, brachten sie ganz Jerusalem in Aufregung. Nicht deswegen, weil wir ihnen glaubten, der Messias wäre geboren, sondern weil jeder Messias – ganz gleich ob echt oder falsch – Unruhe bedeutete. Hätten die Fremden nur an meine Tür geklopft, am gleichen Tag noch wären sie auf dem Wege nach Bethlehem gewesen. Da ich mich als Theologe und Wissenschaftler nicht um Politik kümmerte, hätte ich sie genauso auf Bethlehem verwiesen."

Richter: „Sie haben meine Frage nicht beantwortet. Ich will daher schärfer formulieren: sie mußten sich doch klar darüber sein, daß Ihre Angaben in den Händen des Herodes zum blutigen Schwert werden mußten?"

Gelehrter: „Keiner konnte wissen, was Herodes vorhatte. Und nur auf Ahnung hin, daß er etwas Abscheuliches unternehmen würde, sollten wir, sollte ich die Auskunft verweigern, meinen Kopf hinhalten?! Natürlich war mir klar, daß Herodes dem angeblichen Königskind in Bethlehem nicht wohlgesinnt sein konnte. Doch was gingen mich seine dynastischen Angstträume an. Ich bin Wissenschaftler, meine Aufgabe ist die Erforschung der Wahrheit. Zu allen Zeiten gaben und geben Gelehrte ihre Auskünfte, ohne daß sie Garantien dafür verlangen, daß man sie nicht mißbraucht."

Richter: „Gerade Sie, als Rabbi, mußten sich aber doch fragen, ob in Bethlehem nicht tatsächlich der Messias zur Welt gekommen sein könnte."

Gelehrter: „Wenn wir Fachleute, Kenner der Heiligen Bücher, diesen abergläubischen Heiden aus dem Orient erst sagen mußten, wo der Geburtsort des Messias sei, wie sollten wir diese Unbeschnittenen überhaupt ernst nehmen!"

Richter: „Das heißt, Sie sind auch nicht nach Bethlehem gereist, um an Ort und Stelle nachzuprüfen? Sie hätten sich ja diesen Fremden anschließen können."

Gelehrter: „Durch eine solche Reise hätte ich mich unsterblich blamiert: Ein Rabbi reist Sterndeutern aus dem Morgenland nach! Außerdem hätte Herodes durch seine Spitzel noch am gleichen Tag von meiner Reise erfahren."

Richter: „Sie haben also aus Angst gehandelt. Sie hatten Angst um Ihre Stellung, Angst um Ihr Leben, Angst vor Herodes?"

Gelehrter: „Jeder hatte damals Angst. Und die Ermordnung der Kinder von Bethlehem hätte ich sowieso nicht verhindern können. Ich, ein Mann des Schreibtisches, der kaum ein Schwert zu heben vermochte."

Richter: „Wenn Sie geschwiegen hätten, wäre es nicht zum Mord von Bethlehem gekommen."
Gelehrter: „Irgendeiner hätte doch geredet, hätte Bethlehem genannt. Warum sollte gerade ich da schweigen? Hätten Sie an meiner Stelle geschwiegen, wären Sie an meiner Stelle nach Bethlehem gereist? Und wenn dort wirklich der Messias zur Welt gekommen wäre, so hätte der Allmächtige ihm seine Legionen zu Hilfe geschickt gegen die Soldaten des Herodes!"

→ *Matthäus 2,1-16*

Paul Roth

24. König Herodes oder das Elend der Moralisten

Der große Astrologe legte König Herodes folgendes dar: Ich, der das Wasser des geheimen Flusses Hyphasis trinke, die Luft des hundertfarbigen Berges Atanor atme, dem selbst Nisroch, Nahema, Adrammelech und Belial dienen, tue dir die Sprache der Sterne kund: Saturn, das Vaterland des Bleis, der Planet des Unglücks und der Niederlagen, und Venus, in der sich Kälte mit Feuchtigkeit vermählt, haben mitgewirkt, daß dir am gestrigen Tag ein tödlicher Feind geboren wurde. Saturn, der über dem siebenten Himmel kreist und in dessen Auftrag die Armen unter den Menschen geboren werden, die Tagelöhner, Bauern und Kaufleute, und der seit jeher Krankheit und Tod auf unser Land herabschickt: der bösartige Saturn schwarzer Färbung, vor dem die ältesten Bücher uns warnen, da er nur die Diebe, die Geldfälscher und die Gefangenen beschützt, hat gestern einen jüdischen König ins Leben gerufen. Deine Macht ist bedroht – künden die Sterne.
König Herodes erhob sich und sagte mit leiser Stimme, in der sich die kalte Wut des Satrapen verbarg: „Erspare mir die ständige Wiederholung deiner Weisheiten. Mich interessiert nur eines: Wo ist er geboren?"
„In Bethlehem."
„Du sagst, ein König ist geboren, und erwähnst zugleich ein Zeichen, unter dem Tagelöhner und Kaufleute zur Welt kommen. Ist das etwa kein Widerspruch?"

„Er ist nicht König von Geburt, sondern durch den Willen der Sterne. Er kam in einer Handwerkerfamilie zur Welt."
„Ein Handwerker, der König wird?" Herodes lachte verächtlich, „gut, du kannst gehen!"
Am gleichen Tag fand im Arbeitszimmer des Herodes eine Beratung statt, an der vier der höchsten Würdenträger des Staates teilnahmen. Der König begann: „Es wurde mir berichtet, daß ein jüdischer König geboren worden sei. Die Informationen der Sterne sind leider zu allgemein gehalten und nennen nur Ort, Stand und annähernde Zeit der Geburt. Die Zahl von eventuellen Anwärtern auf meinen Thron ist also recht groß. Da sich nicht feststellen läßt, welches Individuum aus dem Handwerkerstand die fragliche Person ist, und da man es auf keinen Fall zu einem Umsturz kommen lassen darf, gibt es nur eine Art des Vorgehens: die Vernichtung all derer, die in Frage kommen. Mit anderen Worten, es müssen sämtliche Kinder getötet werden, die in Bethlehem zu der von den Sternen verkündeten Zeit geboren wurden."
Die vier Berater überlegten. Nach langem Schweigen sagte der erste, der Fatalist und Stoiker war: „Entschuldige, König, aber dein Vorschlag leuchtet mir nicht ein. Wenn die Vorsehung wollte, daß ein König zur Welt komme, wird kein menschliches Bemühen sie betrügen können. Die Sterne verkünden, was bestimmt geschehen wird, und nicht, was geschehen könnte. Was wir auch tun, das Schicksal muß sich erfüllen. Ich schlage vor, keine Schritte in dieser Angelegenheit zu unternehmen, denn sie werden erfolglos bleiben. Ich erinnere dich nur an die Geschichte von Edyp und an die Weissagung, die sein Vater erhielt. Der Mensch ist machtlos der Vorsehung gegenüber. Ich bin der Meinung, daß man die Säuglinge besser in Ruhe läßt. Wenn eine Wendung des Schicksals möglich ist, so kann nur Gott sie bewirken. Überlaß es Gott, die Angelegenheit zu Ende zu bringen."
„Ich halte deine Einstellung für defätistisch. Du hast dich in Panikstimmung versetzen lassen", sagte Herodes ruhig, aber bestimmt. „Wer bittet noch ums Wort?"
„Ich bin nicht mit den Ausführungen meines geschätzten Kollegen einverstanden", sagte ein anderer Berater, ein Moralist und Epikureer. „Vor allem glaube ich nicht an eine unausweichliche Vorsehung. Daß es sie nicht gibt, beweisen bereits die Schriften der Philosophen, zu denen ich mich bekenne. Aber selbst wenn ich mich auf den Standpunkt meines Kollegen stellte, sähe ich keinen Grund für eine solche Interpretation. Die Sterne haben verkündet, ein König sei geboren. Sie haben jedoch nicht behauptet, daß derjenige, der da geboren wurde, auch wirklich König sein wird. Vielleicht ist der Sinn der Prophezeiung nur der: Es wurde ein Kind geboren, das die geistigen Voraussetzungen mitbringt, ein König zu werden, oder jemand ist, der unter günstigen Bedingungen ein König werden könnte. Daher ist anzunehmen, daß die Aktion gegen den eventuellen Feind erfolgreich wäre."

„Du bist also für meinen Vorschlag?“ fragte Herodes.
„Nein, wenn ich auch nicht mit den Ausführungen meines Vorredners einverstanden bin, so doch mit seiner Schlußfolgerung. Man soll keine Aktion gegen die Säuglinge unternehmen: sie könnte wohl erfolgreich sein – sie wäre aber unmoralisch. Es ist nämlich unmoralisch, schwache und hilflose Wesen zu bekämpfen, die man vernichten kann, ohne sich selbst in Gefahr zu bringen.“
„Deinen Auftritt fasse ich als das kindliche Getue eines naiven Moralisten auf, der die Politik der Moral unterordnen will“, erklärte Herodes kalt. „Die Erfahrung lehrt, daß solche Versuche vergeblich sind. Ich würde über deine utopischen Träume zur Tagesordnung übergehen, wenn sie nicht objektiv die gleichen Folgen zeitigen würden wie die fatalistischen Erklärungen deines Vorredners, der uns zur Tatenlosigkeit aufrufen möchte. Moralpredigten und Defätismus sind im Grunde dasselbe und führen gleicherweise zu Umsturz und Gefährdung der Macht. Sie vergessen sich, meine Herren! Die Macht steht auf dem Spiel. Hier gibt es keine Spitzfindigkeiten. Ich höre weiter.“
„Ich bin anderer Meinung“, sagte der dritte Berater, ein religiöser Moralist, „ich glaube weder an Vorsehung noch an irgendwelche festen Regeln moralischen Handelns. Die Beseitigung der Säuglinge kann fraglos zum Erfolg und zur Vernichtung des Konkurrenten führen. Falls man die Gewähr hat, selber straflos auszugehen, darf man keinen Augenblick zögern. Man sollte jedoch zuvor herausfinden, ob sich die Sache auf lange Sicht lohnt. Der Erfolg des Unternehmens ist wahrscheinlich, aber nicht sicher. Die spätere Strafe von seiten Gottes hingegen ist uns gewiß, denn Massenmord an Säuglingen wird, wenn ich mich recht erinnere, von Gott nicht gern gesehen. Indem du deine Macht rettest, König, riskierst du posthume Strafen, neben denen das Unglück des Verlustes deiner Macht ein Nichts ist. Ich rate dir daher von diesem Schritt ab, aber nicht weil er erfolglos oder absolut unmoralisch wäre, sondern weil die Rechnung von Nach- und Vorteilen nicht aufgeht.“
„Ich stelle leider mit Erstaunen fest, meine Herren, daß Sie bisher noch nicht das geringste Verständnis für das Wesen der Macht gezeigt haben“, sagte Herodes. „Es gibt nichts, was wichtiger wäre als die Macht, und der Ausspruch, man müsse sich mit dem Verlust der Macht nach Jahren abfinden, um keine Unannehmlichkeiten nach Jahrzehnten zu bekommen, erscheint mir völlig absurd. Ich höre weiter.“
„Meine Meinung unterscheidet sich grundlegend von allen, die hier zum Ausdruck gebracht wurden“, erklärte der vierte und letzte Berater, der ein Politiker war. „Meine Vorredner, mit Ausnahme des letzten, haben ihre Beweisführung schon gegenseitig entkräftet. Ich brauche also nur die Auffassung des letzten Redners zu widerlegen. Aber lassen Sie mich zunächst für einen Augenblick auf die Argumente der Moral zurückkommen. Selbst wenn wir irgendwelche absoluten Moralgesetze anerkennen würden, stimmt es nämlich nicht, daß die Tötung von Säuglingen unmoralisch ist. Der Hinweis, Säuglinge seien wehrlos, hat

keinen Sinn; jedesmal, wenn wir einen Feind töteten, bewies das – auch wenn es sich um einen erwachsenen, von Kopf bis Fuß bewaffneten Mann handelte –, daß er sich, entgegen dem äußeren Schein, als wehrlos erwies. Mit anderen Worten, man siegt in jedem Kampf nur über Wehrlose, oder man wird selbst besiegt. Von daher gesehen gibt es keinen Unterschied zwischen Säuglingen und Einheiten gepanzerter Kämpfer. Den Hinweis, es wäre unmoralisch zu kämpfen, wenn man sich nicht selbst der Gefahr aussetzte, halte ich gleichfalls für unsinnig. Das würde heißen, daß man im Kampf nichts unternehmen darf, was einem erlaubt, mit möglichst wenig Verlusten davonzukommen, und daß man möglichst große Verluste riskieren, das heißt alles tun muß, um den Kampf zu verlieren. Sie hatten dies wohl als Scherz gedacht, meine Herren? Bitte, bemühen Sie sich wenigstens um ein bißchen Konsequenz: Wenn wir den Kampf und mit ihm die Vernichtung des Gegners überhaupt zulassen – und fraglos kann niemand den Kampf an sich verurteilen –, so bejahen wir auch alle Kampfmethoden, die zum Erfolg führen. Dürfen wir während des Krieges in das Lager des Feindes schleichen und die Waffenvorräte stehlen oder vernichten? Natürlich dürfen wir das. Aber wir machen den Feind dadurch wehrlos! Um so besser, sage ich. Also darf man, wenn man überhaupt kämpfen darf, auch gegen Wehrlose kämpfen. Warum also nicht auch gegen Säuglinge?
Auch die letzte hier vorgetragene Auffassung ist kindisch. Sie sagen, Gott zürne wegen der Tötung Unschuldiger? Oder wegen der Anwendung des Grundsatzes der Kollektivschuld? Unsinn. Ich brauche Sie wohl nicht daran zu erinnern, wie oft Gott – die Heilige Schrift berichtet es – seinen Heeren höchst eindeutig den Befehl gab, die Bevölkerung ganzer Städte und Länder zu morden, wobei noch betont wurde, daß dieser Befehl sich auch auf die Säuglinge beziehe. Dergleichen findet sich in der Heiligen Schrift auf Schritt und Tritt. Weshalb dann solche Argumente? Bitte, erinnern Sie sich an die Geschichte vom ersten Sündenfall. Wegen der Sünde Adams, der viele, viele Generationen vor uns lebte, schleppt jeder schon bei der Geburt, als Neugeborener, ich betone das, die Bürde einer Sünde mit. Die Sünde Adams belastet also jeden Säugling und hat, wie man weiß, Millionen von Menschen unendlich viel Leid gebracht. Das Motiv der Kollektivschuld findet sich also auch im Handeln Gottes, und die einfache Tötung von einigen hundert Säuglingen, unter denen sich ein Feind befindet, ist nichts, eine lächerliche Lappalie im Vergleich zur Geschichte des ersten Sündenfalls, dessentwegen noch immer Millionen sterben – denn das Phänomen des Todes ist, wie uns die Heilige Schrift lehrt, eben die Folge des Ungehorsams von Adam und Eva. Das sind meine Gründe. Ich hoffe, sie überzeugen."
„Danke, die Beratung ist beendet", erklärte der König. „Die Beweise, die Sie, meine Herren, angeführt haben, konnten mich völlig überzeugen. Da Sie sich für die Tötung der Säuglinge aussprechen, muß ich mich Ihrer Meinung wohl unterwerfen. Bitte, bereiten Sie alles für die Aktion vor."
Der weitere Verlauf der Geschichte ist bekannt. Die Säuglinge wurden getötet,

aber das Unternehmen blieb – wie sich zeigen sollte – ohne Erfolg. Der Gesuchte entging dem Schwert der Häscher. Das Ende der Geschichte ist erst durch die letzten Forschungen an den Tag gebracht worden. Hier ist es:
Nach Jahrzehnten begegnete Herodes seinen Beratern in den Abgründen der Hölle. Alle vier waren in einer so fürchterlichen Lage, daß die Sprache an ihr versagt und sie nicht näher beschrieben werden kann. Alle trugen – wie es in Höllen üblich ist – auf der Brust ein Schild mit ihrem Urteil und dessen Begründung. Die Einzelheiten dieser Begründungen erwiesen sich als sehr aufschlußreich, weil der höchste Richter sie selbst abgefaßt hatte.
Herodes und der Politiker, jener Berater, der als einziger den Mord an den Säuglingen befürwortet hatte, trugen gleichlautende Aufschriften: „Für den Mord an Kindern. Urteilsbegründung: quod licet Jovi, non licet bovi. Daraus, daß Gott das Gesetz der Kollektivschuld anwendet und Säuglinge für fremdes Verschulden tötet, kann nicht gefolgert werden, daß jeder hergelaufene König das gleiche tun darf. Im Gegenteil – vom Standpunkt der absoluten Moral ist solches verboten."
Der Moralist und Stoiker trug folgende Aufschrift: „1. Für das Bekenntnis zur häretischen Lehre des Fatalismus. 2. Für die Versuchung Gottes. Urteilsbegründung: ein Mensch, der in Tatenlosigkeiten verharrt, andere zur Tatenlosigkeit verführt und des Glaubens ist, daß alles von Gott für ihn erledigt wird oder von vornherein festgelegt ist, spricht nicht nur Häresien aus, er führt auch Gott in Versuchung und sät Defätismus, der unter anderem dazu führen muß, daß der Kampf um die Sache Gottes auf Erden beeinträchtigt wird. Die Verherrlichung der Tatenlosigkeit ist vom Standpunkt der absoluten Moral zu verwerfen."
Der Moralist und Epikureer, der den Vorschlag von Herodes gleichfalls abgelehnt hatte, trug folgende Aufschrift: „Für die Geringschätzung der Macht. Urteilsbegründung: Die Macht der Könige kommt von Gott und ist von ihm so gewollt, um Ruhe und Ordnung auf der Erde zu sichern. Wer die Fragen der Macht geringschätzt, fördert den Zerfall der Gesellschaft und begünstigt die Anarchie. Das ist vom Standpunkt der absoluten Moral verwerflich."
Der religiöse Moralist trug ein Schild, auf dem stand: „Für die Leugnung der absoluten Moral und die Verkündung einer falschen Moral, die sich auf Berechnung stützt. Urteilsbegründung: Gott verlangt, daß man Gutes um des Guten und um der uneigennützigen Liebe zu Gott willen tue, nicht aber, weil sich solches lohnt. Andernfalls sieht man in Gott einen Händler, was eine Beleidigung und vom Standpunkt der absoluten Moral verwerflich ist."
Als sie sich gegenseitig die Aufschriften vorgelesen hatten, nickten die fünf Gefangenen traurig. „Wir hatten alle recht", sagte Herodes, und die anderen wiederholten im Chor: „Alle hatten wir recht." Aber plötzlich ballte Herodes die Fäuste und schrie: „Und wer ist der Schuldige?!"
In diesem Augenblick sahen sie eine sonderbare Gestalt hereinkommen: ein Mensch, der dumpf stöhnte und unter dem riesigen Stoß Bücher und Papiere,

den er schleppen mußte, fast zusammenbrach. Es war der Astrologe. Auf seiner Brust stand in großen Lettern: „Für die Verbreitung ungenauer Informationen, die verhängnisvolle Folgen hatten. Urteilsbegründung: der Astrologe erklärte dem König, ein jüdischer König sei geboren. Er vergaß jedoch – aus Unwissenheit oder aus Leichtsinn, was auf dasselbe hinausläuft – hinzuzufügen, daß dieser König den Thron von Herodes überhaupt nicht gefährde, weil er selber erklären würde, sein Reich sei nicht von dieser Welt. Durch eine Falschmeldung hat der Astrologe den Tod von einigen Hundert Säuglingen verursacht, die unnötigerweise zur Sicherung des Königsthrons umgebracht wurden. Eine ärgerliche und empörende Unbekümmertheit, die vom Standpunkt der absoluten Moral verwerflich ist."
Wie sich herausstellte, waren die Stöße Bücher und Papiere, die der Astrologe auf dem Rücken trug, Schriften, die als äußerst genaue Informationsquelle bekannt sind und die er auswendig zu lernen hatte. Eisenbahnfahrpläne, Telefonbücher, Statistische Jahrbücher, alle möglichen Tabellen, Landkarten und Pläne.
„Er ist es, der an allem schuld ist!" rief Herodes, und sie stürzten sich mit den Fäusten auf den Astrologen. „Deinetwegen sitzen wir in der Hölle!" schrien sie und beschimpften ihn mit Ausdrücken, die sogar an diesem Ort, wo sozusagen alles anständig ist, als unanständig gelten.
„Denkt daran", stöhnte der Astrologe unter den Schlägen der anderen, „daß ich als einziger unschuldig hier sitze. Ihr wurdet für verbrecherische Absichten bestraft, aber ich besaß wirklich keine anderen Informationen und gab das weiter, was ich erfahren hatte. Meine Absichten waren rein, und Gott bestraft doch im Grunde für die Absichten und nicht für die Folgen. Ich verstehe nicht im geringsten, was ich hier zu suchen habe."
Der Teufel, der gerade vorbeiging, lächelte boshaft: „Es ist natürlich gut, zu wissen, daß es sich auch lohnt, genaue Informationen zu geben", sagte er, „aber diese Erkenntnis würde euch ohnehin nicht mehr helfen. Sie kommt immer zu spät, immer dann, wenn nichts mehr zu machen ist. Laßt den armen Astrologen in Ruhe, er ist ganz unschuldig. Ihr solltet daran denken, daß in Angelegenheiten der Moral – und darum geht es hier in unserem Betrieb – jedes Wissen zu spät kommt; ihr könnt eure Taten und eure Absichten erst dann beurteilen, wenn nichts davon mehr rückgängig gemacht werden kann. Die moralische Seite jeder Tat ist – im Gegensatz zur technsichen Seite – absolut nicht vorauszusehen und läßt sich erst hinterher verstehen und bewerten. Dieser Umstand ist die wichtigste und fast die einzige Stärke unserer bescheidenen Institution, in der ihr daher ohne Ausnahme alle eure Bekannten treffen könnt."

→ *Matthäus 2,1-18* *Leszek Kolakowski*

25. Heimkehr

Ich bin zurückgekehrt, ich habe den Flur durchschritten und blicke mich um. Es ist meines Vaters alter Hof. Die Pfütze in der Mitte. Altes, unbrauchbares Gerät, ineinanderverfahren, verstellt den Weg zur Bodentreppe. Die Katze lauert auf dem Geländer. Ein zerrissenes Tuch, einmal im Spiel um eine Stange gewunden, hebt sich im Wind. Ich bin angekommen. Wer wird mich empfangen? Wer wartet hinter der Tür der Küche? Rauch kommt aus dem Schornstein, der Kaffee zum Abendessen wird gekocht. Ist dir heimlich, fühlst du dich zu Hause? Ich weiß es nicht, ich bin sehr unsicher. Meines Vaters Haus ist es, aber kalt steht Stück neben Stück, als wäre jedes mit seinen eigenen Angelegenheiten beschäftigt, die ich teils vergessen habe, teils niemals kannte. Was kann ich ihnen nützen, was bin ich ihnen und sei ich auch des Vaters, des alten Landwirts Sohn. Und ich wage nicht, an der Küchentür zu klopfen, nur von der Ferne horche ich, nur von der Ferne horche ich stehend, nicht so, daß ich als Horcher überrascht werden könnte. Und weil ich von der Ferne horche, erhorche ich nichts, nur einen leichten Uhrenschlag höre ich oder glaube ihn vielleicht nur zu hören, herüber aus den Kindertagen. Was sonst in der Küche geschieht, ist das Geheimnis der dort Sitzenden, das sie vor mir wahren. Je länger man vor der Tür zögert, desto fremder wird man. Wie wäre es, wenn jetzt jemand die Tür öffnete und mich etwas fragte. Wäre ich dann nicht selbst wie einer, der sein Geheimnis wahren will.

→ Lukas 15,11-32 *Franz Kafka*

26. Gespräch mit dem jüngeren Bruder

Neben der Stube des verlorenen Sohnes liegt des jüngeren Bruders kahle, jedoch nicht gerade beengende Kammer. Eine Lampe in der Hand, tritt der Verlorene ein. Er nähert sich dem Bett, in dem, das Gesicht zur Wand gekehrt, der Knabe ruht. Er beginnt mit flüsternder Stimme, damit das Kind, falls es schlafen sollte, nicht aufgeschreckt werde.

„Ich möchte mit dir sprechen, Bruder."
„Was hindert dich daran?"
„Ich glaubte, daß du schliefest."
„Man braucht nicht zu schlafen, um zu träumen."
„Du träumtest... Wovon wohl?"
„Was geht's dich an?... Wenn selbst ich meine Träume nicht verstehe, so wirst du sie mir kaum deuten können!"
„Wären sie so subtiler Natur?... Wenn du sie mir erzähltest, würde ich es immerhin versuchen."
„Wählst du dir deine Träume aus? Die meinen kommen und gehen, wie es ihnen gefällt; sie sind freier als ich... Übrigens, was hast du hier eigentlich zu schaffen? Warum störst du mich in meinem Schlaf?"
„Du schläfst ja nicht; und ich wollte in Güte mit dir reden."
„Was hast du mir zu sagen?"
„Nichts, wenn du in diesem Tone fortfährst."
„Dann leb wohl."
Der Ältere wendet sich nach der Tür, stellt aber nur die Lampe zu Boden, so daß sie die Kammer kaum noch erhellt. Dann kommt er zurück, setzt sich, in der halben Dunkelheit, auf den Rand des Bettes und streichelt lange des Kindes abgewandtes Haupt.
„Du hast mir schroffer geantwortet, als ich früher je deinem Bruder erwidert habe. Und doch fühlte ich mich stets im Gegensatz zu ihm."
Das widerspenstige Kind richtet sich plötzlich auf.
„Sag: schickt dich etwa der Bruder?"
„Nein, mein Kind; nicht er, sondern die Mutter."
„Ah! Aus eigenem Antrieb wärst du nicht gekommen!"
„Dennoch komme ich als Freund."
Halb aufgerichtet in seinem Bett, sieht der Knabe den Besucher mit bohrenden Augen an.
„Wie könnte jemand, der zur Familie gehört, mein Freund sein?"
„Du täuschest dich über unseren Bruder... "
„Sprich mir nicht von ihm! Ich hasse ihn!... Mein ganzes Herz empört sich gegen ihn... Er ist der Grund, daß ich dir so schroff geantwortet habe."
„Wie meinst du das?"
„Ach, du verständest nicht."
„Sag's immerhin... "
Leise zieht der Große den Bruder in seine Arme; und schon gibt der zum Jüngling werdende Knabe seinen Widerstand auf:
„An dem Abend, als du zurückgekommen warst, habe ich nicht einschlafen können. Die ganze Nacht dachte ich: ‚Ich hatte noch einen Bruder und wußte es nicht'... Oh, wie schlug mir das Herz, als ich dich in den Hof des Hauses eintreten sah, bedeckt mit Glorie!... "

„Ach, es waren elende Lumpen, mit denen ich bedeckt war!"
„Ja, ich habe dich gesehen; du erstrahltest schon im Sieg. Und ich habe gesehen, was der Vater getan hat: er hat dir einen Ring an den Finger gesteckt – einen Ring, so kostbar, wie ihn unser Bruder nicht hat! Ich wollte niemanden über dich befragen; ich wußte nur, daß du aus weiter Ferne kamst; und dein Blick während des Festmahls. . . "
„Warst du denn dabei?"
„Oh, ich weiß, daß du mich nicht bemerkt hast; deine Augen waren den ganzen Abend ins Wesenlose gerichtet! Und daß du dann, am zweiten Abend, mit dem Vater gesprochen hast, das war auch gut; – aber am dritten. . . "
„Spricht weiter!"
„Oh, ein kleines Wort der Liebe hättest du vielleicht doch für mich übrig haben können!"
„Du hast auf mich gewartet?"
„Ach, wie sehr!. . . Glaubst du, daß unser Bruder mir so abgründig verhaßt wäre, wenn du nicht den ganzen dritten Abend an ihn verschwendet hättest – einen endlos langen Abend?! Worüber könnt ihr euch denn unterhalten haben? Falls du irgendwelche Ähnlichkeit mit mir zu haben glaubst, kann es doch nicht die geringste Gemeinschaft zwischen euch beiden geben!"
„Ich hatte großes Unrecht gegen ihn begangen."
„Ist's möglich?"
„Wenigstens gegen den Vater und die Mutter. Du weißt doch, daß ich von zu Hause entflohen war."
„Ja, das weiß ich. Es ist schon lange her, nicht wahr?"
„Ich war ungefähr in deinem Alter."
„Ah!. . . Und das nennst du: ‚Unrecht'?"
„Ja, das war mein Unrecht, meine Sünde."
„Empfandest du, als du weggingst, dein Tun als etwas Böses?"
„Nein; ich empfand es beinahe als innere Verpflichtung."
„Was ist denn inzwischen geschehen, um deine damalige Wahrheit in Irrtum zu verwandeln?"
„Ich habe gelitten."
„Und das hat dich bewogen, zu sagen, du habest Unrecht getan?"
„Nein, nicht eigentlich so; es hat mich zum Nachdenken bewogen."
„Vorher hattest du niemals nachgedacht?"
„Doch; aber meine gebrechliche Vernunft erlag meinen Begierden."
„Wie später deinen Leiden. – So daß du heute als. . . Überwundener heimkehrst."
„Nicht gerade das; sagen wir: als Verzichtender."
„Du hast also darauf verzichtet, der zu sein, der du hättest sein mögen."
„Der, zu dem mein Hochmut mich hatte überreden wollen."

Einen Augenblick verharrt das Kind schweigend. Dann, plötzlich, bricht es in wildes Schluchzen aus und schreit:
„Bruder, ich bin der, der du warst, als du weggingst! Oh, sag: hast du auf deiner Wanderschaft denn nichts als Enttäuschungen erfahren? All das Lockende, Fremdartige, das ich jenseits unserer engen Welt zu erschauen glaubte – es wäre nur ein Trugbild gewesen? All das Neue, das in meinem Innern aufkeimen will – nichts als Wahnwitz? Sag mir, Bruder: was war es, was dich schließlich so verzweifelt gemacht hat, daß du nach Hause zurückgekehrt bist?"
„Die Freiheit, die ich suchte – ich verlor sie; ich ward zum Gefangenen, zum Knecht."
„Ich bin hier ein Gefangener!"
„Ja, aber ich mußte schlimmen Herren dienen; die Herren, denen du dienst, sind deine Eltern."
„Ach, eine Knechtschaft ist der anderen wert! Hat der Mensch nicht wenigstens die eine Freiheit: sich die Art seiner Sklaverei selbst auszusuchen?"
„Ich hoffte es. Unermüdlich wie Saul den Eselinnen seines Vaters, ging ich meinen Illusionen nach; aber dort, wo er ein Königreich fand, wartete meiner das Elend. Und doch. . . "
„Hattet du nicht einen falschen Weg genommen?"
„Ich folgte meinem Inneren."
„Wirklich?. . . Und doch sind noch andere Königreiche zu entdecken – und Länder, die noch keinen König haben."
„Wer hat dir das gesagt?"
„Ich weiß es. Ich fühle es. Schon sehe ich mich als Herrscher solcher Gebiete!"
„Hochmütiger!"
„An diesem Wort erkenne ich die Stimme unseres Bruders! Warum lässest du dir dein Urteil von ihm vorschreiben?. . . Wäre es nicht viel besser gewesen, wenn du selbst deinen ‚Hochmut' bewahrt hättest?. . . Dann wärest du nicht umgekehrt!"
„Und hätte dich nicht kennengelernt."
„Doch, doch! Ich wäre dir in die Fremde nachgegangen, und du hättest mich als Bruder erkannt!. . . Es scheint mir sogar, als ob meines Weggehens einziger Sinn wäre: dich zu finden."
„Deines Weggehens?"
„Hast du noch nicht begriffen?. . . Ermutigst du mich denn nicht selber, wegzugehen?"
„Ich möchte dir die Rückkehr ersparen – indem ich dir den Aufbruch erspare."
„Nein, nein, sprich nicht so! Du meinst es ja nicht so!. . . Aufgebrochen bist doch gewiß auch du wie ein Eroberer!"
„Um so härter erschien mir die Knechtschaft."
„Warum hast du dich ihr denn unterworfen?. . . Warst du schon so erschöpft?"
„Nein, damals noch nicht; aber ich begann zu zweifeln."

„Was willst du sagen?“
„Zu zweifeln an allem; an mir selbst. Ich wollte haltmachen, mich irgendwo anschließen. Das gute Auskommen, das jener Meister mir versprach, hat mich in Versuchung geführt... Ja, ich fühle es jetzt genau: ich wurde schwach.“
Der Verlorene senkt das Haupt und birgt seinen Blick in den Händen.
„Aber vorher?“
„Da war ich weithin über die große, ungezähmte Erde gegangen.“
„Durch die Wüste?“
„Es war nicht immer die Wüste.“
„Was suchtest du unterweges?“
„Ich verstehe es selber nicht mehr.“
„Erheb dich ein wenig von meinem Bett und sieh, was auf dem Tische liegt, da oben am Kopf-Ende, neben dem zerlesenen Buch.“
„Ich sehe einen aufgeplatzten Granatapfel.“
„Den hat der Schweinehirt mir neulich abends mitgebracht, nachdem er drei Tage lang in der Ferne gewesen war.“
„Ja, das ist ein wilder Granatapfel.“
„Ich weiß; seine bittere Schärfe ist beinahe grauenvoll, und doch fühle ich, daß ich hineinbeißen würde, wenn ich durstig genug wäre.“
„So kann ich es dir jetzt sagen: dieser Durst – das war es, was ich in der Wüste suchte.“
„Ein Durst, von dem einzig diese Frucht uns erlöst, an der keine Spur von Süße ist... “
„Nein; aber sie macht uns den Durst reizvoll.“
„Weißt du, wo man sie findet?“
„Bevor es Abend wird, gelangt man in einen kleinen, verlassenen Baumgarten. Keine Mauer trennt ihn von der Wüste. Dort rieselte ein Bach; ein paar halbreife Früchte hingen an den Zweigen.“
„Was für Früchte?“
„Diesselben, die wir hier im Garten haben; aber wilde. Tagsüber war es sehr warm gewesen.“
„Hör zu. Weißt du, warum ich heute abend auf dich gewartet habe?... Bevor diese Nacht zu Ende geht, breche ich auf. Diese jetzige Nacht; bevor der Morgen graut... Ich hab meine Lenden gegürtet; die Sandalen hab ich an den Füßen behalten.“
„Was ich nicht vermochte: du willst es vollbringen?“
„Du hast mir den Weg eröffnet; an dich zu denken, wird mir Kraft geben.“
„Mein Teil ist's, dich zu bewundern; der deinige jedoch, mich zu vergessen. – Was nimmst du mit?“
„Du weißt, daß mir, als Letztgeborenem, nichts vom Erbe zukommt. Ich gehe, ohne das Geringste mitzunehmen.“
„Das ist besser.“

„Was siehst du so zum Fenster hin?"
„Ich sehe nach dem Garten hin, wo unsere Toten liegen."
„Lieber Bruder. . . "
Und das Kind, vom Bette aufgestanden, legt um den Hals des Verlorenen einen Arm, der sich so sanft einschmeicheln möchte wie der Ton, mit dem es sagt: „Komm mit."
„Nein, laß mich! Laß mich hier zurück! Ich bleibe, die Mutter zu trösten. Ohne mich wirst du stärker sein! Schon ist es Zeit. Der Himmel verblaßt. Mach keinen Lärm. Umarme mich, mein junger Bruder: du nimmst all meine Hoffnungen mit. Sei mutig; vergiß uns; vergiß mich. Und mögest du nie zurückkommen!. . . Geh die Stufen leise hinunter. Ich halte die Lampe. . . "
„Oh, gib mir die Hand noch bis zur Tür!"
„Sei vorsichtig! Gib acht auf die Stufen der Treppe. . . "

→ *Lukas 15,11-32* *André Gide*

27. Nebenfiguren

Der Priester

Das Wichtigste zuvörderst: *Es steht nicht geschrieben, daß ich nicht wollte*. Der Nazarener psychologisiert nicht, das ist nicht seine Art. Aber er braucht auch Selbstverständliches nicht zu erklären. Und Selbstverständliches ist der Opferdienst. Ich hatte um die fragliche Zeit Opferdienst, Turnus-Dienst, das ist alles. Und der hinderte mich daran, barmherzig zu sein. Das Gesetz erlaubt keinem, der Blut angefaßt hat, den heiligen Dienst zu versehen; jedenfalls nur nach höchst komplizierten Reinigungen.
Es ist klar, was da auf dem Spiel stand. Es war das rituelle System selbst. Sinn jeder Priesterschaft ist das Gesetz. Und das Gesetz garantiert die Harmonie zwischen Himmel und Erde. Jahrtausendelang unterscheiden die Völker zwischen res sacra, res publica, res privata. Es ist der Angelpunkt unseres Sozialbewußtseins, diese Unterscheidung. Was soll ich gestehen? Soll ich gestehen, daß mein Herz hart war? Oder soll ich gestehen, daß ich nur mit äußerstem Widerstreben

vorbeiging, daß mein Innerstes sich dem Armen zuwandte, der da röchelnd in der kümmerlichen Saat lag? Daß sich meine Arme unbewußt nach ihm ausstreckten, daß ich schon ansetzte, den Schritt zu ihm zu tun, um sein Nächster zu werden?
Es würde keinen Unterschied machen. Denn er war mir in dieser Stunde nicht der Nächste. Der Nächste war mir der Unsichtbare, dessen Namen wir nicht aussprechen. Er hatte mich vereidigt, schon vom Mutterleibe an, hatte mich in die strengen Zirkel seines Dienstes gezwungen. Er hat mir keinen Urlaub gegeben an diesem gelbstaubigen Nachmittag, er hat es vorgezogen, keinen Engel zu schicken, keinen Boten von seiner Rechten, der mich vielleicht durch ein heiliges Dekret zur Ausnahme gemacht hätte. So funktioniert das Gesetz nicht. Als die jungen Männer die Hand nach der Bundeslade ausstreckten, um sie zu stützen, handelten sie menschlich richtig, ihre Reflexe waren aus der Ehrfurcht geboren, sie wollten die heilige Lade vor dem Sturz vom Ochsenkarren bewahren, vor dem Kot der Straße. Sie starben dennoch.
Alte Zeiten, heißt es. Die Grausamkeit des archaischen jahwistischen Zeitalters. Die Kinderstube des Volkes, das sich erst an die Macht des Unsichtbaren gewöhnen mußte. Die Propheten, heißt es, sagten schon Anderes, Neues: „Gehorsam ist besser als Opfer." Und: „Ein zweites ist diesem gleich: Liebe deinen Nächsten wie dich selbst."
Wem sagt ihr das? Ich kenne meine Theologie und meine Schriften. Aber was war ich anderes in diesem Augenblick als gehorsam? Mein Gehorsam *war* in diesem Augenblick das Opfer, sonst nichts. Ich hatte Güter abzuwägen, hohe Güter. Zwei Gesetze, die einander gleich sind. Und ich wählte nicht den Nächsten, ich wählte das Volk.
Der Bund, vergeßt das nicht, ist der Bund des Volkes mit dem Unaussprechlichen. Ohne diesen Bund wäre das Gesetz sinnlos, aber wenn es den Bund gibt, dann steht das Gesetz über allem anderen. Denn nur das Gesetz erhält das Volk. Ohne dieses Gesetz wären wir ein jammervoller synkretistischer Haufen wie diese Samariter (die tun sich natürlich leichter, was kein Kunststück ist). Ohne dieses Gesetz hätten wir längst unsere nationale Identität verloren. Der Ruhm des unaussprechlichen Namens ist unser erster und unser einziger Ruhm, sonst nichts. Er ermöglicht es Hunderttausenden armer, geknechteter Bauern und Landarbeiter, *auserwählt* zu sein – himmelhoch auserwählt über diese Italiener und Griechen, die uns knechten, die uns verachten, aber die unrein sind, während wir rein sind. Ohne diesen einfachen Unterschied gäbe es *das Volk* nicht. In dem Augenblick, wo ich schon ansetzte, den Schritt zu tun, der mich zum Nächsten dieses Halbtoten machen würde – in diesem Augenblick sahen mich hunderttausend Augen an, fragten mich, ohne zu fragen, ob ich, ein schlichter Mann aus dem Stamme Levi, es ertragen würde, das Gesetz zu vergessen.
Ich habe es nicht ertragen. Und ich maße mir nicht an zu behaupten, daß ich nun keine Schuld hätte. Dem armen Mann gegenüber bin ich jedenfalls schuldig

– wenn man den Begriff rein kausal interpretiert, nach Ursache und Wirkung. Und vor dem ewigen Gericht sind wir ohnehin schuldig, da wir unvollkommen sind. Aber (das ist doch die einzig wichtige Frage) wäre ich *weniger* schuldig, wenn ich dem Ruf des Mitleids gefolgt und den Ruf des Bundes, den Ruf der rituellen Pflicht überhört hätte? Ich glaube nicht. Ich habe eine Wahl getroffen, eine Wahl zwischen zwei Arten, schuldig zu werden. Es war, oberflächlichem Anschein nach, die bequemere; aber das täuscht. Ich bin auf die unbequemere Art schuldig geworden. Ich habe einen Freund weniger auf der Welt, während mir mein Opferdienst kaum zusätzliche Freunde einbringt. Ich habe mir selbst Gewalt angetan. Und ich stehe jetzt in den Büchern der Jahrhunderte als Beispiel für ein hartes, steinhartes Herz. Ist das ungerecht? Urteilt ihr selbst.

Der Levit

Offiziell sage ich gar nichts, damit das klar ist. Ich habe keine Lust, landauf, landab zu der Geschichte zitiert zu werden. Wenn die offizielle Stellungnahme des Priesters vorliegt, ist die eines Priesterdieners wohl kaum mehr erforderlich. Privat allerdings habe ich meine Meinung. Und die besteht darin, daß der Nazarener aus dieser nicht einmal untypischen Situation die falschen Forderungen zieht. Er beurteilt sie nicht *strukturell,* sondern idealistisch-individualistisch. Die Strukturen sind klar: ein repressives System von Großgrundbesitzern und Lohnarbeitern; verschärft durch römisch-imperialistischen Steuerdruck; verschärft ferner durch die Unfähigkeit (oder, wie ich fast vermute, Unwilligkeit) der Besatzungsmacht, für das zu sorgen, was diesem Römischen Reich angeblich seine Daseinsberechtigung gibt, nämlich für Ruhe und Ordnung. Dieser Samariter ist vielleicht ein wackerer Mann; aber was macht er tatsächlich? Er läßt durch privatistisches Wohltun Dampf ab, statt daß er durch systematische Entlarvung des Systems dafür sorgt, daß sich der Druck entsprechend aufbaut – bis zum revolutionären Umschlag. Es ist eben typisch für solchen Individualismus, daß er an Symptomen herumdoktert, statt die größeren Verhältnisse zu ändern, die er vielmehr – eben durch sein privates Tun - affirmativ verstärkt. In unserem zelotischen Diskussionskreis haben wir das längst herausgearbeitet!
Ob ich kein Mitleid mit dem Manne hatte? Natürlich hatte ich Mitleid. Aber individueller Heroismus? Kein Bedarf, danke. So wie das System funktioniert, hätte der Mann ja auch ein Lockvogel sein können: Wer sagt mir denn, daß die Räuber schon über alle Berge sind? Kein edles Motiv, zugegeben. Aber ich huste auf edle Motive, siehe oben. Ich denke nicht im Traum daran, ein durch und durch korruptes System durch Nonkonformismus zu entlasten – denn die Liebe zum Menschen, wie er ist, schließt die Liebe zum Menschen aus, wie er sein soll. Und er ist, was er ist, weil er Teil eines Systems ist. Der arme Kerl im Acker auch. Und ich nicht minder. Insofern fühle ich mich natürlich mit ihm solida-

risch. Aber das ändert gar nichts daran, daß wir beide so funktionieren, wie wir es tun, weil das System uns so funktionieren läßt.

Der Gastwirt

Er wird alles bezahlen, sagt er. Der Mann kommt öfters vorbei; nicht gerade ein Stammgast, aber ein samaritischer Handlungsreisender auf einem mehr oder weniger regelmäßigen Turnus. Ärger hat er mir eigentlich nie gemacht; einmal, erinnere ich mich, blieb er mir ein paar Denare schuldig, aber die beglich er auf der Rückreise – mit Aufschlag. Ich kann also damit rechnen, daß ich bei der Sache nicht draufzahlen werde.
Trotzdem ist mir nicht ganz wohl bei der Sache. Mein Personal ist nicht zur Krankenpflege ausgebildet, und ich würde mich wundern, wenn es nicht über kurz oder lang zu kleinen Mißhelligkeiten käme. Aufmucken werden sie nicht, aber ein Bummelprotest ist schon möglich. Wäschewechsel wird öfters erforderlich sein. Ich könnte das natürlich alles in Rechnung stellen; aber irgendwie widerstrebt mir das auch; wenn ich mir den Handlungsreisenden mit seinen zwei Mauleseln und seinem syrischen Ramsch vorstelle, den er mühselig genug in diesem verarmten Judäa an den Mann bringen will. Das einzig Anständige, was er hat, sind die damaszenischen Rebmesser, und für die darf er nicht zu viel verlangen, weil die griechischen Lizenzhersteller auf die Preisbindung achten.
Ich finde es ja sehr ehrenwert, was der Samariter mit dem armen Teufel gemacht hat. Man wünschte sich, daß es mehr Leute von der Sorte gäbe, die nicht lange hin und her überlegen, sondern das tun, was in der gegebenen Situation das Richtige ist. Das Peinliche ist nur, daß sie immer andere Leute hereinziehen müssen. Ich sage das nicht, weil der Mann nicht ganz zu uns gehört, ich habe persönlich nichts gegen Samariter, einige meiner besten Freunde sind Samariter; aber selbst wenn sie richtig handeln, haben sie so etwas Aufdringliches, daß man unwillkürlich auf Distanz geht. Natürlich habe ich dem Mann zugesagt, daß ich die Sache übernehme; mein Weinschenk war dabei, er kann bezeugen, daß ich auch nicht lange Umstände gemacht habe. Ich frage mich lediglich: wo kommen wir hin, wenn das Schule macht? Alle zwei, drei Jahre einen solchen Fall, das verkraftet jedes gut geführte Haus. Aber wenn es einreißen sollte, daß jeder Ausgeraubte auf unseren unsicheren Landstraßen sozusagen routinemäßig in jedem beliebigen Gasthof untergebracht werden kann – dann sehe ich grundsätzliche Schwierigkeiten voraus. Ich hoffe ohnehin, daß der Samariter auf seiner Tournee den Mund hält und nicht überall herumerzählt, was er für einen großartigen Service bei mir gefunden hat. Sonst bekomme ich womöglich Rückfragen vom levantinischen Hotelierverband.
Die grundsätzliche Schwierigkeit, wenn Sie mich fragen, liegt darin, daß unser gesellschaftliches Leben nicht genügend durchorganisert ist. Für solche Fälle

müßte es Hilfsdienste geben, aus öffentlichen Mitteln oder von religiösen Stiftungen finanzierte Spitäler. Die könnten dann auf einer Non-Profit-Basis arbeiten und wären nicht den Schwierigkeiten ausgesetzt, die ich als selbständiger Gewerbetreibender nur mit Mühe verkraften kann.
Genug. Ich habe dem Mann mein Wort gegeben, und ich werde es halten. Im übrigen bin ich ganz glücklich darüber, daß ich auf diese Weise in die Geschichte gekommen bin, und der Nazarener sagt mir ja weiß Gott nichts nach. Langfristig gesehen kann das dem Ruf meines Hauses nur nützen. Aber vorläufig...

Der Räuberhauptmann

Zuerst waren wir seine Nächsten: wir Räuber. Wir sind dem Mann sehr, sehr nahegestanden, hautnah, kann man sagen. Persönlich hatten wir gar nichts gegen ihn. Warum auch, wir kannten ihn ja gar nicht. Viel hatte er nicht dabei, wir haben ihn mehr oder weniger aus Verärgerung über den Kopf gehauen, weil sein bißchen Mundvorrat, sein geflickter Rock und seine Strohsandalen die Mühe kaum lohnten, die er uns machte.
Aber natürlich sind wir ein armes Land, und ohne diese Armut wären wir vermutlich keine Räuber. Ich will nichts entschuldigen; ich bin über das Alter hinaus. In meiner Jugend habe ich noch patriotische Motive vorgeschützt, unsere Bande nannte sich „Rächer Davids" oder auch „Schwert der Enterbten", obwohl wir bloß Messer hatten und Sanddornknüppel. Wir machten uns noch was vor, redeten von Rache an den Reichen und davon, daß wir den Überschuß verteilen würden; bloß, es ergab sich nie ein Überschuß, wir lebten immer von der Faust in den Mund, und die Reichen erwischten wir in der Regel überhaupt nicht, die können Geleitschutz zahlen, oder sie werden gleich offiziell von den Römern eskortiert. Und mit Römern, mit Römern legen wir uns nicht mehr an. Das haben wir gelernt. So ein Kreuz ist eine Erfindung, da kommen wir Provinzler nicht mit.
Was bleibt mir als Räuberhauptmann? Bin ich nichts als ein wildes Tier, das im Busch lebt, frißt und einmal gefressen wird? Ja zuvörderst: Ich bin ein Tier, das in einer Welt des Fressens und des Gefressenwerdens lebt. Das ist eine entsetzliche Welt, wie immer man sie betrachtet, und ich handle in ihr entsetzlich. Eines Tages wird entsetzlich an mir gehandelt werden, da mache ich mir nichts vor. Ich war als Kind ausgesetzt, ich bin nicht gestorben, ich bin härter als fast alle anderen, so hart wie mein Sanddornknüppel, aber nicht so hart wie das Schwert des sogenannten Rechts, das mich eines Tages treffen wird. Ich habe überlebt bisher; gegen jede Wahrscheinlichkeit. Für die Frommen bin ich ohnehin ein Gesetzloser, aber das sind nicht nur die Räuber, das sind alle, die arme Teufel sind und sich aus diesem oder jenem Grund nicht an die Vorschriften halten können. Am Sabbat müssen wir genauso traben wie an den Werktagen,

schon weil die Römer so frei sind und sich nicht an den Sabbat halten, und wenn wir uns einen Freßkorb oder eine Lebensmittellieferung schnappen, können wir schlecht überprüfen, ob das Zeug koscher ist oder nicht. Ein Haufen Leute, die wie wir Gesetzlose sind, laufen jetzt dem Nazarener nach, ich habe ihn auch gehört einmal, als er auf einem Hügel saß und predigte. Man hat den Eindruck, daß er einen Hebel hat, um diese entsetzliche Welt aus den Angeln zu heben – die Welt, in die ich gehöre. Aber wer hört schon auf ihn? Die Leute, die zählen, nicht. Als ich ihn da so sitzen sah, in seinem schlechten Gewand (ihn zu überfallen, würde sich auf keinen Fall lohnen), und die Zwei- oder Dreitausend auf den Hängen um ihn herum, alles arme Teufel oder doch fast alle, bis auf ein paar Lumpen, die Steuereintreiber oder dergleichen sind (Gesetzlose auch sie, natürlich), mußte ich an einen Philosophen denken, den ich einmal an der syrischen Grenze getroffen habe, einen parfümierten Griechen, mit gesalbtem Bart, der angeblich auch sehr eindrucksvoll sein soll und über die Menschheit und die Gerechtigkeit und das Maß in allen Dingen und dergleichen redet und der einfach keine Ahnung hat. Der Nazarener, der hat sie schon. Der kennt den Punkt, auf den es ankommt. Aber wenn er Erfolg hat – wenn es auch nur so *aussieht*, als könnte er Erfolg haben –, wird die Welt sofort zuschlagen. Der Mann ist wesentlich gefährlicher als zum Beispiel ich, er greift die Grundlagen an, die wir anderen – Prätoren, Polizisten, Soldaten, Reiche, Räuber – alle miteinander hochhalten und praktizieren, jeder auf seine Weise.

Aber angenommen, er hätte Erfolg. Angenommen, genügend Leute hören ihm zu, er sammelt Jünger oder Bekenner. Was machen die dann aus ihm? Da auf dem Hügel saßen seine engeren Freunde um ihn, nette Leute die meisten, Handwerker aus Galiläa, aber sogar unter denen waren welche, denen man es an der Nasenspitze ansah, daß sie nichts kapierten.

Ich will nicht behaupten, daß ich etwas kapiert hätte – jedenfalls nicht viel. Einen Satz habe ich mir gemerkt, sinngemäß. Der hieß: wer sein Leben riskiert, der gewinnt es, und wer es erhalten will, der verliert's. Das Ganze klingt zunächst wie Rabulistik, wie diese Pilpuls, die die Schriftgelehrten ausknobeln, – dabei ist es für jemand wie mich die einleuchtendste Sache von der Welt. Wenn ich nichts mehr riskiere, dann verende ich, ganz schlicht. Ich bin gezwungen, tapfer zu sein. Natürlich, Leute, die sich's im Gesetz oder mit dem Gesetz gerichtet haben, werden das nie begreifen. Sie melken das Gesetz wie eine Kuh und leben davon. Und wer ihnen das Gesetz madig macht, den können sie nicht leiden, so wenig, daß sie ihn schnellstens am Galgen hochziehen werden.

Wenn man sich das genau überlegt, dann läuft es darauf hinaus, daß er uns eigentlich ganz gut brauchen könnte, uns Tiere aus dem Busch. Daß jedenfalls wir miteinander reden könnten. Reden müßten? Aber da wird doch nichts draus. Nicht in meiner und seiner Lebenszeit – denn die ist kurz bemessen. Seine und meine. Immerhin, in einer seiner Geschichten komme ich vor. Ja, wenn man nachdenkt: ohne mich gäbe es die Geschichte gar nicht. Angenommen, die Straße nach Jericho wäre sicher, alle Straßen wären sicher, das Königreich Gottes wäre da, von dem er redet – wo nimmt der Samariter seinen Nächsten her? Ich bilde mir nichts ein. Vor allem nicht, daß ich notwendig bin. Das überlasse ich den lizensierten Räubern und ihren Soldaten. Aber ich komme in der Geschichte vor, und ohne mich gäbe es die Geschichte nicht. Lassen wir's dabei. In gewisser Weise läßt es mich doch daran zweifeln, daß ich nur ein wildes Tier bin. Natürlich, ein Pack Hyänen oder ein Panther hätte in der Geschichte den gleichen Wert. *Aber der Panther wüßte zumindest nicht, daß er darin vorkommt.* Ist das nun wichtig oder nicht?

→ *Lukas 10,25-37* *Carl Amery*

28. Barmherzigkeit

Auf einer Straße bewegten sich drei Fahrzeuge.
In dem ersten saß ein Bauer mit seiner Frau, seinen Kindern und seiner alten Mutter. Sie waren auf der Flucht.
In dem zweiten Fahrzeug saß ein Bursche. Er fuhr in entgegengesetzter Richtung, auf den Kriegsschauplatz zu. Eine Kamera hing an einem Riemen von seiner Schulter.
Im dritten Wagen saß ein älterer Mann mit seinem Fahrer. Beide gehörten einer der Armeen an, die hier Krieg führten. Sein Haar war ergraut, seine Lider flatterten, er litt seit einiger Zeit an Schlaflosigkeit.
Die drei Fahrzeuge bewegten sich auf ein und derselben Straße. Sie kamen kurz hintereinander an einer bestimmten Stelle vorbei. Dort lag ein Mensch.
Dieser Mensch hatte in einer der Hütten gelebt, die – nahe der Rollbahn gelegen – am vergangenen Abend durch Bomben zerstört worden waren. Ein Eisensplitter hatte sein Untergesicht weggerissen, ein anderer hatte seine Hüfte zerschmettert. Seine Haut war von Flammen versengt. So war er aus den Trümmern seiner Hütte hervorgekrochen, als letzter Überlebender seiner Gemeinde. Noch hatte er Kraft zu kriechen. Er kroch die Böschung hinauf und auf die Rollbahn. Da lag er in seinem zerfetzten blauen Kittel, wälzte sich und wimmerte.
Der erste Wagen kam heran. Auf dem Kutschbock saß der Bauer, er hielt die

Zügel in seiner hornigen Faust und trieb das Pferd mit der Peitsche an. Da sah der Bauer seinen Landsmann, das Bündel Mensch. Das blaue blutige Bündel lag ihm im Wege.
Da ruckte der Bauer an den Zügeln, er ließ das Pferd zur Seite traben und fuhr vorüber. Nach einer Weile brauste der Wagen heran, in dem der Bursche saß mit Kamera. Als er die zerstörten Hütten erblickte, kniff er die Lider zusammen. Als er den Verwundeten auf der Straße bemerkte, spitzte er die Lippen und stieß einen leisen Pfiff aus. Leise ließ er den Wagen ausrollen. Dann öffnete er die Tür und sprang hinaus.
Das Licht war sehr hell. Der Bursche blinzelte gegen die Sonne. Aus einem Behälter nahm er ein grünliches Glas und schraubte es vor die Linse. Er visierte den Verwundeten an, drehte an den Schrauben, visierte aufs neue. Dann drückte er ab.
Der Verwundete versuchte den Kopf zu heben und ruderte mit den Armen. Einmal lallte er etwas. Der Bursche verstand ihn nicht. Er wich zurück und stieg in seinen Wagen. Dort trug er einige Ziffern in ein Buch ein. Dann zündete er sich eine Zigarette an, schaltete um, gab Gas. Das Fahrzeug schoß davon.
Dann näherte sich der dritte Wagen. Dieses Fahrzeug war zerschrammt und zerschunden. Die Windschutzscheibe war von Kugeln durchschlagen. Der Fahrer sah das Bündel auf der Rollbahn, auch der Hauptmann sah es. Das Bündel begann sich zu regen. Der Hauptmann hob die Hand. Der Fahrer stoppte.
Der Hauptmann beugte sich über den Wagenrand. Dann stieg er aus. Auch der Fahrer stieg aus. Auf ein Wort des Hauptmanns versuchte der Fahrer das Bündel zu fassen, doch das Bündel stieß einen Schrei aus. Der Fahrer zog seine Hände zurück und schüttelte den Kopf.
Der Hauptmann sprang in den Wagen. Sein Gesicht verzog sich in einem Ausdruck von Ekel und Grauen.
Der Fahrer sagte etwas. Der Hauptmann nickte und biß die Kiefer zusammen. Dann griff er nach seiner Pistole und richtete sie auf den Verwundeten. Der Schuß zuckte aus dem Lauf. Nun lag, was dalag, still. Der Fahrer sah den Hauptmann an. „Weiter!" sagte der Hauptmann. Der Fahrer stieg ein. Der Wagen fuhr an. In der Ferne wummerte die Schlacht.
Am nächsten Tag wurde der Bauer mitsamt seiner Frau, seinen Kindern und seiner alten Mutter von der Garbe eines Maschinengewehres niedergemäht.
Der Hauptmann wurde, als der Krieg zu Ende ging, unmenschlicher Handlungen wegen vor Gericht gestellt.
Der junge Bursche verkaufte das Photo in ein Land, das am Krieg nicht teilgenommen hatte; dort wurde das Bild unter dem Titel Kriegsgreuel veröffentlicht und erregte großes Aufsehen.

→ *Lukas 10,25-37* *Gertrud Fussenegger*

29. Argumente für Lazarus

Lazarus stank wirklich, wie seine Schwester es gesagt hatte. Es war tatsächlich schon der vierte Tag nach seinem Tode. Lazarus hatte bei jeder Bewegung das Gefühl, er müsse bersten. Dennoch kam er heraus, als er gerufen wurde. Er konnte offenbar nicht anders. Die Bandagen hielten ihn zusammen. Martha starrte entsetzt auf seine gallertartige Nasenspitze. Er machte nur kleine Schritte, weil er so fest umwickelt war. Auch die Arme steckten in dem Verband des Todes.

Lazarus sah den Rufer an, mit seinen erloschenen Augen. Sein teigiges Gesicht war ohne Energie, Gärung pulste unter der ledrigen Haut. Die Backen hingen wie Säckchen herab. Zwischen ihnen öffnete sich ein Loch. „Nein", rülpste das Loch. Dieses Nein schien aus dem Bauche aufgestoßen zu sein. Es war schwer zu verstehen, aber nur allzu verständlich. Noch andere Laute platzten hervor, formten sich zu Wörtern, zu Sätzen. Der Hautsack gewann Ausdruck. „Nein, Du kommst zu spät. Ich bin langsam gestorben, gliedweise, tagelang. Ich habe den Ekel vor mir in den Augen meiner Frau gesehen, die zusammengepreßten Lippen meiner Tochter. Und trotzdem hätte ich noch gern weitergelebt. Aber Du hast mich zu Ende krepieren lassen. Ich mußte Deine Macht zu Ende fühlen. Ich habe es ertragen. Es war hart, aber ich wußte es nicht anders. Ich habe es geduldet. Nun sehe ich aber, warum Du mich auf so furchtbare Weise verrecken ließest: damit die Erweckung um so effektvoller wäre. Es war eine Schaustellung für Dich, deren zweiter Akt nun kommt. Wer weiß, welchen Exitus der dritte bringen soll. Aber ich spiele nicht mehr mit. Mein Leben lang hatte ich Dich in Ehren gehalten. Aber das war ein Irrtum. Du hast es nicht gut mit mir gemeint. Ich will kein Objekt mehr für Deine Demonstrationen sein."

Das alles gurgelte aus einem unbeweglichen Körper hervor, der wie eine weiße Säule in der scharfen Sonne stand, umsummt von Aasfliegen. Martha war längst fortgerannt. Der Erwecker stand vor ihm; in gelassener Attitude, Standbein und Spielbein, die Arme verschränkt. Es war, als verstehe er nicht recht oder wundere sich, was dieser Lebenskandidat eigentlich zu vermelden habe. Lazarus schien sich durch diese abwartende Haltung ermutigt oder gar herausgefordert zu fühlen – sofern er überhaupt etwas fühlen konnte. Jedenfalls mühte er sich, seinen Standpunkt zu präzisieren.

„Ich habe gelebt wie ein Maulesel, schlechter als ein Maulesel, denn ich hatte das Bewußtsein meiner selbst. Ich wußte, daß Hitze und Staub nicht alle treffen, daß nicht alle arbeiten müssen und nicht alle von Seuchen zernagt sind. Ich nahm es hin. Eine Handvoll Datteln, ein paar Oliven, ein Mund voll Wasser – und ich war zufrieden. Du weißt es, denn täglich hast Du Dein Licht geschickt, zur Kontrolle. Du beobachtest uns. Bist Du mißtrauisch, fürchtest Du,

daß wir eines Tages Deinen Himmel stürmen? Wir werden es tun, verlaß Dich drauf. Meinen Bruder Ikarus hast du vernichtet, meinen Sohn in der Rakete hast du getötet, aber mein Enkel wird in Deinem Himmel herumfliegen, wenn Du alt und schwach geworden bist, kreuz und quer wird er die Sphären durchdröhnen und die Engel werden von Dir abfallen wie Herbstlaub."
Der Stumme stand ruhig und blickte den Rebellen an. Die großen Worte standen in groteskem Mißverhältnis zu der erbärmlichen Gestalt, aber niemand war da, der den nötigen Humor gehabt hätte, dies zu beachten. Lazarus richtete seinen blinden Blick mit aller Energie auf den Partner und tatsächlich begannen die trüben Linsen, sich zu schärfen. Er konnte eine Figur zwischen den heißen Steinen erkennen, eine Figur, die verstohlen gähnte. Diese Verstohlenheit brachte ihn noch mehr auf als die Tatsache des Gähnens, denn er wußte natürlich, daß dem anderen alles schon bekannt war, was immer er auch sagen mochte. Er brüllte darum so laut und so artikuliert wie möglich: „Und auch das ist wieder eine Finte, Du provozierst mich, ich soll mich belasten, damit Du mich bestrafen kannst. Du bist rachsüchtig! Den Gott der Liebe läßt Du Dich nennen! Gerade für die Liebe läßt Du Dich feiern, die Du ausersehen hast, uns endgültig zu vernichten! Sie läßt die Zahl der Menschen wachsen und damit die Summe der Lobpreisungen. Aber wenn wir des Mordens müde sind und es womöglich ganz bleibenlassen, in dem Glauben, es mißfalle Dir, dann werden wir wie die Karnickel überhandnehmen und uns gegenseitig auffressen müssen. Das wird ein göttliches Finale, vor dem uns nur die Bombe retten wird, die Du uns geschenkt hast, damit wir uns in unserer Angst um so enger an Dich ketten. Oh, Du bist schlau! Weil Du in großen Zeiträumen rechnest, die wir kaum überdenken können, bleibst Du der Ankläger, der Strenge, aber Gerechte, zumal da Du uns zwischendurch mit kleinen Taschenspielereien in staunenden Schrecken versetzt. Und dazu soll ich Dir jetzt dienen! Doch Du hast den Bogen überspannt. Ich rufe alle Rebellen zu Hilfe, die vergangenen, die Du zwar vernichtet, aber nicht besiegt hast, die gegenwärtigen und künftigen, die Du zwar vernichten, aber nicht besiegen wirst, ich schreie Dir entgegen, ein verwesendes Stück Fleisch schreit: Nein, nein, nein!"
Der schweigende Zuhörer zeigte so etwas wie leichte Ungeduld. Lazarus hoffte auf eine Entgegnung, aber er entdeckte nur den Anflug eines müden Lächelns im Gesicht seines Gegenübers. Eine Eidechse huschte durch den Sand. Sie lief im Zickzack und verharrte bei jeder Richtungsänderung, züngelnd und spähend. Sie näherte sich dem bebenden Ankläger, dessen Augen zu ihr abirrten. Als er den Blick wieder hob, war der Erwecker verschwunden.
In diesem Augenblick trafen die Freunde und Verwandten ein, Martha hatte sie geholt. Sie näherten sich scheu und schweigend. Als sie Lazarus allein stehen sahen und bemerkten, daß seine Augen geöffnet waren, fragten sie ihn, ob er sie erkenne. Er nickte. Da priesen sie den Erwecker und trugen den Erweckten laut betend heim. In ihren Armen erholte er sich sichtlich. Es war, als teile sich

ihm Kraft mit aus dem Überfluß ihres Lebens. Sie lösten die Totenbinden von ihm, wuschen und salbten ihn. Alle waren sie um ihn bemüht, die sich sonst um ihn nicht gekümmert hatten; sie brachten Kleidung, Nahrung, Geld, wollten rasch möglichst viel Nächstenliebe in das bevorzugte Objekt investieren. Man kleidete den Helden des Tages in purpurne Gewänder, kostbarere als er jemals besessen hatte und veranstaltete ein Festmahl. Lazarus saß an der Spitze der Tafel. Der süßliche Leichengeruch hatte sich fast verflüchtigt. Das fahle Gesicht war ein wenig ins Bräunliche gedunkelt, die verschwommenen Gesichtszüge strafften sich. Nur die Nägel blieben blau. Die Augen hielt er niedergeschlagen, er beteiligte sich nicht an den Gesprächen. Man wußte nicht einmal, ob er zuhörte. Er trank wenig und aß nichts. Ein vorwitziger Vetter wollte wissen, wie es denn gewesen sei. Betroffen schwieg die Tafelrunde. Lazarus erwiderte nichts. Es wurde ungemütlich. Nachdem der erste Freudenrausch verflogen und die Sensation verpufft war, wirkte die Anwesenheit des Erweckten lähmend. Hatte man diese Ungeselligkeit um ihn verdient? Ein Gast nach dem anderen empfahl sich unter einem Vorwand. Auch seine Familie war beklommen. Man richtete ihm das Nachtlager und ließ ihn allein.
In der Morgendämmerung fand Martha ihn hinter dem Haus. Er hatte sich erhängt, an der hundertjährigen Olive.

→ *Johannes 11,1-44* *Hans Daiber*

30. Ich stellte den Jesus auf die Probe*

Ich tat, was ich vor Jahren getan hatte, nahm mir die Trommel vom Bauch und stellte den Jesus auf die Probe. Vorsichtig, um den bemalten Gips bedacht, schob ich ihm Oskars Weißrote auf die rosigen Oberschenkel, tat das jedoch, um mir Genugtuung zu schaffen, hoffte also nicht blöd auf ein Wunder, wollte vielmehr die Ohnmacht plastisch sehen; denn wenn er auch so dasaß und die Fäuste hob, wenn er auch meine Größe und meinen zähen Wuchs hatte, wenn er auch gipsern und leichthin jenen Dreijährigen markierte, den ich mit soviel Mühe und unter den größten Entbehrungen aufrechterhielt – trommeln konnte er nicht, konnt nur so tun als ob, dachte wohl: hätt' ich, so könnt' ich, sagt' ich, du hast und kannst doch nicht, klemmte ihm beide Stücke, kugelte mich vor Lachen, zwischen die Wurstfinger, zehn – trommle nun, süßester Jesus, bunter Gips trommelt aufs Blech, Oskar zurück, die drei Stufen, runter vom Teppich, auf Fliesen, trommle doch Jesusknabe, Oskar tritt weit hinter sich. Abstand nimmt er und lacht sich schief, weil der Jesus so dasitzt, trommeln nicht kann, vielleicht will. – Begann mich schon Langeweile wie eine Schwarte zu nagen – da schlug er, da trommelte er! Während alles bewegungslos blieb: er links, er rechts, dann mit beiden Stöcken, schlug er kreuz, wirbelte nicht einmal schlecht, tat das sehr ernsthaft, liebte den Wechsel, war im einfachen Rhythmus genau so gut, wie wenn er's komplizierter hören ließ, verzichtete aber auf alle Mätzchen, hielt sich nur an das Blech, kam mir nicht einmal religiös oder wie ein aufgewärmter Landsknecht, sondern rein musikalisch, verschmähte auch keine Schlager, brachte unter anderem, was damals in aller Leute Mund war, „Es geht aller vorüber", natürlich auch „Lili Marleen", drehte mir langsam, vielleicht etwas ruckweise den Lockenkopf mit den blauen Bronskiaugen zu, lächelte ziemlich hochmütig und fügte nun Oskars Lieblingsstücke zu einem Potpourri: das begann mit „Glas, Glas, Gläschen", streifte den „Stundenplan", der Bursche spielte genau wie ich Rasputin gegen Goethe aus, stieg mit mir auf den Stockturm, kroch mit mir unter die Tribüne, fing Aale auf der Hafenmole, schritt an meiner Seite hinter dem zum Fußende verjüngten Sarg meiner armem Mama und fand, was mich am meisten verblüffte, immer wieder unter die vier Röcke meiner Großmutter Anna Koljaiczek.

Da trat Oskar näher. Da zog es ihn heran. Da wollte er auf den Teppich, wollt nicht mehr auf den Fliesen stehen. Eine Altarstufe gab ihn an die nächste weiter. So stieg ich hinauf und hätte ihn lieber hinabsteigen sehen. „Jesus", kratzte ich einen Rest Stimme zusammen, „so haben wir nicht gewettet. Sofort gibst du mir meine Trommel wieder. Du hast dein Kreuz, das sollte dir reichen!" Ohne abrupt abzubrechen, beendete er die Trommelei, kreuzte die Stöcke übertrieben sorgfältig auf dem Blech und reichte mir ohne Widerrede, was Oskar ihm leichtsinnig gepumpt hatte.

Schon wollte ich ohne Dank und hastig wie zehn Teufel die Stufen hinunter und raus aus dem Katholizismus, da berührte eine angenehme, wenn auch befehlerische Stimme meine Schulter: „Liebst du mich, Oskar?" Ohne mich zu drehen, antwortete ich: „Nicht, daß ich wüßte." Er darauf mit derselben Stimme, ohne jede Steigerung: „Liebst du mich, Oskar?" Unwirsch gab ich zurück: „Bedaure, nicht die Spur!" Da ödete er mich zum drittenmal an: „Oskar, liebst du mich?" Jesus bekam mein Gesicht zu sehen: „Ich hasse dich, Bürschchen, dich und deinen ganzen Klimbim!"

Merkwürdigerweise verhalf ihm mein Anwurf zu stimmlichen Triumph. Den Zeigefinger hob er wie eine Volksschullehrerin und gab mir einen Auftrag: „Du bist Oskar, der Fels, und auf diesem Fels will ich meine Kirche bauen. Folge mir nach!"

Sie können sich meine Empörung vorstellen. Wut gab mir die Haut eines Suppenhuhnes. Einen Gipszeh brach ich ihm ab, aber er rührte sich nicht mehr. „Sag das noch einmal", zischte Oskar, „und ich kratz dir die Farbe ab!"
Da kam kein Wörtchen mehr, da kam nur wie immer und je jener alte Mann, der immer und durch alle Kirchen schlurft. Den linken Seitenaltar grüßte er, bemerkte mich gar nicht, schlurfte weiter und war schon beim Adalbert von Prag, da stolperte auch ich die Stufen hinunter, vom Teppich auf die Fliesen, fand, ohne mich umzudrehen, über das Schachmuster zu Maria, die gerade auf korrekte Art und nach meiner Unterweisung das katholische Kreuz schlug.
Bei der Hand nahm ich sie, führte sie zum Weihwasserwecken, ließ sie in der Mitte der Kirche, schon fast im Portal, noch einmal in Richtung Hochaltar das Kreuz schlagen, machte das alles aber nicht mit, sondern zog sie, als sie aufs Knie wollte, hinaus in die Sonne.

→ *Johannes 21,15-17*
Matthäus 16,13-19

Günter Grass

31. Der Grossinquisitor

In Seiner allumfassenden Barmherzigkeit, in eben der gleichen Gestalt, in der Er vor fünfzehn Jahrhunderten dreiunddreißig Jahre lang unter den Menschen geweilt, erscheint Er nun wieder. Er läßt sich herab auf die gluterfüllten Plätze jener südlichen Stadt, in der am Vorabend unter den Augen des Königs, der Granden, der Eminenzen, des Flors der Hofdamen, im Beisein von ganz Sevilla durch ihn, den greisen Kardinal und Großinquisitor, in erhabenem Autodafé an die hundert Ketzer zu Asche geworden sind: ad majorem gloriam dei.
Unmerklich ist Er erschienen, um Ihn ist Stille, und sieh, es erkennen Ihn alle. Das Volk strömt Ihm zu, angezogen von unwiderstehlicher Macht, es schließt sich um Ihn, wächst Ihm zu und weicht nicht mehr von Seiner Seite. Schweigend, mit dem Lächeln unendlichen Verstehens wandelt Er unter ihnen. In Seinem Herzen brennt die Sonne der Liebe, aus Seinen Augen fließen Strahlen des Lichts, der Erleuchtung und Kraft, ergießen sich in die Menschen, erfüllen alle und erschüttern die Herzen zu liebender Antwort. Allen streckt Er die Arme

hin und umfängt sie mit Seinem Segen; und von Seiner Berührung, vom Betasten Seines Gewandes schon, kommt ihnen heilende Kraft.
Ein Greis, blind von Geburt an, fleht aus der Menge: „Herr, mach mich heil, auf daß ich Dich schaue!" Und wie Schuppen löst sich die Finsternis von seinen Augen, der Blinde sieht Ihn.
Das Volk schluchzt auf und küßt die Erde, die Er betreten hat. Kinder streuen Ihm Blumen, singen, frohlocken Hosianna.
„Er ist es, Er –" beteuern all einander, „Er muß es sein, kein anderer als Er."
Eben, da er Seinen Fuß auf die Stufen der Kathedrale gesetzt hat, wird unter Weinen und Wehgeschrei ein weißer, offener Kindersarg herangetragen; in ihm liegt ein siebenjähriges Mädchen, das einzige Kind eines Angesehenen der Stadt. Es liegt ganz in Blumen.
„Er wird dein Kind auferwecken!" so rufen viele aus der Schar der weinenden Mutter zu. Ein Priester tritt aus der Kirche dem Sarg entgegen, er bemerkt mit Befremden, was vorgeht, und runzelt die Stirn.
Mit einem Klagruf wirft die Mutter des Mädchens sich Ihm zu Füßen: „Bist Du es, erwecke mein Kind!" und flehend hebt sie die Hände. Der Zug der Trauernden kommt ins Stocken. Der Sarg wird auf die Stufen gestellt, Ihm zu Füßen. Mitleid, wie nur Er es zu leiden vermag, erfüllt Seinen Blick, und über Seine Lippen kommt sanft, ganz wie in jener Zeit, jenes Talitha kumi – Mädchen, steh auf!
Das Mädchen bewegt sich, öffnet die Augen und beginnt, nachdem es sich aufgerichtet, mit fassungslosen Blicken um sich zu schauen. Es lächelt; und verwundert sieht es in seinen Händen den Strauß weißer Rosen, den man ihm mit in den Sarg gab. Im Volk Erschütterung, Aufschreie, Schluchzen.
Und da geschieht es: In diesem Augenblick geht auf dem Domplatz der Kardinal vorüber, der Großinquisitor. Ein Greis von fast neunzig Jahren, hochgewachsen, unnahbar und starr, mit welkem Gesicht und eingesunkenen Augen, in deren Tiefe es glimmt. Oh, er ist heut nicht mehr im Festtagsornat, in dem er die Nacht zuvor im Angesicht allen Volkes geprunkt, als er die Widersacher des römischen Glaubens verbrannte. Nein, zur Stunde gibt er sich in einer abgetragenen, groben Mönchskutte. In streng vorgeschriebenen Abstand folgt ihm die Schar seiner finsteren Helfer und Knechte, die „Heilige Wache".
Er verharrt, sobald er der Menschenmenge ansichtig wird, von weitem beobachtet er. Mit dem ersten Blick hat er sich ins Bild gesetzt, er hat auch gesehen, wie man den Sarg vor Seine Füße stellte und wie das Kind auferstand.
Und sein Gesicht verdüstert sich. Er bewegt die grauen, buschigen Brauen, der Funke in seinem Blick wächst zu drohendem Feuer. Er streckt den Finger aus und befiehlt der Wache, Ihn zu binden.
Und siehe: so ungeheuer ist seine Gewalt, so unterwürfig und ohne Hoffnung ihm ausgeliefert das Volk, daß die Menge vor der Wache zurückweicht und diese in jäher Grabesstille Hand an Ihn legt und Ihn fortführt. Wie ein Leib ist die

Menge, sie wirft sich zu Boden und hat die Stirne im Staub. Schweigend erteilt der Großinquisitor den Segen und geht davon.
Die Wache führt den Gefangenen in eins der engen, düsteren Gefängnisgewölbe im alten Palast des Heiligen Tribunals und schließt Ihn dort ein. Der Tag vergeht, die Nacht kommt, dunkle, glühende, atemlose Nacht – wie sie in den Sommern über Sevilla herabsinkt. Die Luft ist voll von Lorbeerduft und Duft der Orangen.
Da, in der tiefen Finsternis, tut sich das eiserne Tor des Gefängnisses auf, und der Greis, der Großinquisitor, tritt, einen Leuchter in den Händen, langsam in das Verlies.
Er ist allein, hinter ihm schließt sich die Tür. Er bleibt an der Schwelle, und lange forscht er in Seinem Antlitz, minutenlang. Unhörbar tritt er endlich an Ihn heran, stellt das Licht auf den Tisch und redet zu Ihm: „Bist du es? Du?"
Da er keine Antwort erhält, fährt er aufgebracht fort: „Schweig nur, ich bedarf deiner Antwort nicht. Was hättest du mir auch zu sagen? Sehr genau weiß ich, was du sagen würdest.
Doch du hast nicht das Recht, dem etwas anzufügen, was du schon gesagt hast, zu deiner Zeit. Wie konnte es dir einfallen, noch einmal zu erscheinen, da es für dich doch auf der Hand liegt, wieviel Beunruhigung du damit anrichtest. Denn uns zu stören, bist du gekommen, das weißt du sehr gut.
Aber ist dir auch bewußt, was morgen sein wird? Ich bin nicht im Letzten sicher, wer du in Wahrheit bist – ich will es nicht wissen. Ob du Er selbst bist oder Sein Ebenbild – jedenfalls werde ich dich morgen richten, wie den Ärgsten der Ketzer werde ich dich dem Scheiterhaufen überantworten; und das gleiche Volk, das heute deine Schuhe mit Küssen bedeckte, wird morgen, von meinem Wink eingeschüchtert, zur Richtstätte drängen, um selber die Flammen zu schüren. Bist du darüber im klaren? – Ja, du weißt es, vielleicht –", setzt er hinzu und überläßt sich seinem hintergründigen Sinnen. Nicht einen Augenblick lang wendet er vom Gefangenen das Gesicht. Der Gefangene schweigt, sieht ihn an und sagt nicht ein Wort.
„Hast du das Recht, uns das Geringste der Geheimnisse jener Welt, aus der du gekommen bist, zu offenbaren?" fragt der Greis und gibt mit demselben Atemzug an Seiner Statt die Antwort: „Nein, dieses Recht hast du nicht. Denn das hieße ein Neues hinzufügen dem, was früher von dir gesagt ist, das hieße den Menschen die Freiheit nehmen, für die du einstandest, als du noch auf Erden warst. Was auch an Neuem aus dir hervorginge, würde die Freiheit des menschlichen Glaubens in Frage stellen, denn es erschiene als Wunder. Und war dir nicht an der Freiheit ihres Glaubens schon damals, vor eineinhalb tausend Jahren, mehr gelegen als an allem andern? Warst nicht du es, der seinerzeit so oft beteuerte: ‚ICH MACHE EUCH FREI'? Nun hast du sie gesehen, diese freien Menschen!"
Nach einem höhnischen Lachen fährt er, Ihn mit strengem Blick messend, fort:

„Ja, die Sache ist uns teuer zu stehen gekommen. Aber am Ende haben wir – in deinem Namen – das Werk vollendet. Fünfzehn Jahrhunderte haben wir uns mit dieser Freiheit gequält, aber jetzt sind wir damit fertig, ein für allemal fertig. . . "

Weiter redet der Greis: „Der übermächtige Wissende Geist, der Geist der Selbstvernichtung und des Nichts, der Widersacher sprach zu dir in der Wüste, und unsere Bücher haben uns überliefert, daß er dich versuchte. War das etwa nicht so? Und wäre es möglich, Wahreres anzubieten, als was dir in jenen drei Fragen, die du verwarfst, zu Gebot stand, und was die Schriften ‚Versuchungen' nennen?

Glaube mir, wenn je auf Erden ein unzweifelhaftes, himmelaufreißendes Wunder geschah, dann an jenem Tag der Versuchungen. In der Entscheidung jener drei Fragen birgt sich das Wunder. Gesetzt den Fall, diese drei Fragen des schrecklich erhabenen Geistes wären spurlos aus den Büchern verschwunden, und es wär' not, sie neu zu fassen, um sie wieder in die Schrift einzusetzen, und man versammelte alle Weisen der Erde, Herrscher, Theologen, Gelehrte, Philosophen und Dichter, und stellte die Aufgabe: Formt drei Fragen, doch solcherart, daß sie nicht nur der bisherigen Wirklichkeit der Welt gemäß sind, sondern darüber hinaus, in drei Worten, drei allen Menschen verständlichen Sätzen die gesamte Zukunft der Erde und Menschheit ausdrücken – nichts, daran ist wohl kein Zweifel, nichts, das auch nur im entfernten heranreicht an die drei Fragen, die dir der mächtige Wissende Geist in der Wüste vorlegte, nichts Ähnliches an Tiefe und Kraft könnte menschlicher Scharfsinn ausdenken. Allein schon am Unfaßbaren der Existenz dieser Fragen mag jedem aufgehen, daß man es hier nicht mit haltlosem Menschenverstande zu tun hat, sondern mit dem Ewigen und Absoluten.

Denn in diesen drei Fragen liegt das ganze Menschheitsgeschick wie in einem Schoß, in drei Bildern ist das alte, unversöhnliche Gegeneinander innerhalb der Menschennatur eingefangen. Damals war es noch keinem erkennbar, die Zukunft lag verhüllt; heute, nach fünfzehn Jahrhunderten, sehen wir, daß in diesen drei Fragen recht geraten und vorausgesagt wurde und daß wir nicht das geringste hinzuzufügen brauchen oder zu streichen.

Entscheide selbst, wer recht hat: Du oder jener, der dich damals befragte!

Erinnere dich der ersten Frage! Dem Sinn, nicht dem Buchstaben nach hieß sie so: Du willst in die Welt treten und hast leere Hände, nur die Verheißung einer Freiheit, die von Menschen in ihrer Einfalt und angeborenen Stumpfheit nicht erfaßt werden kann, ja, die sie erschreckt; denn nichts ertragen sie schwerer, die einzelnen und die Menge, als eben bedingungslose Freiheit.

Sieh diese Steine der nackten, glühenden Wüste! Mach sie zu Brot – und die Menschheit wird hinter dir herlaufen wie eine Herde, dankbar und hörig, wenn auch immer in Angst, du könntest von ihr deine Hand zurückziehen und mit ihr dein Brot. Du aber wolltest die Menschen nicht der Freiheit berauben und verwarfst das Ansinnen. Denn wo ist noch Freiheit, entschiedest du, wenn der Gehorsam mit Broten erkauft ist? Du sagtest: DER MENSCH LEBT NICHT VOM BROT ALLEIN.

Weißt du, daß Jahrhunderte anbrechen werden, in denen die Menschheit durch den Mund ihrer Wissenschaften verkündet: Es gibt keine Sünde, kein Verbrechen – nur Hunger und solche, die hungern. Mach uns satt – dann magst du Tugend verlangen! Das werden sie auf ihre Fahnen schreiben, die sie gegen dich erheben und mit denen sie deinen Tempel zerstoßen. Anstatt deines Heiligtums wird ein neues Bauwerk entstehen: ein neuer, grauenerregender babylonischer Turm. Und wenn er auch niemals vollendet wird – gleich dem früheren –, du hättest ihn verhindern und die Leiden der Menschheit um ein Jahrtausend abkürzen können.

Was bleibt ihnen übrig, als zu uns zu kommen, nachdem sie sich tausend Jahre mit ihrem Turm abgequält? Unter die Erde werden sie sich wieder verkriechen, in Katakomben; denn wieder wird es Verfolgung und Marter geben – und uns, uns werden sie anflehen: sättigt uns! Denn die uns Brot vom Himmel versprachen, hielten nicht Wort. Und wir werden ihnen den Turm, wir, zu Ende bauen; denn der baut ihn fertig, der ihres Hungers Herr wird.

In deinem Namen, hör zu, werden wir sie sättigen, bedenkenlos werden wir lügen: In deinem Namen.

Niemals werden die Menschen ohne uns von der Qual ihres Hungers frei. Nie wird es eine Wissenschaft geben, die sie sättigt. Hunger wird sie treiben, solange sie ungebunden forschen, und so wird es damit aufhören, daß sie ihre Freiheit vor unsere Füße legen und betteln: Knechtet uns, doch macht uns satt!

Du hast ihnen Brot vom Himmel versprochen. Ich frage noch einmal: Kann sich Brot des Himmels in den Augen dieser ewig verderbten, ewig undankbaren Gattung mit Erdenbrot messen?

Das war der Sinn der ersten Versuchung der Wüste, die du im Namen der Freiheit verwarfst. Sie stand dir höher als alles. Indessen umschloß die Frage das große Geheimnis der Welt.

Hättest du die Brote genommen, die Menschen wären von ihrer ewigen Seelenmarter erlöst, von jener peinigenden Frage, die weder den einzelnen noch alle Menschheit jemals losläßt: Vor wem sich beugen?

Es gibt keine Sorge, hartnäckiger, quälender für den Menschen, solange er frei ist, als diese: Das Wesen zu suchen, vor dem er sich erniedrigen kann. Doch verlangt ihn nach etwas, dessen Anbetungswürdigkeit über jeglichen Zweifel erhaben ist, nach einem Gott, der für jeden und alle ein Gott ist. Die Besorgnis dieser kläglichen Kreaturen geht ja nicht so sehr dahin, etwas zu finden, vor dem der eine oder der andere sich neigt: sie wollen etwas, an das alle glauben, das alle zusammen ins Knie zwingt.

Auf diese Weise hast du selbst das erste zum Sturz deines Reiches getan, schieb also keinem andern die Schuld zu!

Und was alles war zu deiner Verfügung! Es gibt drei Mächte, nur drei Gewalten auf Erden, die imstande sind, für immer die Gewissen dieser erbärmlichen Anführer zu unterjochen zu ihrem Heil: Das Wunder, das Geheimnis, die Autorität. Du verwarfst die eine Macht wie die andere – auch die dritte und gabst das Beispiel.

Als der übermächtige Wissende Geist dich auf die Zinne des Tempels führte, sprach er zur dir: Wenn dich zu wissen verlangt, ob du Gottes Sohn bist, so stürz dich hinab! Von Gottes Sohn ist gesagt, daß Engel Ihn auffangen und tragen, auf daß Er sich nicht verletze. So wirst du erfahren, daß du Gottes Sohn bist, und wirst zum andern den Menschen zeigen, wie groß dein Glaube sei an den Vater im Himmel.

Du aber wiesest den Versucher von dir, du stürztest dich nicht in die Tiefe. Oh, sehr verständlich: Du handeltest stolz und großartig, ein Gott.

Aber gesteh: Sind auch Menschen, diese schwachen Geschöpfe mit Aufrührerehrgeiz, sind auch sie wie Gott? Oh, dir war wohl bewußt, daß du mit einem Schritt schon, mit der geringsten Bewegung hinabzustürzen, Gott versucht und den Glauben an ihn eingebüßt hättest. Du wärst zerschellt an der Erde, die du zu erretten kamst. Der Widersacher, der dich so klug versuchte, hätte frohlockt. Indessen frage ich nochmals: Gibt es viele wie dich? Konntest du je annehmen, daß es in Menschenvermögen läge, einer solchen Versuchung zu widerstehen? Ist der Mensch widerstandsfähig genug beschaffen seiner Natur nach, das Wunder von sich zu weisen und an den Abgründen des Lebens, in der Finsternis des Zweifels alleinzustehen mit der freien Entscheidung des Herzens?

Oh, du wußtest, daß deine Tat in den Büchern aufbewahrt werde und daß der Ruf an die Ränder der Zeit, an die Grenzen der Erde gelange. Deine Zuversicht war, daß auch der Mensch, dir nachfolgend, bei Gott ausharren würde, nicht bedürfend des Wunders. Aber du übersahst, daß der Mensch mit dem Wunder auch Gott verwirft; denn für ihn offenbart sich Gott ja im Wunder. Und da dem Menschen die Fähigkeit abgeht, ohne das Wunder gläubig zu bleiben, schafft er sich selbst seine Wunder. An die Wunder der Zauberer, die Hexerei alter Weiber wird er sich halten, mag er auch hundertmal Ketzer, Empörer und Gottloser sein.

Du bist nicht vom Kreuz gestiegen, als sie dich anschrien, dich in deiner Blöße lästernd: Steige herab vom Kreuz, mache uns glauben, daß du Gottes Sohn bist! Du hast es nicht getan, wiederum, weil du nicht durch ein Wunder die Würde ihrer freien Entscheidung gefährden wolltest und weil dich nach freiem Glauben dürstete. Du wolltest sie nicht durch ein Wunder gebannt. Dich dürstete nach freier Hingabe, nicht nach dem feigen Entzücken des Sklaven über eine Macht, die ihn außer sich bringt. Aber du stelltest zu hohe Anforderungen an die Menschen; sie sind Hörige, wenn auch als Empörer geboren. Schau um dich und urteile selbst!

Uns kam es zu, alle zu lehren, daß nicht die freie Entscheidung des Herzens

wichtig ist und nicht die Liebe, sondern nur das Geheimnis, dem blind zu vertrauen ist – auch gegen das eigene Gewissen.
So haben wir getan.
Wir haben deine Tat verbessert. Wir haben sie auf das Wunder, das Geheimnis und die Autorität gegründet.
Und die Menschen waren dessen froh, daß wir sie abermals wie eine Herde führten und daß wir aus ihren Seelen das fürchterliche Geschenk wieder stahlen, das sie so gepeinigt hat.
Waren wir nicht im Recht, als wir so lehrten und handelten, sag! Haben wir nicht Liebe zu den Menschen bewiesen, da wir in Demut ihre Schwäche erkannten, mit Nachsicht ihre Bürde erleichterten und der bedauernswerten Menschennatur in all ihrer Sündhaftigkeit unser Verstehen liehen?
Warum also bist du gekommen, um uns zu stören? Und warum blickst du mich so stumm und tief an mit deinen sanften Augen?
Zürne mir doch! Mir ist deine Liebe zuwider, ich liebe dich nicht. Warum sollte ich das vor dir verheimlichen?
Jeder von uns beiden ist im Bilde darüber, womit er es beim andern zu tun hat. Alles, was ich dir sagen werde, weißt du bereits, ich lese es in deinen Augen. Warum also *unser* Geheimnis vor dir verbergen? Vielleicht ist es dir gerade aus meinem Munde erwünscht, so hör denn: Wir sind nicht auf deiner Seite. Wir sind auf der Seite des *andern,* das ist das Geheimnis, das uns groß macht.
Geraume Zeit schon sind wir nicht mehr mit dir, sondern mit deinem Widersacher, seit acht Jahrhunderten schon. Acht Jahrhunderte sind es nun her, seit wir von ihm das nahmen, was du unwillig zurückwiesest: das letzte Pfand, das er anbot, als er vor dir alle Reiche der Erde entrollte. Wir nahmen Rom von ihm, das Schwert der Cäsaren. Wir erklärten uns zu alleinigen Herren der Welt, wenn auch unser Werk noch lang nicht erfüllt ist.
Nur der herrscht über die Erde, der den Schlüssel zum Gewissen der Menschen hat und das Brot. Wir nun nahmen das Schwert der Cäsaren, verwarfen dich und folgten dem andern nach.
Oh, noch werden Jahrhunderte hingehen, die nicht frei sind vom Unfug des ungezügelten Denkens, der Wissenschaften und des Völkermordes; denn weil sie ihren Turm von Babel ohne uns zu bauen begannen, werden sie bei der gegenseitigen Abschlachtung enden. Dann aber wird die Bestie zu uns herkriechen, wird uns die Füße lecken und sie mit blutigen Tränen benetzen. Und wir werden uns auf das Tier setzen, den Kelch erheben, auf dem geschrieben sein wird: *Geheimnis*. Dann erst, dann wird für die Menschen das Reich der Ruhe, die Zeit des Glückes beginnen.
Oh, wir werden sie überzeugen, daß nicht der geringste Anlaß zum Stolz ist. Du hast sie gelehrt, Großes von sich zu halten. Wir werden ihnen beweisen, daß sie bedauernswert seien, hilflose Kinder; daß aber Kinderglück süßer sei denn jegliches andere. Sie werden uns bewundern und zu uns aufblicken mit dem Ge-

fühl der Unmündigkeit, Unterschlupf werden sie suchen wie Küken unter den Flügeln der Henne. Sie werden uns anstaunen, furchtsam, und doch sich noch etwas einbilden darauf, daß wir, ihre Beschützer, so mächtig sind und klug genug, die aufsässige, tausendmillionenköpfige Herde zu pferchen. Ohnmächtig werden sie zittern vor unserem Grimm, ihr Geist wird verzagen, ihre Augen werden von Tränen übergehen wie die Augen von Weibern und Waisen.
Aber ebenso leicht wird ein Wink von uns sie zur Heiterkeit führen, zum Lachen, zu ungetrübter Freude und zu glückseligem Treiben, das sie alle Sorgen vergessen läßt. Gewiß, auch wir werden sie zur Arbeit zwingen; aber die Freizeit werden wir ihnen gestalten mit harmlosen Liedern, Chören und Tänzen.
Oh, wir werden erlauben zu sündigen; denn sie sind für Sünde anfällig und schwach. Und sie werden uns lieben wie Kinder, dafür, daß wir ihnen die Sünde nicht übelnehmen. Wir werden ihnen sagen, daß man sich loskaufen kann von der Sünde, von jeder, wenn sie nur mit unsrer Erlaubnis geschah. Weil wir sie lieben, stellen wir ihnen anheim zu sündigen. Wir nehmen die Strafe auf uns. Wir laden sie auf unsre Schultern, und alle werden uns drum benedeien: als ihre Wohltäter, die vor Gott die Schuld auf sich nahmen. Kein Geheimes werden sie haben vor uns. Wir werden ihnen gestatten oder verbieten, mit Weibern zu leben oder mit Geliebten Kinder zu haben oder nicht zu haben, je nach Gehorsam.
Sie werden sich unserm Willen mit Wollust ergeben. Die quälendsten Fragen ihres Gewissens werden sie vor uns bringen, wir werden sie davon entbinden, und sie werden frohen Herzens unsere Meinung annehmen, weil sie das erlöst von großen Sorgen und von der immerwährenden Qual der persönlichen, rückhaltlosen Entscheidung.
Alle werden sie glücklich, die Abermillionen – nur wir nicht, die Hunderttausend, die über sie herrschen. Nur wir, die Hüter des Grals, werden verdammt sein. Aber Millionen glückliche Menschenkinder wird es geben und nur hunderttausend Märtyrer jener verfluchten Erkenntnis von Gut und Böse. Jene werden in Frieden sterben, klaglos werden sie in deinem Namen verlöschen; und werden hinter dem Sterben nichts finden als Tod. Wir aber werden zu ihrem Glück das Geheimnis bewahren und sie täuschen mit dem Versprechen himmlischen, ewigen Lohnes. Denn selbst wenn dort etwas wäre, so wäre jene Welt nicht für solche wie sie.
Wisse: Ich bin ohne Schrecken vor dir.
Wisse: Ich war in der Wüste, auch ich, und habe von Heuschrecken und von Wurzeln gelebt und habe mich für die Freiheit verzehrt, die du der Menschheit gebracht hast. Ich habe mich vorbereitet, in den Kreis deiner Erwählten zu treten, zur Zahl der Mächtigen in deinem Geist – ich kannte nur einen Durst: die Zahl zu ergänzen. Doch ich bin erwacht, willens, dem Wahnsinn nicht länger zu dienen. Ich bin umgekehrt und trat in die Schar derer, die es auf sich nehmen, deine Tat zu verbessern. Ich kehrte den Stolzen den Rücken und wendete mich

den Demütigen zu voll Besorgnis für deren Heil. Das, was ich zu dir gesagt habe, wird sich erfüllen; uns wird das Reich einst zukommen.
Ich wiederhole vor dir: Morgen schon wirst du diese gehorsame Herde sehen, auf meinen ersten Wink werden sie hinstürzen zum Scheiterhaufen, die Glut zu schüren. Auf ihm werde ich dich verbrennen, denn du bist gekommen, um uns zu stören. Wenn einer vor allen andern unsere Flamme verdient: Du bist es. Morgen werde ich dich verbrennen. Dixi."
Nachdem der Großinquisitor verstummt ist, wartet er einige Zeit, daß der Gefangene antworte. Sein Schweigen wird für ihn lastend. Er hat gesehen, wie der Gefangene die ganze Zeit ihm zuhörte, innig und tief und gerade in seine Augen blickend, ohne den Hauch eines Wunsches, ihm zu erwidern. Der Greis aber will, daß jener nun etwas sage, wenn auch ein bitteres oder ein furchtbares Wort. Und da nähert Er sich mit einemmal schweigend dem Greis und küßt ihn still auf die blutleeren, neunzigjährigen Lippen. Das ist seine Antwort.
Der Greis erbebt. Seine Mundwinkel gehorchen ihm nicht mehr. Er geht zur Tür, öffnet sie und sagt zu Ihm: „Geh! Geh fort, und komm niemals wieder, nie wieder, nie."
Und er weist Ihn aus, hinaus auf die stummen Plätze der Stadt.
Der Gefangene geht...
Und der Greis?
In seinem Herzen brennt nun der Kuß, auch wenn der Großinquisitor ausharrt bei seiner Idee.

→ *Matthäus 4,1-11*
Markus 1,12-13
Lukas 4,1-13

Fjodor M. Dostojewskij

32. Pilatus

Wie die schweren Eisentüren geöffnet wurden, die seinem Throne am andern Ende des Saales gegenüberlagen, und wie sich ihm aus den offenen Riesenmäulern die Menge entgegengoß, mühsam nur von den Legionären zurückgehalten, welche die Hände zu einer Kette geschlossen hatten und sich mit dem Rücken gegen die Rasenden stemmten, erkannte er, daß der Mensch, der ihm vom Pöbel wie ein Schild entgegengeschoben wurde, niemand anders war als ein Gott; doch wagte er ihn nicht ein zweites Mal mit seinem Blick zu streifen, weil er sich fürchtete. Auch hoffte er Zeit zu gewinnen, indem er den Anblick des Gottes mied, um sich mit seiner schrecklichen Lage vertraut zu machen. Er war sich im klaren, daß er durch die Erscheinung des Gottes vor allen Menschen ausgezeichnet worden war, ohne aber die Bedrohung zu übersehen, die in einer solchen Auszeichnung liegen mußte. Er ließ daher seinen Blick über die Waffen der Legionäre gleiten, prüfte, wie er gewohnt war, die Sturmbänder, die ihnen hart unter dem Kinn lagen, den Zustand der Waffen, die Zuverlässigkeit der Bewegungen und die Festigkeit der Muskeln, um dann mit einem schrägen Blick nach der Menge zu sehen, die erstarrte und sich zu einer unbeweglichen Masse verdichtete, nun lautlos im Raume, an deren Spitze, von hundert Händen gierig umklammert, der Gott ruhig verharrte, den er jedoch noch immer anzusehen vermied. Er senkte vielmehr die Augen auf eine Rolle, die über seine Knie gebreitet war und einen Erlaß des Kaisers enthielt. Er begann nachzudenken, was ihn verhinderte, den Gott vor allem Volk zu ehren. Es wurde ihm der Augenblick deutlich, da ihn der Gott mit seinem Blick getroffen hatte. Er erinnerte sich, dessen Blick gesehen zu haben, als die Türe, durch die sie den Gott brachten, kaum geöffnet worden war, und daß er nur diese Augen gesehen hatte und nichts außerdem. Sie waren nicht anders gewesen als Menschenaugen, nicht mächtiger oder von solchem Licht, das er an griechischen Götterbildern bewunderte. Auch lag nicht die Verachtung in ihnen, welche die Götter gegen die Menschen hegen, wenn sie auf Erden wandeln, ganze Geschlechter zu vernichten, doch auch nicht jene Auflehnung, die er in den Augen der Verbrecher glimmen sah, wenn sie vor ihn gebracht wurden, bei Rebellen wider das Reich oder bei Narren, die lachend starben. Es lag eine bedingungslose Unterwerfung in diesen Augen, die aber eine heimtückische Verstellung sein mußte, weil dadurch die Grenze zwischen Gott und Mensch aufgehoben und so Gott Mensch und Mensch Gott geworden wäre. Er glaubte daher nicht an die Demut des Gottes, und dessen menschliche Gestalt war ihm eine List, die Menschheit zu versuchen. Vor allem war es ihm wichtig zu erfahren, wie sein Verhalten den Gott berührt hatte; denn ihn bewegte die Einsicht, dem Gott gegenüber handeln zu müssen. Ihn verwirrte die Angst, den entscheidenden Augenblick durch die Bewegung des Auges nach unten zu der ausgebreiteten Rolle hin verloren zu haben, weil darin für den Gott eine Mißachtung liegen konnte. Er hielt es daher für das Beste, in den Gesichtern seiner Soldaten nach Anzeichen zu forschen, die auf einen solchen Argwohn hätten schließen lassen. Er schaute scheinbar abwesend auf, bedächtig, ohne sich zu beeilen und ohne seine Furcht zu verraten, so daß er nach den Legionären wie mit Befremden sah, als wüßte er nicht, warum sie in diesem Raume wären. Er konnte jedoch nichts entdecken, das ihn beunruhigte, aber auch nichts, das seinen Argwohn hätte nehmen können; denn er sagte sich sogleich, daß die Legionäre ihre Gedanken zu verbergen wußten; doch war es wieder möglich, daß es ihnen gleichgültig war, wie er sich dem Gott gegenüber benahm, da sie diesen nicht erkannt hatten. So unternahm er es, zum zweiten Male nach der Menge zu sehen, die unter seinem Blick zusammenzuckte. Er sah die Vordersten zurückschrecken, so daß die Menge in der Mitte zusammengedrängt wurde, da gleichzeitig die Hintersten, aus Gier, seinen Blick zu deuten, die Leiber nach vorne schoben. Die Gesichter lagen nackt vor ihm, und weil der Haß sie trieb, schienen sie ihm von einer Häßlichkeit, die ihn ekelte. Er überlegte, ob er nicht den Legionären befehlen solle, die Türen zu schließen, um dann von allen Seiten mit bloßen Waffen in die Menge schlagen zu lassen; doch fürchtete er sich, dies vor einem Gott zu tun. Das Rasen der Menge aber und die Wut, mit der sie den Gott umklammert hielt, gaben ihm die Gewißheit, daß die Menschen von ihm den Tod des Gottes fordern würden, worauf er sein Antlitz unwillkürlich nach dem Gefesselten wandte, obschon eine übergroße Furcht in ihm war, den Augen des Gottes zum zweiten Mal zu begegnen. Die Erscheinung war jedoch derart, daß er den Blick lange auf sie gerichtet hielt. Der Gott war nicht von großem Wuchs, und seine Gestalt war die eines unscheinbaren Menschen. Die Hände waren nach vorne gebunden und blau aufgetrieben. Die Kleider lagen ihm zerfetzt und schmutzig am Leib, so daß an vielen Stellen die Haut zu sehen war, über die rote Striemen liefen. Er sah, daß diese Gestalt des Gottes die grausamste war, die den Menschen täuschen konnte, und daß es dem Gott nur in einem unvorstellbaren Haß hatte einfallen können, in dieser niedrigen Maske zu erscheinen. Was ihn jedoch am meisten entsetzte, war, daß der Gott es unterließ, ihn aufs neue anzuschauen; denn er fürchtete sich zwar vor seinem Blick, aber der Gedanke, der Gott mißachte ihn, war ihm unerträglich. Der Gott hielt das Haupt gesenkt, auch waren seine Wangen bleich und eingefallen, und eine große Trauer schien sich über sein Antlitz ergossen zu haben. Die Augen schauten in sich gekehrt, als wäre alles weit entfernt von ihm, die Menge, die ihn umklammert hielt, die Soldaten in ihren Waffen, aber auch der, welcher vor ihm auf dem Richterstuhle saß und welcher der einzige war, der die Wahrheit erkannt hatte. Er wünschte, die Zeit möchte sich zurückdrehen und der Gott ihn anblicken, wie damals, als sich die Tore geöffnet hatten, und er wußte, daß er dann vor ihm niedersinken würde, laut schreiend und betend, um ihn vor den Legionären und allem Volk Gott zu nennen. Wie er jedoch sah, daß sich der Gott nicht mehr um ihn kümmerte, verkrampfte er die Hände, als wolle er die Rolle auf seinen Knien zerreißen. Er wußte nun, daß der Gott gekommen war, ihn zu töten. So geschah es, daß er in seinen Thron zurückfiel, das Antlitz mit kaltem Schweiß bedeckt, indem die Rolle aus seinen Händen dem Gott vor die Füße sank. Doch als er das Gesicht des Legaten sah, das sich ihm entgegenneigte, gelangweilt und müde, gab er den Befehl mit leiser Stimme, als handle es sich um etwas Nebensächliches, worauf er sich zu einem Präfekten wandte, eben aus Galiläa zurückgekehrt, den er zu sich winkte, während der Befehl vom Legat mit gleichgültiger Stimme laut wiederholt wurde, um dann, wie der Präfekt ihm noch berichtete, der Menge nachzusehen, die sich murrend durch die offenen Türen des Hintergrundes verzog: Aber den Gott sah er nicht mehr, so sehr umgaben ihn die Menschen als ihr Geheimnis.

Die Türen waren nun wieder geschlossen und der Saal vor ihm öde. Er gab ein Zeichen, daß ihn alle verlassen sollten. Er lehnte sich zurück und schaute auf die Rolle nieder, die sein Fuß leise berührte. Seine Hände hielten das Ende der Lehne ruhig umfaßt, und er horchte mit leichtgeneigtem Haupt, wie sich die Offiziere entfernten; nur ein Sklave blieb zurück. Dann ließ er seine Augen aufmerksam über den Saal gleiten, mißtrauisch, als gelte es, die Spuren des Gottes zu entdecken. Er sah die mächtigen Wände, die ohne Schönheit waren und ohne Gliederung, die ehernen Flächen der Türen, durch welche die Menge den Gott davongetragen hatte, bemalt mit seltsamen Ornamenten von einem grellen Rot. In ihm war eine große Ruhe, die er vorher nie gekannt hatte. Die Furcht lähmte ihn. Sie war überall, in ihm und im schweren Lasten der Mauern. Er erhob sich und ging am Sklaven vorbei. Er verließ den Turm durch einen schmalen Gang und betrat den Hof. Auf den Ecktürmen und den hohen Mauern hoben sich einige Legionäre gegen den tiefblauen Himmel ab. Der Steinboden leuchtete in der Sonne. Er schien sich durch Feuer zu bewegen, wie er den Hof überquerte, so sehr umgab ihn das Licht. Er schritt auf das Hauptgebäude zu, das sich als ein plumper, gleißender Würfel vor ihm erhob und betrat die Halle. Dann stieg er die Treppe empor, die dem Eingang gegenüberlag und nach oben in ein Gewirr von kleinen Zimmern mit durchbrochenen Wänden und hochgelegenen Fenstern führte, die schmal und vergittert waren und durch die das Licht des Nachmittags nur schwach flutete. Die Wände waren kahl, denn er wohnte selten in der Hauptstadt des verhaßten Landes; doch war der Boden mit Teppichen und Kissen bedeckt. Im größten Zimmer wartete der Legat, der sich schon gelagert hatte. Er setzte sich zum Offizier, doch berührte er die Speisen nicht und trank nur wenig Wein. Er gab dem Legat ruhig Antwort und hörte dem Gespräch zu. Er war im geheimen begierig, die Rede auf den Gott zu lenken; doch scheute er sich, weil er dem Legat mißtraute, so daß er lauernd auf ihn sah. Er fing an, bestimmte Fragen über das Heer zu stellen, was den Offizier verwirrte; denn das Gespräch nahm unerwartet eine Wendung ins Sachliche. So konnte er im Geist wie aus einem Versteck mit äußerster Klarheit jeden Moment seiner Begegnung mit dem Gott wiederholen. Er glaubte nicht recht, daß Herodes den Gott behalten würde, denn er ahnte, daß es ihm allein bestimmt war, die Wahrheit zu wissen. Er fürchtete, daß der Gott zu ihm zurückkehren würde, weil er zu ihm gekommen war und sonst zu niemand anderem, und er fühlte eine seltsame Begierde, daß dieser Augenblick schon erfüllt wäre. Der Abgrund zwischen Mensch und Gott war unendlich gewesen, und nun, wie der Gott diesen Abgrund überbrückt hatte, und Mensch geworden war, mußte er an Gott zu

Grunde gehen und an ihm zerschmettern, wie einer, den die Welle an eine Klippe schleudert.

Wie nun der Bote kam, der ihm anzeigte, daß der Gott, von Herodes geschickt, gefesselt vor der Burg wieder eingetroffen sei, vom Toben der Menge begleitet, gab er den Befehl, den Gott ins Innere der Burg zu schaffen, um ihn von der Menge zu trennen, worauf er die Zeit abwartete, die die Legionäre brauchten, um den Gott in die Halle des Hauptgebäudes zu führen. Dann erhob er sich und schritt an der Kaiserbüste nahe der Türe vorbei, indem er nach seiner Gewohnheit den Blick auf dem Marmor weilen ließ, der still als ein fremdes, bekränztes Haupt vor ihm schwebte, das sich im Dunkeln verlor. Er ging durch den langen Gang, der zur Treppe führte, an dessen Wänden Legionäre standen. Die Gestalten lösten sich aus den Schatten, grell in den Flammen der Fackeln, die hier schon angezündet waren, so daß ein flackerndes Licht auf den Männern lag, das sich in immer neuen Wellen gelb und rot gegen die eisenbeschlagenen Schilder warf. Er schritt auf den Ausgang zu, der sich seinem Auge als ein helles Rechteck bot, von wo er in die Halle hinunterblicken konnte, und wieder sah er in der Erinnerung den Blick des Gottes. Einen Augenblick schien er zu zögern; doch machte er darauf so entschlossen die wenigen Schritte, daß er die Speere der Legionäre heftig zur Seite drängte, und trat in den hellen Raum der Halle hinaus. Er blickte mit einer kurzen Wendung des Kopfes nach unten. Er sah mit Grauen Legionäre, in deren Augen eben noch der Spott geleuchtet hatte. Der Gott stand bewegungslos zwischen ihnen. Seine Hände waren immer noch gefesselt, doch hing nun von seinen Schultern ein weißer Mantel herab, mit Menschenkot beschmutzt. Er sah die Verhöhnung des Gottes, aber auch, daß dies seine Schuld war, da er ja den Gott zu Herodes geschickt hatte. So sah er bestätigt, daß alles auf seine Verdammnis hinauslief, was er zu seiner Rettung unternommen hatte, und ging daher den Weg wieder zurück, ohne sich vorerst weiter um den Gott zu kümmern.

Die Geißelung des Gottes hatte er für die Zeit der dritten Nachtwache befohlen, doch ging er schon vorher nach der bestimmten Stelle zwischen dem Hauptgebäude und dem Turm, der diesem am nächsten lag. Der Tag war heiß gewesen unter der glühenden Sonne, die über den wolkenlosen Himmel gerollt war und über den Hof unter ihr; nun aber war die Nacht über allem, noch ohne Mond, nur vom stechenden Feuer der Sterne durchbrochen, so daß es schien, als wäre die Welt nichts anderes, als die lichtlosen Flächen dieser Mauern und dieser Türme, die wie Rammpfähle in den Himmel gesenkt waren, ein Raum, der unermeßlich an Tiefe war und dennoch mit einer festen und bestimmten Zahl der Schritte zu durchmessen. Er gelangte zum Pfahl, den er für den Gott bestimmt hatte und der steil aus dem Boden in die Nacht ragte, kaum von der Fackel erhellt, die ein Sklave emporhielt. Wie er mit den Händen das Holz umfaßte, spürte er Nägel und Sprießen, die ihm die Haut ritzten, so daß er blutete. Dann wandte er sich zur Mauer des Hauptgebäudes, wo am Eingang einer kleinen Nebenpforte ein Sessel stand, und hieß den Sklaven die Fackel löschen, wie er sich niedergelassen hatte, da er schon die Schritte der Legionäre zu hören meinte; doch ging es noch einige Zeit, bis die Stimmen herüberhallten. An der Burgmauer, die ihm schräg gegenüberlag, machte sich ein schwacher Widerschein der fernen Fackel bemerkbar, der sich vor seinen weitgeöffneten Augen verstärkte, und endlich sah er die Mauern so grell erleuchtet, daß sich die riesigen Quadern scharf abzeichneten. Der Pfahl hob sich überdeutlich von der Burgmauer ab, so daß sein Schatten pfeilgerade über den Boden lief, worauf er an der Mauer jäh abbrach, um steil über die Wand nach oben in die Unendlichkeit der Nacht zu tauchen, wobei er aber, da sich die Fackeln näher bewegten, wie der irre Zeiger einer ungeheuren Uhr hin und her schwankte. Über die erhellte Fläche des Bodens schob sich eine dunkle Masse auf den Pfahl zu und verbreitete sich nach allen Seiten, wuchs dann hinein in den Raum, als ein dichtes Gemisch von unförmigen Köpfen, wildfuchtelnden Helmbüschen und verkrampften Händen, und endlich traten vor seine Augen die Legionäre: eine wilde Zusammenballung der Leiber und Waffen, unter ihnen solche, die Fackeln weit in die Nacht hinein hielten; auch ertönten Gelächter und Schreie, da niemand von dem wußte, der unbeweglich in seinem Sessel verharrte, kaum daß er den schweren Atem der Sklaven hinter sich spürte. Mitten unter den Legionären aber mußte, ihm unsichtbar, der Gott schreiten, indem sich dort alles zu einem Wirbel verdichtete; doch bemerkte sein scharfes Auge, wie sich in hartem Schlag Schwertknäufe und Fäuste dorthin senkten, so daß der Zug manchmal stille stand, weil alles nach innen drängte, zuschlug, um sich dann mit schrillem Gelächter zu lockern, worauf die Menschen wieder dem Pfahl zueilten, den die Menge, wie sie ihn erreicht hatte, umringte: Sie waren jedoch so zahlreich, daß er den Gott nicht erkennen konnte. Ein Legionär erkletterte den Pfahl und befestigte die Fackeln im Kreis um die Spitze des Stammes, worauf er ein Seil hinunterwarf, um dann mitten in die Menge zu springen, die sich nun mit lautem Schrei jäh um den Pfahl ballte, sich fürchterlich staute, von den Fackeln über ihnen grell und phantastisch beschienen, so daß die Schatten nach allen Seiten von Menschenhaufen strebten, wie die Blätter einer seltsamen und ungeheuren Blume, die sich plötzlich geöffnet hat. Dann aber strömte die Menge auseinander und löste sich in einzelne auf, die aus dem Licht der Feuerkrone eilten, um sich im Dunkeln niederzulassen, einige so nahe bei ihm, daß seine Füße sie fast berührten. Er saß jedoch ohne Regung und ohne dies zu bemerken; denn furchtbar zeigte sich nun seinem Auge Gott. Er war nackt und die halberhobenen Hände waren vom Seil umschlungen, das schräg angespannt von ihrer Schwere am Pfahl herunterhing. Der Gott stand ein wenig vom Stamm entfernt, einsam an diesem Holz und unter dem tiefdunkeln und doch feurigen Himmel, voll sichtbar im Licht, das ihn wie ein Rad umgab, so daß er in diesen Kreis gebannt war und ein Bild der Macht dessen bot, der unbeweglich in der Finsternis des Seitenportals dem Gott gegenübersaß. Der Schatten des Gottes jedoch wuchs aus dem Lichtkreis der Fackeln heraus mitten in sein Herz, so daß alles, was nun geschah, sich zwischen ihm und dem Gott abspielte; denn alle Dinge, die Legionäre und das Brennen der Fackeln, der Pfahl, der in den Himmel gereckt war, die strengen Quadern der Mauern, die harte Fläche des Bodens, das leise Atmen der Sklaven und die Feuermassen der Gestirne, waren nur da, weil Gott da war und er und nichts anderes, und waren da, weil es zwischen Gott und Menschen keine Verständigung gibt als den Tod, und keine Gnade als den Fluch, und keine andere Liebe als den Haß. Und wie er das gedacht hatte, erhoben sich die Legionäre in der Nacht, von der sie gedeckt wurden, wenige nur von ihnen, und traten von allen Seiten mit nackten Oberkörpern gegen den Gott: einige grell beschienen, und andere nur als Silhouetten sichtbar. In ihren Händen bewegten sich die Peitschen gleich Schlangen, umglitten spielend die mächtigen Arme, glitten dann zuckend leicht über den Boden als grausame Tiere mit unförmigen Köpfen aus Blei. Die Männer umschritten den Gott wie zum Tanz, berührten wie zum Spiel mit den schmalen Peitschen seinen Leib, um dann plötzlich in rasender Wut auf ihn einzuhauen, worauf sich die bleiernen Köpfe tief in den Leib des Gottes gruben, so daß sein Blut aus dem Fleisch brach, was ihn, der ruhig gesessen, mit unendlicher Qual erfüllte, da er im geheimen erwartet hatte, die Peitschen würden am Gott wie an Marmor abgleiten. Nun aber sah er, wie der Gott zusammensank, von den furchtbaren Schlägen der Legionäre getroffen, so daß die Füße über den Boden schleiften, weil die Hände durch das Seil weit nach oben gerissen und der Leib von der Wucht der Peitschen im Kreise herumgeworfen wurde, immer wieder von den pfeifenden Hieben der Legionäre getroffen, die halb nackt den Gott umtanzten, um von allen Seiten auf ihn einzuschlagen, vom flackernden Licht der Fackeln übergossen, welches die Schatten gespenstisch auf den steinernen Boden warf, der wie ein Spiegel war, wie dünnes Eis über ein bodenloses Meer gespannt. Dann aber ließen sie, wie der Leib leblos hing, mit starren Gesichtern vom Gott; denn müde lagen die Peitschen in ihren Händen, und langsam verschwanden die Menschen in der Nacht, so daß er allein dem Gott gegenüber zurückblieb, während ungeordnet die Schritte der Legionäre verhallten. Die Fackeln brannten nun ruhiger; doch waren sie dem Erlöschen nahe, und Pech tropfte auf den blutigen Leib, der sich um das Holz des Pfahles schlang. Da geschah es, daß er sich von seinem Sessel erhob und langsam zum Gott trat. Er trat so nahe zu ihm, daß er ihn hätte berühren können; auch sah er den nackten Leib des Gottes mit größter Deutlichkeit. Der Leib war nicht schön; denn die Haut war welk und aufgerissen; auch zeigten sich tiefe Wunden, von denen einige eiterten, und alles war blutüberströmt. Das Gesicht des Gottes aber sah er nicht, weil es zwischen den Armen hing. Wie er jedoch diesen Leib sah, der entstellt war und häßlich, wie jeder gefolterte Menschenleib, und wie er dennoch in jeder Wunde und in jeder Schürfung des Fleisches den Gott erkannte, ging er stöhnend in die Nacht, während hinter ihm über dem Gott die Fackeln erloschen.

Zusammengekrümmt wie ein Tier vor Entsetzen lag er irgendwo ohne Schlaf zwischen den kahlen Wänden seiner Gemächer, an denen sich die Flamme der Öllampe spiegelte. Er lebte versunken im Grauen seiner Seele dahin, einsam unter den Menschen und undurchdringlich denen, die an seinem Auge vorüberzogen, ohne ihn zu bewegen, wie einer, der in Winternächten Menschen gehen sieht, schemenhaft im Lichte des Mondes. Einsam irrten seine Hände über die Muster der Teppiche, verkrallten sich in die Kissen oder faßten zitternd den Kelch, in dem der Wein lag. Auch mochte es geschehen, daß sein Blick schräg und seltsam zum Gesicht des Kaisers glitt, das weiß im Dunkel war, mit Lippen, die zu lächeln schienen, unwirklich, wie Tote zwischen ihren Gräbern lächeln, und verloren in der Dämmerung. Dann schaute er stumm nach dem Sklaven, der sich vor seinem Blick abwandte, in welchem geisterhaft ein fremder Neid glomm. Am Morgen jedoch ließ er beim ersten Strahl der Sonne Flötenspieler kommen, und eintönig drang die Melodie an sein Ohr; doch vermochte ihn nichts zu bewegen, weil der Anblick des Gottes seinen Geist nicht mehr verlassen hatte.
Er versuchte nun, sich auf Kosten der Menge zu entlasten, da es ihm nicht gelungen war, den Gott zum Handeln zu zwingen. Der Ort, den er seinem Unternehmen bestimmte, war die Treppe, die zum großen Portal des Hauptgebäudes führte, und die Zeit der frühe Morgen, der jenem Tage folgte, an dem er dem Gott zuerst begegnet war, wie sich denn alles in wenigen Tagen abspielte. Die Treppe und das Hauptportal lagen im Schatten, der sich als schmales Band dem Hauptgebäude entlang über einen kleinen Teil des Platzes und der Menge legte. Die Menschen, die während der Nacht Spottlieder über den Gott gesungen hatten, waren schon früh vor den Toren der Burg erschienen und hatten sich wild schreiend in das Innere des Hofes ergossen, dessen weite Fläche sie nun füllten, gleichgültig darüber, daß sie in der Gewalt der Legionäre waren, die das Volk mit bloßen Waffen umringten. Als er daher von seinen Gemächern die Halle erreicht hatte, sah er durch das geöffnete Tor den Gott und Barabbas schon vor der Menge stehen, ein wenig erhöht, wie er es befohlen; doch schritt er ruhig aus der Dämmerung des Saales und trat unvermutet so mächtig in seinem weißen Mantel zwischen den Gott und den Verbrecher, daß der Pöbel unter seinem Blick versteinerte. Er sah gleichgültig auf die Menschen, die sich endlos vor ihm ausbreiteten, mit Köpfen, in denen die roten Augen wie rostige Nägel waren und schwarze Zungen schwer und unförmig zwischen gelben Zähnen lagen. Es war, als hätte die Menge nur ein Gesicht, welches das Gesicht aller Menschen zugleich war, ein ungeheures, drohendes Antlitz, dem die furchtbare Stille entströmte, die sich auf die Dinge gesenkt hatte, das sich nun dem Gott und dem Verbrecher gegenübergestellt sah, der Wahrheit und der Gewalt, und

das nun mit einem einzigen gellen Schrei den Tod des Gottes forderte. Wie nun der Gott dies alles duldete, befahl er einem Sklaven, eine Schale mit Wasser zu bringen, in der er zum Zeichen seiner Unschuld die Hände wusch, ohne sich weiter um die tobende Menge zu kümmern; als er sich jedoch wandte und so das stumme Antlitz des Gottes sah, wußte er, daß ihn die Menge nicht entlasten konnte, da er allein die Wahrheit kannte. So war er gezwungen, eine Grausamkeit um die andere an Gott zu begehen, weil der die Wahrheit wußte, ohne sie zu verstehen, und er barg sein Gesicht in die Hände, die noch vom Wasser der Schale trieften.

Von nun an war es ihm, als würde er sich als ein Toter unter Toten bewegen. Er überprüfte die Vorarbeiten zur Kreuzigung und schaute zu, wie die Legionäre den Gott verspotteten. Er stand mit ruhigen Augen vor dem Gott, die gleichgültig an ihm hafteten; auch ließ er zu, daß dem Gott eine Dornenkrone aufgesetzt wurde. Dann ließ er sich das Kreuz zeigen und befahl, das ungehobelte Holz vor ihm aufzurichten, worauf seine Hände sorgfältig über die Rinde fuhren. Wie er die Legionäre ausgewählt hatte, sah er dem Züge nach, bis die Menschen im Burgtor verschwanden, die den Gott mit sich schleppten, der, unter das riesige Kreuz gepreßt, mitten in der Truppe hin und her wankte. Er wandte sich, ohne das Kind eines Sklaven zu beachten, das winselnd über den Hof dorthin lief, wo der Gott im Torbogen verschwunden war. Er kehrte in seine Gemächer zurück und ließ sich ein Mahl bereiten. Er lag unbeweglich am Tisch und hörte das Spiel lydischer Musikanten wie von ferne, die mit dicken Backen bliesen, während es jenseits der schweren Mauern, die seine Gemächer umschlossen, Nacht wurde. Die Sonne verfinsterte sich. Der Himmel wurde zu Stein, so daß die Menschen im Raume aufschreckten. Die Musikanten bewegten die Flöten von ihren bleichen Lippen und starrten mit großen, runden Augen nach den vergitterten Fenstern. Mitten im Himmel stand unbeweglich die tote Sonne ohne Licht in einer glanzlosen Fläche als ein riesenhafter Ball, der mit tiefen Löchern bedeckt war. Auch erfolgte ein Erdstoß, der alles übereinanderwarf, so daß sich die Menschen laut schreiend an die Erde preßten. Er wußte, daß nun der Gott mit schrecklichen Wundertaten vom Kreuz gestiegen war, um endlich seine Rache zu vollziehen. Er erhob sich und ging hinaus. Er ließ sein Pferd bringen und ritt mit wenigen Begleitern hinweg. Die Pferde waren scheu, als wären sie in großer Angst. Die Straßen der Stadt waren leer, hineingesenkt in eine zerstörte Erde, auf der ein Himmel lastete, in welchem es keinen Tag und keine Nacht mehr gab. Die Gesichter seiner Begleiter waren fahl und die Helme wie Schneckenhäuser auf den kahlen Köpfen, in denen die Augen ohne Licht steckten. Auch erschrak er, als er seine Hände sah; denn sie waren wie fremde Spinnen, die sich um die Zügel seines Pferdes schlossen. Sie ritten aus der Stadt gegen den Hügel, auf dem die Kreuze standen. Sie kamen an Menschen vorbei, die mit angezogenen Knien am Wege hockten und laut und schnell sinnlose Worte sagten. Einige warfen sich vor die Rosse, doch ohne Schrei, worauf sie zerstampft von den Hufen liegen blieben. Die Palmen waren in der Mitte geknickt und die Ölbäume zerfetzt. Die Gräben in den Felsen waren weit offen, so daß die Leichen heraushingen und die beinernen Hände wie Fahnen in der milchigen Luft waren. Scharen von Aussätzigen wankten in flatternden Mänteln wie schwarze Vögel heran, und ihre Stimmen wehten wie schrille Pfiffe vorüber. Der Pfad stieg die Felsen hinauf. Er war mit zerschmetterten Selbstmördern bedeckt, die sich von den Klippen geworfen hatten. Die Pferde wurden unruhiger, je näher sie der Stätte kamen, wo die Kreuze aufgerichtet waren, mit dem mittleren des Gottes, das leer und kahl in den Himmel ragen mußte, an das sich vielleicht der Gott selbst lehnte, nackt und schön, laut lachend, um den zu zerreißen, der nun herantritt. Noch immer stand die Sonne ausgebrannt und ohne Bewegung im Zenit, als gäbe es keine Zeit mehr. Auch hatte die Finsternis zugenommen, so daß er fast an das Kreuz prallte, das sich vor ihm steil in die Nacht hob, und nur mühsam stellte er fest, daß es das Kreuz Gottes war. Schon wollte er sich abwenden, um weiter zu suchen; wie aber im Osten riesenhaft ein grüner Komet heraufzog, sah er, daß dieses Kreuz nicht verlassen war, wie er geglaubt hatte. Es waren die Füße, die er zuerst erblickte. Sie waren von einem Nagel durchbohrt, und wie sein Blick hinaufglitt, bog sich der Leib schwer mit langgezogenen Armen herab, die wild in den Himmel gereckt waren, und gerade über seinem Gesicht hing das tote Antlitz des Gottes.

Als aber nach drei Tagen der Bote früh am Morgen zu ihm gekommen war, der ihm gemeldet hatte, daß der Gott sein Grab in der Nacht verlassen, so daß dieses leer aufgefunden worden sei, ritt er sogleich dorthin und schaute lange in die Höhle. Sie war leer, und der schwere Stein, der sie bedeckt hatte, lag zerbrochen auf der Erde. Langsam wandte er sich. Ein Sklave aber stand hinter ihm, und der sah dann des Pilatus Gesicht: Unermeßlich war es wie eine Landschaft des Todes vor ihm ausgebreitet, fahl im frühen Lichte des Morgens, und wie sich die beiden Augen öffneten, waren sie kalt.

→ *Lukas 23*

Friedrich Dürrenmatt

33. Barabbas

Er stammte aus Bethabara im Lande der Gazarener. Sein schwarzer Bart war üppig und wirr, seine treuherzigen Augen glichen denen eines Tieres, und er führte den Namen Barabbas. Die Heiligen Bücher waren ihm nichts Unbekanntes. Er war mildtätig und ließ es an Respekt gegenüber der Obrigkeit nicht fehlen. Den Sabbat hielt er inne, und er wußte, daß Jahwe gar schrecklich war, daß er viele Hände und an jedem Finger eine Strafe hatte.

Es war Mittag. Müde strich der Wind über den Hof dahin und drang bis hinter die Gitter des Kerkers. Ein unangenehmer, nicht näher zu bestimmender Geruch erfüllte die Luft. Dicht gedrängt war hier eine Menschenmenge beisammen: Diebe und Vagabunden. Ein Soldat mit der Waffe im Arm hatte die Wache und durchmaß den Raum von einem Ende zum anderen.

Als der Soldat kehrtmachte, ruhte sein Blick auf dem Gefangenen.

Auf den Blick folgte die Frage: „Wer bist du?"

„Ich? Barabbas ..."

„Barabbas? Ja, richtig. Der Mörder. Weißt du es schon? Man wird dich töten."

„Ja, ich weiß", antwortete er. Schweigend und geistesabwesend betrachtete er seine langen schmutzigen Fingernägel.

Der Wächter setzte die Wanderung fort. Als er wieder zurückkam, traf er den Gefangenen immer noch in derselben Stellung an.

Barabbas fragte: „Was sagst du von töten?"

„Ja, man wird dich ans Kreuz schlagen."

Der Soldat ging weiter auf und ab, während Barabbas wieder in seine hohlen Hände zu stieren begann.

Kurze Zeit danach sprach er den Wachtposten erneut an: „Sag, weißt du vielleicht auch, wen ich getötet habe?"

„Ja. Jahels Sohn. Du hast ihn erdolcht."

„Jahels Sohn? – Ist das alles?"

„Nein. Auch an dem Aufruhr scheinst du beteiligt gewesen zu sein."

„An dem Aufruhr? ... Ah! Gut ... warte und höre, was ich dir sage. Gehe nicht fort! ... Weißt du, daß alles, was du gesagt hast, Lüge ist? Alles – alles! Will man mich wirklich töten? – Sicher, man wird mich töten. Pst ... und dann ..."

„Was dann? Glaubst du etwa, du könntest hier den Unschuldigen spielen? Es wird dir nichts nützen. Jahel hat genau über alles berichtet. Du kamst mit dem großen Schwarm der lärmenden Aufrührer. Als dann plötzlich die Soldaten auf der Straße auftauchten, suchtest du dich dadurch zu retten, daß du durch das Fenster in ihr Haus eindrangst. Alles Weitere wirst du wohl besser wissen als ich." Einen Augenblick verharrte Barabbas schweigend. Dann aber sagte er, wie dem Impuls einer plötzlich auftauchenden Idee folgend: „Höre ... all das ist Lüge –, verstehst du? Es stimmt nicht. Doch nun ist es geschehen. Gut. Ich aber will es dir richtig erzählen, damit ... Hast du Kinder? Gut. Aus diesem Grunde also erzähle ich es dir –, damit du es ihnen eines Tages, wenn du gerade nichts Besseres weißt, erzählst ... – Ich kenne weder Jahel noch ihren Sohn, und ich weiß auch nicht, mit welchen Gesichtern Jahel sie ausgestattet hat. Das ist so wahr, wie nur etwas sein kann ... eines Nachts – der Mond erleuchtete die Straßen fast taghell – schlenderte ich müßig umher. Plötzlich kam eine lärmende und bewaffnete Menschenmenge um die Ecke gestürmt."

„Lüge nicht. Das waren die Aufrührer, und du warst mitten unter ihnen."

„Ich lüge nicht. Sie kamen auf mich zu, und ich wandte mich zur Flucht. Das waren kaum noch Menschen, verstehst du? Nichts schienen sie zu hören oder zu sehen. Hätten sie mich erreicht, so würden sie mich zertrampelt haben. Ein Fenster stand offen –, ich zog mich hoch und ließ mich wie ein Stein in den Raum fallen. Ich rollte über ein Lager und fiel in eine Ecke. Der Schläfer war aufgewacht und rief um Hilfe. – Du weißt: wenn man erst kurze Zeit im Dunkel ist, kann man nichts sehen. Auch er erwacht, kann nicht gleich sehen. Ich erkannte nur, wie sich von einem anderen Lager ebenfalls ein Schatten erhob, wie die beiden handgemein wurden und heftig miteinander rangen. Sie fielen zu Boden. Der eine der Schatten kam auf den anderen zu fallen. Der untere stieß einen einzigen Schrei aus und blieb dann stumm. In meiner Ecke wurde ich mir darüber klar, daß man den unteren Schatten für mich gehalten hatte. Auf den Schrei hin drangen Menschen in den Raum, und sie brachten Lichter mit. Mich aber trafen sie neben einer zerzausten und an allen Gliedern bebenden Frau an, während zwischen uns beiden ein Mann lag, dem ein Messer in der Brust steckte. Die Frau begann zu jammern und zu schreien. Sie rief: ‚Mein Sohn! Mein Sohn! Man hat ihn getötet!' Dann warf sie mir einen haßerfüllten Blick zu und schrie: ‚Der Mörder! Dort ist er! Führt ihn fort! Er hat mir den Sohn gemordet. Mörder!' – Als ich mich von meiner Überraschung erholt hatte und wieder zu mir kam, führte man mich bereits gefesselt durch die Straßen. Seitdem befinde ich mich hier im Kerker."

Der Soldat fragte: „Warum sagtest du das nicht den Richtern?"

„Sie haben mich nicht danach gefragt."

Plötzlich faßte Barabbas nach dem Arm des Soldaten und fragte mit ängstlicher, fast furchterfüllter Stimme: „Sage mir: wen kreuzigt man?"

„Leute, die ein Verbrechen begangen haben."

„Wird man auch mich kreuzigen?"

„Ja."

„Das kann nicht sein. Welches Verbrechen habe ich begangen?"

Der Wachtposten war verwirrt und konnte keine passende Antwort finden. Sein nicht sonderlich großer Verstand sagte ihm, daß diese Frage ein schwieriges Problem in sich barg. Mechanisch begann er sich den Bart zu streichen und antwortete: „Barabbas, du hast ein Verbrechen begangen. Dein Tod ist verdient. Es ist ein großes Verbrechen."

„Bist du von Sinnen? Welches Verbrechen?"
„Ein Verbrechen, das sehr hart bestraft werden muß."
„Welches?"
„Das Verbrechen, geschwiegen zu haben."
„Geschwiegen zu haben?"
„Ja, du kanntest die Wahrheit und hast sie verschwiegen."
Der Soldat war sichtlich befriedigt und sah sich vor sich selbst gerechtfertigt. Schwerfällig nahm er seinen Gang wieder auf, ohne sich um den geistesabwesenden Gesichtsausdruck des Gefangenen zu bekümmern. Gleich einer Litanei wiederholte Barabbas immer wieder mit halblauter Stimme: „Das Verbrechen, geschwiegen zu haben ..."
„Du bist wirklich nicht tot?" Aus der Stimme der Frau schien das zarte Violett zu sprechen, in das der Himmel getaucht war. „Sie haben dich wirklich nicht getötet?" Ihre Hände strichen über alle Konturen seines Gesichtes, als wollten sie es mit zarter Hand modellieren.
„Barabbas, geliebter Mann, sage mir: Bin ich auch gestorben und sehe ich jetzt unsere Schatten, oder ist es wahr, daß du dies bist, daß ich deine Stimme, dein Blut vor mir habe?"
„Ich bin in einer starken Betäubung. Ich glaube nicht, daß ich lebe, denn so muß die Verwirrung sein, die der Tod uns bringt."
„Warum solltest du nicht am Leben sein. Du lebst und ich sehe dich."
„Du sagst es –, also muß es so sein."
Barabbas war von Natur treuherzig und heiter –, jetzt aber war er traurig. Sonst war er sanft und sorglos, jetzt aber war er erregt. Wie besessen starrte er vor sich hin.
„Frau, hast du so etwas schon jemals gehört? Die Wahrheit ist ein Verbrechen! Ein furchtbares Verbrechen, verstehst du?"
„Jetzt redest du irre!"
„Man nahm mich gefangen. Du weißt es, nicht wahr?"
„Ja."
„Man wollte mich kreuzigen."
„Jahwe hat dich gerettet, mein lieber Mann!"
„Nein! Das stimmt nicht. Jahwe war es nicht, der mich rettete, sondern ein Verbrechen."
„Welches? Das deine? Du bist von Sinnen ..."
„Nein, das eines andern. Doch schweig jetzt –, unterbrich mich nicht. Man wollte mich kreuzigen. Doch du weißt ja, zu Ostern pflegt man dem Volk einen Gefangenen freizugeben –, und zwar den, den es freihaben will. Das Volk hatte zwischen zweien die Wahl. Ich war einer der Vorgeschlagenen. Doch ich hatte keine Hoffnung, denn ich hatte mir ein großes Verbrechen zuschulden kommen lassen."
Die Frau unterbrach ihn: „Ja, du hast Jahels Sohn getötet."

„Nein, das ist mein Verbrechen nicht. Mein Verbrechen ist ein anderes –, ein anderes, das ich einfach nicht begreife: geschwiegen zu haben. Das hat mir der Wachtposten im Kerker gesagt. Er sagte mir auch, daß es ein furchtbares Verbrechen sei, für das es keinen Pardon gebe, Schweigen! Das scheint unsinnig, nicht wahr! Doch es ist nicht unsinnig! Es ist ganz klar und leuchtet ein. Unsinnig aber ist das andere –, einfach unerklärlich ist es wie strahlender Sonnenschein um Mitternacht!"

Einen Augenblick verharrte Barabbas in tiefem Schweigen, als seien seine Worte in einen tiefen Abgrund hineingestürzt.

„Weißt du: der Soldat aus dem Kerker, derselbe, der auch vorher mit mir gesprochen hatte, kam zu mir und führte mich durch lange Gänge. Während meine Ketten schaurig rasselten, fragte er mich: ‚Hast du Hoffnung oder nicht?'

‚Ich weiß nicht', antwortete ich. ‚Kannst du mir sagen, wer der andere ist?'

‚Ja. Er soll Jesus heißen. Ich glaube, er ist ein Wahnsinniger.'

Vor dem Prätor war das Volk versammelt, und man zeigte mich ihm. Das Volk sah auch den Statthalter – inmitten duftender Blumen. Es sah auch den anderen Angeklagten. Es war ein schlichter, hagerer Mann von demütigem Aussehen und mit einem Paar großer Augen –, sein Gesicht schien fast nur aus diesen Augen zu bestehen.

Der Statthalter fragte das Volk: „Welchen von den beiden soll ich euch freigeben?'

Ich fühlte, wie mein Herz vor Angst bis zum Halse schlug. Dann aber schrien alle laut:

‚Barabbas! Barabbas!' – Es war, als spreche da vor mir ein ganzes Meer – ich war tief bewegt. All diese Leute verlangten mich frei –, sie kannten mich. Doch als ich mich dann umwandte, sah ich das demütige Gesicht des anderen Gefangenen. Es war, als steinigte man ihn mit diesem Geschrei. Ich aber wurde kummervoll, denn ich mußte daran denken, daß dieser Mensch unter dem Martyrium schwerer leiden würde als ich.

Da der Soldat an meiner Seite stand, fragte ich ihn flüsternd: ‚Das ist Jesus?'

‚Ja!'

‚Sein Verbrechen muß viel größer gewesen sein als das meine. Wessen hat man ihn angeklagt?'

‚Er verachtete Cäsars Gesetze. Er verspricht, übernatürliche Dinge zu tun. Er ist ein sehr anmaßender Mensch. Er behauptet, daß er allein die Wahrheit sage.'

‚Ist denn das ein Verbrechen?'

‚Ein großes Verbrechen.'

Der Soldat sagte nichts mehr, aber gleich einem Sturmwind kam diese Betäubung über mich. Ich weiß nicht, ob ich geträumt habe, ob ich gestorben bin, ob mein Herz noch schlägt und ob es meine Stimme ist, die zu dir spricht. Wie durch einen Nebelschleier sah ich den Statthalter, der sich in einer Schale die Hände wusch, so wie man es nach dem Essen zu tun pflegt.

Man löste meine Ketten, und gleich einem Stück Holz fiel ich in die wogende Menschenmasse.
Jetzt aber, liebe Frau, sollst du mir sagen, hast du so etwas jemals vernommen? Können Worte denn so viel Verwirrung in unser Leben bringen? Hast du schon einmal so etwas gehört?"
Ohne ihre Antwort abzuwarten, begab er sich auf den Weg, auf dem die Augen der Frau versonnen ruhten. Der Himmel war über und über in Violett getaucht, und gleich einem rohbehauenen Steinblock hob sich des Barabbas Gestalt von diesem Hintergrund ab.

→ *Mätthäus 27,15-18. 20-26*
Markus 15,6-15

Arturo Uslar Pietri
(aus dem Spanischen von Ernst Bluth)

34. Der Fall Judas

Am 28. August 1960 stellte der Franziskanerpater Berthold B., ein Priester deutscher Herkunft, beim lateinischen Patriarchen von Jerusalem den Antrag, man möge ein förmliches Verfahren eröffnen, an dessen Ende die Erklärung stehen solle, daß Judas, der Mann aus Kerioth, in die Schar der Seligen aufgenommen worden sei – ein Märtyrer, der Jesus Christus bis zum Tod die Treue hielt.
In Erfüllung der Aufgabe, die der Codex Juris Canonici den bischöflichen Ordinarien vorschreibt, eröffnete der Patriarch im Spätherbst des Jahres 1960 den Prozeß, indem er Pater Berthold zum offiziellen Postulator ernannte und ihn verpflichtete, seine Sache vor Gericht zu betreiben. Zugleich bildete er, aus dem Kreis der in Jerusalem ansässigen Theologen, ein Sachverständigen-Gremium und bestellte den Prior des Augustinerklosters zum Glaubensanwalt: einen scharfsinnigen und für seinen frommen Eifer bekannten Mann, dem er mit der Ernennung die Aufgabe übertrug, alles, was gegen Judas zu sagen sei, vor jenem Gerichtshof zur Sprache zu bringen, der aus dem Patriarchen selbst und zwei Synodalrichtern, einem weltlichen Priester und einem Ordensmann, bestand. Der Prozeß, der im Kapitelsaal des Dominikanerklosters stattfand, wurde nach eingehender Zeugen-Befragung und gründlichen theologischen Debatten am Gründonnerstag des Jahres 1962 abgeschlossen. Kurz darauf, im Mai, gingen

die versiegelten Akten von Jerusalem nach Rom: ein Konvolut von mehreren tausend Seiten, aus dem sich nicht nur der Prozeßverlauf mit gebotener Deutlichkeit rekonstruieren ließ, sondern das darüber hinaus, dem Gesetz entsprechend, auch Auskünfte über jene Verehrung gab, die Judas in frühchristlicher Zeit von seiten einer Ketzersekte, den sogenannten Kainiten, zuteil geworden war – der Kinder des Brudermörders, deren Bibel das Evangelium des Judas war.
Neben diesen Aktenstücken enthielt das Konvolut als wichtigstes Dokument eine Rechenschaft des Gerichtsvorsitzenden. Darin erklärte der Patriarch, daß er den Prozeß ordnungsgemäß, streng nach den Regeln des kanonischen Rechts (§§ 1999 bis 2141), durchgeführt habe und in der Lage sei, die von der Kurie verlangten Aussagen feierlich zu beschwören.
Erstens: Trotz umfangreicher und gewissenhafter Nachforschungen sind dem Gericht keine Schriften des Judas Ischarioth zur Kenntnis gelangt. Das von den Kainiten benutzte Evangelium hat als verloren zu gelten.
Zweitens: Abgesehen von der Heiligung durch jene sogenannten „Brudermörder-Kinder", für die das Wort *Judas-Verrat* identisch mit dem Begriff *Triumpf des Kreuzes* war, ist von einer öffentlichen Verehrung des Judas Ischarioth nichts bekannt.
Drittens: Der Prozeß unter Vorsitz des Patriarchen von Jerusalem als dem bischöflichen Ordinarius, in dessen Amtsbereich der vom Postulator *Seliger Märtyrer* genannte Judas Ischarioth gestorben ist, endete mit dem einhelligen Richtspruch: Die Ritenkongregation am Heiligen Stuhl wird gebeten, nach dem bischöflichen Informativprozeß nunmehr, in zweiter Instanz, das apostolische Verfahren zu eröffnen. Dieser Entscheidung widersprach der Glaubensanwalt und kündigte an, daß er gedenke, sein den Akten beigefügtes Geheim-Votum mit verschärfendem Zusatz dem Promotor Fidei Generalis nach Rom zuzustellen: Was ihn beträfe, erklärte der Augustiner-Prior, so plädiere er für eine Nichtigkeits-Erklärung des gesamten Verfahrens.
Unmittelbar nachdem die Akten in Rom angekommen waren und Bruder Berthold als bestellter Postulator seine Wohnung in der Heiligen Stadt genommen hatte (von seinen Oberen für die Dauer des apostolischen Prozesses beurlaubt), öffnete der Protonotar der Ritenkongregation in Gegenwart des Kardinalpräfekten die Akten, nachdem er sich zuvor überzeugt hatte, daß die Siegel unverletzt waren, und übergab dem Kanzler die Konvolute zur Abschrift.
Einen Monat später erhielt ich, der Doktor des kanonischen Rechts und Lizentiat der Theologie Ettore P., in meiner Eigenschaft als Prokurator der Ritenkongregation den förmlichen Auftrag, aus den Aktenstücken des Informativprozesses einen Auszug herzustellen, der dem von Seiner Heiligkeit bestellten Kardinalreferenten zur Beurteilung der Frage dienen sollte, ob es angezeigt sei, auf der Vollsitzung der Kongregation den versammelten Kardinälen, Glaubensanwälten und Offizialprälaten die Eröffnung des apostolischen Prozesses *In Sa-*

chen Judas nahezulegen. Zu diesem Zweck ging ich zunächst daran, ein Resümee des Antrags zu formulieren, den Pater Berthold im August 1960 dem Patriarchen zugestellt hatte. Dieses Resümee, das ich Seiner Eminenz, dem Herrn Kardinalreferenten, unterbreitete, hat folgenden Wortlaut:

Ehre sei Gott! – Ich, P. Berthold B. OFM, stelle den Antrag, Judas aus Kerioth seligzusprechen, der ein Sohn des Simon war und im Volksmund bis heute *Judas, der Sichelmann* heißt. Ich bitte den Heiligen Stuhl zu erklären, daß dieser Judas in die himmlische Glorie eingegangen ist und öffentliche Verehrung verdient. Denn ihm und keinem anderen sonst ist es zu danken, daß in Erfüllung ging, was im Gesetz und bei den Propheten über den Menschensohn steht. Hätte er sich geweigert, unseren Herrn Jesus den Schriftauslegern und Großen Priestern zu übergeben: hätte er nein gesagt, *Nein, ich tue es nicht, jetzt nicht und auch in Ewigkeit nicht,* als Christus ihn anflehte, barmherzig zu sein und ein Ende zu machen: hätte er sich seiner Bestimmung entzogen und die Tat verschmäht, die um unser aller Erlösung willen getan werden mußte – er wäre an Gott zum Verräter geworden. Ohne Judas kein Kreuz, ohne das Kreuz keine Erfüllung des Heilsplans. Keine Kirche ohne diesen Mann; keine Überlieferung ohne den Überlieferer. Ein revoltierender Judas hätte Jesus das Leben gerettet – und uns allen den Tod gebracht. Aber Judas rebellierte nicht. Er wußte nämlich, daß es an ihm – einzig an Ihm! – lag, ob die Prophetie des alten Bundes sich erfüllte oder nicht. Eine kleine Bewegung seines Kopfes, ein Schütteln statt eines Nickens, als Jesus den Satz gesagt hatte *Was du tun willst: Tu's schnell!* – und Gottes Plan wäre vereitelt worden. Die Prophetie des Alten Testaments ein Gespött! Davids Weissagung: „Ich bin der Schatten, der dem Körper voranfliegt; ich zeige an, was kommen wird" – ein poetisches Bild, weiter nichts. Die Worte des zweiundzwanzigsten Psalms: „Meine Kräfte sind trocken wie eine Scherbe. Die Zunge klebt mir am Gaumen. In den Staub des Todes hast du mich gelegt" – ein makabres Zeugnis angesichts des alten Zimmermanns von Nazareth, der – da Judas sich geweigert hatte, ihn auszuliefern – in Galiäa sein Rentnerbrot aß . . . nicht gekreuzigt, sondern Kreuze schnitzend: ein unter Seinesgleichen geachteter Mann, dem die Sprüche längst verziehen waren, die er gemacht hatte, als er jung gewesen war.

Dank sei dem Judes! *Er* hat getan, was getan werden mußte. *Er* hat gewollt, was Gottes Wille war. Einer *mußte* es tun – und dieser eine war Judas. *Er* wußte, daß es eines Menschen bedurfte, um Jesus zu überliefern: Ein Mensch war vonnöten, kein Gott! Ein Mensch, der bereit war, zum Attentäter zu werden – zum Mordgehilfen und Verräter, um so ein für allemal zu beweisen, wohin Menschen geraten können, die, um ganz sie selbst zu sein, vor keinem Anschlag zurückschrecken – am allerwenigsten vor dem Anschlag auf Gott.

Dies zu erweisen war Judas' Auftrag: Indem er ihn erfüllte, wurde er zum Vollstrecker des göttlichen Plans – und zwar freiwillig. Aus eigenem Willen. Und auf diesen Tatbestand eben: daß sich hier einer, aus Frömmigkeit, dazu hergab, die Rolle des leibhaftigen Satan zu spielen, den Part Dschingis Khans oder Eichmanns: daß jemand aus freien Stücken zum Demonstrationsobjekt wurde, um auf diese Art, *ex negatione,* den Beweis anzutreten, daß wir Menschen, nach Adams Fall, allesamt der Erlösung bedürfen . . . auf diesen Tatbestand gründet sich mein Antrag, Judas aus Kerioth unter die Schar der Märtyrer Christi zu reihen.

Nein, der Mann war kein Teufel. Der Verrat geschah auf Gottes Befehl. Um Jesu willen – im Dienste der Sonne, des Tages, des Lichts – hatte Judas Schatten zu sein, Dunkelheit und Nacht. Vom Totenreich aus brachte er das Leben zum Leuchten, zeigte in der Hölle die Klarheit des Himmels und zeugte als Satan für Gott.

Und nun frage ich: Läßt sich ein Martyrium denken, ein Akt der Selbstverleugnung, der heroischer wäre als dieser? Was hat Judas auf sich genommen! Die Verachtung seiner Landsleute, die das Blutgeld nicht wollten – gut, das mag hingehen. Auch die Selbstgefälligkeit eines Schülers vom Schlag des Johannes läßt sich ertragen: der Stolz des Primus, der sich von seinem Lehrer geliebt weiß und gegenüber dem Gesellen auf der letzten Bank nichts als Verachtung empfindet. Aber die Verfluchung durch Jesus selbst! „Einer von euch ist der Teufel." – „Ich weiß, wen ich erwählt habe. Es muß geschehen, daß die Schrift erfüllt wird, in der es heißt: *Der mein Brot ißt, hat die Ferse gegen mich erhoben.*" Und, endlich, das Entsetzlichste: „Der Menschensohn muß sterben; denn es wurde geschrieben: *Er geht dahin;* aber wehe dem Menschen, der den Menschensohn ausliefern wird – es wäre besser für ihn, er wäre niemals geboren." In einem solchen Augenblick schweigen zu müssen, seinem Auftrag treu zu bleiben und nicht aufschreien zu dürfen: „Halt ein, ich bitte dich, hör auf. Ich kann nicht mehr" – dieses Martyrium übersteigt alle Vorstellungskraft. Und doch ist auch das noch nicht alles. Denn zur Verdammung im Augenblick, dem Richtspruch des Herrn, kommt das Urteil der Geschichte. Die Verhöhnung durch die Kunst. Der Prozeß von seiten der Theologie. Die kirchliche Inquisition. Judas, der Satan. Judas, Mörder von Anbeginn. Gottes verworfener Sohn.

Und dabei war er fromm – vielleicht der Frömmste, den es je gegeben hat: Ich kann es beweisen. Mit Hilfe der Heiligen Schrift, mit meinem Glauben und der Vorstellungskraft, die Gott mir geschenkt hat.

Die Bibel zuerst. Im siebenundzwanzigsten Kapitel des Matthäus, Vers drei bis fünf, stehen die folgenden Sätze: „Judas aber, der ihn ausgeliefert hatte, sah nun, daß Jesus verurteilt war, und da packte ihn Reue, und er brachte den Großen Priestern und Mächtigen die dreißig Silberlinge zurück: ‚Ich habe Unrecht getan', sagte er, ‚und einen Menschen ausgeliefert, der unschuldig ist.' Doch sie antworteten ihm: ‚Was geht das uns an. Dies ist deine Sache: sieh du nur zu!' Da warf er die Silberstücke in den Tempel und ging fort, irgendwohin, und hängte sich auf."

So weit Matthäus: Eine Anklage gegen den Verräter, so scheint es, der, kaum

daß er die erste Sünde begangen hat, auch schon der zweiten verfällt: Dem Verrat folgt der Selbstmord. Aber es scheint nur so. Die Sätze trügen; die Wahrheit steht zwischen den Zeilen. Oder, genauer gesagt, sie ergibt sich, wenn man den Bericht über Judas' Reue und Tod mit einer Erzählung vergleicht, die im Alten Testament steht und jenem frommen Propheten gilt, Sacharja, dem die Juden für einen Dienst ebenfalls dreißig Silberlinge gaben. Dreißig Silberlinge: der Kaufpreis eines Sklaven. Eine Summe, die so klein war, daß sie demütigen sollte. Aber Sacharja war stolz, und darum folgte er Jahwes Befehl und warf die Silberlinge in den Tempel des Herrn.
Ich denke, das ist deutlich genug. Beide, Sacharja und Judas, hatten ein Amt. Der eine mußte die Schafe hüten, der andere mußte das Lamm überliefern. Beide handelten auf Gottes Befehl; beide taten, was der Herr von ihnen verlangte. Auch Judas! Indem er Sacharja nachfolgte und den Schandlohn in den Tempel warf, gab er ein Zeichen und deutete, eine Sekunde lang den Zipfel seines Geheimnisses lüftend, dem, der zu lesen versteht, an: *Auch ich habe, wie jener Sacharja, im Namen Gottes gehandelt.*
Nein, hier geht es nicht um die Verzweiflungstat eines Sünders; hier handelt kein verstörter Mensch – ein Mörder, der nicht mehr ein noch aus weiß – in blinder Ekstase; hier hat ein frommer Mann seine Botschaft verkündet: Schaut her! Ich habe das Gesetz erfüllt. Lest nach und denkt daran. Es hat seine Bedeutung, wenn ein Mann die Silberlinge in den Tempel wirft – zum Zeichen, daß er Gott gehorsam war.
Und dann gibt es noch einen zweiten Beweis – wiederum in der Heiligen Schrift. Den Kuß im Garten von Gethsemane! Wäre Judas wirklich der Verräter gewesen, den unsere Kirche bis zu diesem Tag in ihm sieht, er hätte die Soldaten zu Jesus geführt, hätte genickt: *Der da ist es* und sich aus dem Staube gemacht. Nichts davon im Evangelium! Statt des Winkens aus dem Hinterhalt – die Umarmung; statt des verschwiegenen Zeichens – der Kuß! Der Liebeserweis eines Mannes, der beauftragt war, sich zu verleugnen, und der den ihm von Gott befohlenen Dienst bis zu diesem Augenblick mit einer Konsequenz ausgeführt hatte, an der gemessen selbst das Martyrium des heiligen Papius, den man, wie bekannt, in einen siedendheißen, mit Öl und Fett gefüllten Kessel warf, als ein Kloster-Exerzitium erscheint.
Und dann plötzlich bricht es aus Judas heraus. Unfähig, sich noch länger beherrschen zu können, stürzt er auf Jesus zu – *Meister, ich habe getan, was du verlangtest. Bist du zufrieden mit mir?* –, umarmt und küßt ihn, berührt Christi Mund mit seinen Lippen – und Jesus versteht. *Mein Freund* sagt er zu ihm, und dann flehentlich wie beim Passahmahl: *Tu's jetzt. Es ist Zeit.* Ein Kuß, eine Geste der Freundschaft, der Ansatz eines Gesprächs unter Brüdern, sanfte Bewegungen und das Wort *Lieber Freund* – dann wird nur noch verhört, geschlagen, gespien, gequält, genagelt, geschrien und gefoltert. Verhöhnt und krepiert.
Die Umarmung in Gethsemane, der Judaskuß: Das ist für mich das letzte Licht,

das Jesus sah. Danach wurde es Nacht. Der Knecht küßt den Herrn, der Herr sagt zum Diener *Mein Freund:* Auch das ist ein Zeichen, daß Jesus und Judas, wie Brüder, zusammengehören. Wie gesagt, die Prophetie wollte erfüllt sein; einer mußte es auf sich nehmen, zum Element des göttlichen Willens zu werden; einer hatte dafür zu sorgen, daß dem *incarnatus* das *resurrexit* nachfolgte; einem war von Gott der Auftrag gegeben, den Pendelschlag zu vollenden: vom Himmel zur Erde, von der Erde zum Himmel – und dieser eine, man kann es nicht oft genug sagen, war Judas. Er war auserwählt worden, der Verworfene zu sein; denn er allein war stark genug dafür. Judas, der Fromme. Der Einsame unter den Geselligen. Der Mann aus Judäa inmitten der elf Galiläer. Der Kluge unter den Einfältigen. Der Rechner und Zweifler unter Hirten und Fischern. *Er* – nicht Petrus, und auch keiner von den anderen – wurde für würdig befunden, den Part des Vollstreckers zu spielen und zu zeigen, was das ist: Welt und Sünde, Adamsfall und Höllendienst. *Ihm* ist es abverlangt worden, für das Böse, aber auch für die Überwindbarkeit des Bösen zu zeugen. Er hatte zu demonstrieren, wozu Satan bereit ist und wo Satans Grenze liegt.

Um das Böse zu entlarven, gab es keine andere Wahl – für Gott so wenig wie für Jesus Christus, der alles voraussah, was später geschah –, als einen Mann (ich weiß, was ich sage!) zum Stellvertreter des Teufels zu machen. Es mußte sein, der Plan verlangte es.

Aber um ihn zu verwirklichen, bedurfte es der Hilfe der Menschen. Der Hilfe eines einzigen: eines, der mitmachte! Das war die Bedingung. Und darum mußte sich jemand opfern und bereit sein, das Äußerste an Selbstverleugnung auf sich zu nehmen, was einem Mann abverlangt werden kann. Oder glaubt man etwa – ach, man glaubt es bis heute –, unser Herr Jesus hätte sich dazu hergegeben, einen Unwissenden ins Messer laufen zu lassen? Ins Messer, jawohl! Denn wenn es wirklich stimmt, was der Evangelist Johannes behauptet, daß Judas ein Teufel war und *daß Jesus dies wußte* – warum hat er ihn dann nicht gewarnt? Warum ließ er es zu, daß Judas sein Opfer wurde? Nicht er das Opfer des Judas, sondern umgekehrt! Warum duldete er, daß man ausgerechnet jenen Mann, der im Himmel längst als Dieb erkannt worden war, zum Schatzmeister bestellte? Weshalb hielt Jesus den Verräter nicht zurück? Fürchtete er etwa dessen Bekehrung? Eine Umkehr, die den Heilsplan zunichte gemacht hätte?

Warum führte er ihn in Versuchung – geradeso, als sei das Vaterunser für ihn selbst, Jesus von Nazareth, nichts weiter als eine Phrase?

Und führe uns nicht in Versuchung – eine Bitte, die für Jesus nicht gilt? Nein, das kann ich nicht glauben. Ich weigere mich, mir einen Gott vorzustellen, der, um der Erfüllung seines Plans willen, einen Menschen zur Sünde verurteilt: *Auf, Judas, mein Gesell!* Ein solches Spiel ist zu ungleich, für mich: Dieser Judas hat keine Chance. Oder doch? Gut. Dann müßte Gott bereit gewesen sein, seinen Plan fallen zu lassen. Dann hätte die Gefahr bestanden, daß es, im doppelten Sinne des Worts, keine Überlieferung gab.

Nun, die Wirklichkeit sieht anders aus: Judas war kein Opferlamm. Er tat es freiwillig. Judas war eingeweiht, und darum ging er Seinen auch als seinen Weg. Er war – ich bitte um Verzeihung für das Wort – Jesu *Komplize:* Nicht nur einer der Zwölf, die Israels zwölf Stämme repräsentieren, das gottgewollte Reich, das das zerstreute Volk am Ende der Tage wieder in Besitz nehmen wird; nicht nur einer aus dem Kreis der Apostel, von denen Jesus gesagt hat: „Am Tage der Wiedergeburt, wenn der Menschensohn auf dem Thron seiner Herrlichkeit sitzt, werdet auch ihr, die ihr mir nachgefolgt seid, auf zwölf Thronen sitzen und die zwölf Stämme Israels richten"; nicht nur Jünger unter den Jüngern: nah bei Jesus, mit anhörend die Worte des ewigen Lebens, Gottes Stimme aus der Wolke vernehmend: „Dies ist mein Sohn, mein geliebter Sohn, den ich auserwählt habe." *Judas war mehr.* Der Prophetie unseres Herrn, der Fußwaschung und des Passahmahls wurden auch die anderen Apostel gewürdigt, die Jesus zugezählt waren: Judas aber stand höher als die übrigen elf. Er sprach mit dem Herrn in einer Sprache, der Wissende zum Wissenden, die keiner von den andern verstand. *Was du tun willst: tu's schnell!* (Und nicht etwa: *Laß ab davon. Judas, ich flehe dich an: Verfall nicht der Sünde.)*

Ich bin es doch, Herr? Du hast es gesagt. Ein Zwiegespräch über die Köpfe der Jünger hinweg! (Schweigend saßen sie da und verstanden kein Wort.) Ein Dialog zwischen Jesus und Judas: dem Getreuesten, dessen Erwählung unser Herr bezeichnete, als er ausgerechnet ihn, den Verworfenen ... kommunizieren ließ.

Dem Verräter die heilige Speise, der Brocken vom Passahmahl, und dem Verratenen der Kuß. Wie deutlich wird hier, wenngleich in verhüllender Rede, auf die geheime Übereinkunft, den heiligen Bund zwischen dem Meister und seinem gehorsamen Jünger, verwiesen.

Und wie könnte das auch anders sein? Sie *waren* ja verbündet, die beiden; *waren* aneinandergekettet; *waren* wie zwei Brüder, von denen der eine den anderen braucht. Judas war nichts ohne Jesus: so, wie der Schatten nichts ohne den Leib ist. Aber Jesus war auch nichts ohne Judas: Wenn der eine nicht zu den Großen Priestern und nach Gethsemane ging, sondern das Geheimnis für sich behielt, war es um den anderen geschehen. Ich wiederhole also: Sie gehörten zusammen – Jesus und Judas, Judas in Jesu Hand. Beide hatten ihren Weg zu gehen – vereint noch im Tod; hoch über der Erde am Holz.

Die Frage ist nur – ich stelle sie zögernd, mit großem Bedenken –, wessen Weg der schwerere gewesen ist: der Weg unseres Heilands oder der Weg jenes Mannes, der Jesus im Sterben voranging. Voranging in der Gewißheit vor Gott, daß die letzte Geste auf Erden auch die erste im Himmel sein werde: Noch einmal Gethsemane, doch jetzt ist es Jesus, der auf Judas zutritt, ihn küßt und umarmt. Und vor den Menschen? Verachtet. Verflucht! Ein Selbstmörder, dem niemand glaubt, daß auch er, als seine letzte Stunde kam, *Es ist vollbracht* gesagt haben könnte. Ein Verworfener, dessen Todesgedanken noch nie ein Mensch zu denken gewagt hat. Ich aber will es versuchen.

Warum, mein Gott, läßt du nicht zu, daß ich,
statt des Schächers, neben Ihm sterbe?
Warum verlangst du auch dies noch von mir?
Ist es denn noch nicht genug? Du weißt doch,
wie viel leichter es ist, an Seiner Seite gekreuzigt
zu werden, als Ihn ausliefern zu müssen.
Warum also läßt du mich selbst jetzt noch allein
und duldest, daß Er dem Schächer das Paradies
verspricht, während ich die Hölle vor Augen,
hier am Baum krepieren muß? Ausgerechnet ich,
der alles tat, was immer du befahlst.

Aber das war nicht das letzte Wort. Die Gemeinsamkeit zwischen Jesus und Judas geht bis zum Tod. *Doch nicht mein, sondern dein Wille geschehe:* Ist es nicht glaubhaft, daß auch Judas, ehe er starb, diese Worte gesagt hat?

Ich stelle den Antrag, den Mann aus Kerioth seligzusprechen. Der Sohn der Hölle, dies wollte ich zeigen, ist in Wahrheit der Beauftragte Gottes und der Bruder unseres Herrn Jesus gewesen.

Ich denke, wir haben viel wiedergutzumachen an Judas. Wir alle.

→ *Matthäus 26,14-16. 20-25. 47-50. 27,3-10* *Walter Jens*

35. Heute ist Freitag

Drei römische Soldaten sind um elf Uhr abends in einer Kneipe. Rings an den Wänden sind Fässer. Hinter dem hölzernen Schanktisch ist ein hebräischer Weinverkäufer. Die drei römischen Soldaten sind ein bißchen blau.

Erster Soldat: Hast du den Roten probiert?

Zweiter Soldat: Nein, ich hab'n nicht probiert.

Erster Soldat: Du solltest 'n probieren.

Zweiter Soldat: Also gut, George, schmeißen wir 'ne Runde vom Roten.

Der Hebräische Weinverkäufer: Hier, meine Herren. Der wird Ihnen schmecken. *(Er setzt einen irdenen Krug, den er aus einem der Fässer gefüllt hat, vor sie hin.)* Das ist ein nettes, kleines Weinchen.

Erster Soldat: Na, trink auch 'n Glas von. *(Er wendet sich an den dritten römischen Soldaten, der an einem Faß lehnt.)* Was ist denn mit dir los?

Dritter Soldat: Hab Bauchweh.

Zweiter Soldat: Kommt vom Wassertrinken.

Erster Soldat: Probier mal den Roten.

Dritter Soldat: Ich kann das verdammte Zeugs nicht trinken. Kriege Magensäure von.

Erster Soldat: Warst zu lange hier draußen.

Dritter Soldat: Zum Teufel, wem sagst du das?

Erster Soldat: Sag mal, George, kannst du dem Herrn da nicht was geben, um seinen Magen zu kurieren?

Weinverkäufer: Hier, schon parat.
(Der dritte Soldat probiert, was der Weinverkäufer für ihn gemischt hat.)

Dritter Soldat: He, du, was hast du da reingetan, Kameldreck?

Weinverkäufer: Trinken Sie 's nur runter, Herr Leitnant. Wird Sie wieder ins Lot bringen.

Dritter Soldat: Na, schlimmer kann 's nicht werden.

Erster Soldat: Riskier 's mal. George hat mich neulich tadellos wieder ins Lot gebracht.

Weinverkäufer: Waren in schlechter Verfassung, der Herr Leitnant. Ich weiß schon, was einen verdorbenen Magen kuriert.
(Der dritte römische Soldat trinkt das Glas runter.)

Dritter Soldat: Jesus Christus! *(Er schneidet ein Gesicht.)*

Zweiter Soldat: Alles falscher Alarm!

Erster Soldat: Ach, ich weiß nicht. Der hat sich heute da recht ordentlich benommen.

Zweiter Soldat: Warum ist er nicht vom Kreuz runtergestiegen?

Erster Soldat: Weil er nicht vom Kreuz runtersteigen wollte. Das gehört nicht zu seiner Rolle.

Zweiter Soldat: Na, den Kerl möcht ich sehen, der nicht vom Kreuz runter will.

Erster Soldat: Zum Teufel, davon verstehst du nichts. Frag mal George. Wollte er vom Kreuz steigen, George, oder nicht?

Weinverkäufer: Wissen Sie, meine Herren, ich war nicht mit draußen. Das ist eine Angelegenheit, die mich nicht interessiert hat.

Zweiter Soldat: Wißt ihr, ich hab schon 'ne Menge von denen gesehen – hier und auch anderswo. Ich sage euch, wenn ihr mir einen zeigt, der nicht vom Kreuz 'runter will, wenn's ernst wird – ich meine, wenn's wirklich ernst wird – dann will ich zu ihm raufklettern.

Erster Soldat: Ich muß sagen – der hat sich heute da recht ordentlich benommen.

Dritter Soldat: Der war tadellos.

Zweiter Soldat: Ihr Jungen wißt nicht, wovon ich rede. Ich sag nicht, ob er sich gut benommen hat oder nicht. Was ich sagen will, ist, wenn's ernst wird. Wenn sie mit dem Annageln anfangen, daß es dann wohl keinen gibt, der nicht halt sagen würde, wenn er könnte.

Erster Soldat: Hast du's nicht verfolgt, George?

Weinverkäufer: Nein. Hab mich gar nicht für interessiert, Herr Leitnant.

Erster Soldat: Ich war überrascht, wie der sich benommen hat!

Dritter Soldat: Was ich nicht mag, ist, wenn sie sie annageln. Wißt ihr, das muß einem furchtbar an die Nieren gehen.

Zweiter Soldat: Das ist nicht so schlimm, als wenn sie sie hochhissen. *(Er macht, beide Handflächen aneinandergepreßt, eine Hebebewegung.)* Wenn ihr Gewicht an ihnen zieht, das ist der Moment, wo 's sie packt.

Dritter Soldat: Manche packt's verdammt schlimm.

Erster Soldat: Hab ich sie denn nicht gesehen? Ich habe 'ne Masse gesehen. Ich sag euch, der hat sich heute da recht ordentlich benommen.

(Der zweite römische Soldat lächelt den hebräischen Weinverkäufer an).

Zweiter Soldat: Du bist 'n regelrechter Christe, alter Freund.

Erster Soldat: Na klar, mach nur weiter und veräppel ihn. Aber paß auf, was ich dir jetzt sage. Der hat sich heute da recht ordentlich benommen.

Zweiter Soldat: Wie wär 's mit noch 'm bißchen Wein?

(Der Weinverkäufer sieht erwartungsvoll auf. Der dritte römische Soldat sitzt mit gesenktem Kopf da. Er sieht elend aus.)

Dritter Soldat: Ich will nicht mehr.

Zweiter Soldat: Bloß für zwei, George.

(Der Weinverkäufer stellt einen Krug, eine Größe kleiner als vorher, hin. Er lehnt sich über den hölzernen Schanktisch.)

Erster Soldat: Hast du sein Mädchen gesehen?

Zweiter Soldat: Hab ich nicht direkt neben ihr gestanden?

Erster Soldat: 'ne richtige Schönheit.

Zweiter Soldat: Ich kannte sie vor ihm. *(Er zwinkert dem Weinverkäufer zu.)*

Erster Soldat: Ich hab sie häufig in der Stadt gesehen.

Zweiter Soldat: Der ging's früher glänzend. Aber er hat ihr kein Glück gebracht.

Erster Soldat: Ach, der hat kein Glück. Aber ich muß sagen, er hat sich heute da recht ordentlich benommen!

Zweiter Soldat: Was ist denn aus seiner Blase geworden?

Erster Soldat: Na, die haben sich verdrückt. Nur die Frauen sind bei ihm geblieben.

Zweiter Soldat: Das waren feine Drückeberger! Als sie ihn hochgehn sahen, hatten sie genug.

Erster Soldat: Die Frauen sind bei ihm geblieben.

Zweiter Soldat: Sicher, die sind geblieben.

Erster Soldat: Hast du gesehen, wie ich ihm den ollen Speer reingestoßen habe?

Zweiter Soldat: Wirst schon noch mal Unannehmlichkeiten bekommen, wenn du so was machst.

Erster Soldat: Das war doch das wenigste, was ich für ihn tun konnte. Ich sage euch, der war schon recht ordentlich heute.

Der Hebräische Weinverkäufer: Die Herren wissen, daß ich schließen muß.

Erster Soldat: Wir trinken noch eine Runde.

Zweiter Soldat: Wozu denn? Das Zeugs taugt ja doch nichts. Komm, wir wollen fortmachen.

Erster Soldat: Na, nur noch eine Runde.

Dritter Soldat: *(Steht vom Faß auf.)* Nein, kommt man. Wir wollen gehen. Ich fühl mich heute abend verdammt schlecht.

Erster Soldat: Nur noch eine!

Zweiter Soldat: Nein, los. Wir gehn jetzt. Gute Nacht, George. Schreib's an.

Weinverkäufer: Gut Nacht, die Herren. *(Er sieht ein wenig bedrückt aus.)* Sie könnten mir wohl nicht 'ne kleine Anzahlung geben, Herr Leitnant?

Zweiter Soldat: Zum Teufel noch mal, George. Mittwoch ist Zahltag.

Weinverkäufer: Schon recht, Herr Leitnant. Gut Nacht, die Herren.

(Die drei römischen Soldaten gehen zur Tür raus auf die Straße.)

(Auf der Straße.)

Zweiter Soldat: George is 'n Schwein, genau wie die ganze übrige Bande.

Erster Soldat: Ach, George ist 'n netter Kerl.

Zweiter Soldat: Bei dir ist heute abend jeder ein netter Kerl.

Dritter Soldat: Los, wir wollen in die Baracke machen. Ich fühl mich heut verdammt schlecht.

Zweiter Soldat: Du bist schon zu lange hier draußen.

Dritter Soldat: Nein, das ist es nicht allein. Ich fühl mich verdammt schlecht.

Zweiter Soldat: Du bist schon zu lange hier draußen. Das ist alles.

→ *Lukas 23,33-48*

Ernest Hemingway

36. Saisonbeginn

Die Arbeiter kamen mit ihrem Schild und einem hölzernen Pfosten, auf den es genagelt werden sollte, zu dem Eingang der Ortschaft, die hoch in den Bergen an der letzten Paßkehre lag. Es war ein heißer Spätfrühlingstag, die Schneegrenze hatte sich schon hinauf zu den Gletscherwänden gezogen. Überall standen die Wiesen wieder in Saft und Kraft; die Wucherblume verschwendete sich, der Löwenzahn strotzte und blähte sein Haupt über den milchigen Stengeln; Trollblumen, welche wie eingefettet mit gelber Sahne waren, platzten vor Glück, und in strahlenden Tümpeln kleinblütiger Enziane spiegelte sich ein Himmel von unwahrscheinlichem Blau. Auch die Häuser und Gasthöfe waren wie neu: ihre Fensterläden frisch gestrichen, die Schindeldächer gut ausgebessert, die Scherenzäune ergänzt. Ein Atemzug noch: dann würden die Fremden, die Sommergäste kommen – die Lehrerinnen, die mutigen Sachsen, die Kinderreichen, die Alpinisten, aber vor allem die Autobesitzer in ihren großen Wagen... Ford und Mercedes, Fiat und Opel, blitzend von Chrom und Glas. Das Geld würde anrollen. Alles war darauf vorbereitet. Ein Schild kam zum andern, die Haarnadelkurve zu dem Totenkopf, Kilometerschilder und Schilder für Fußgänger: Zwei Minuten zum Café Alpenrose.
An der Stelle, wo die Männer den Pfosten in die Erde einrammen wollten, stand ein Holzkreuz, über dem Kopf des Christus war auch ein Schild angebracht. Seine Inschrift war bis heute die gleiche, wie sie Pilatus entworfen hatte: J. N. R. J. – die Enttäuschung darüber, daß es im Grund hätte heißen sollen: er behauptet nur, dieser König zu sein, hatte im Lauf der Jahrhunderte an Heftigkeit eingebüßt. Die beiden Männer, welche den Pfosten, das Schild und die große Schaufel, um den Pfosten in die Erde zu graben, auf ihren Schultern trugen, setzten alles unter dem Wegekreuz ab; der dritte stellte den Werkzeugkasten, Hammer, Zange und Nägel daneben und spuckte ermunternd aus.
Nun beratschlagten die drei Männer, an welcher Stelle die Inschrift des Schildes am besten zur Geltung käme; sie sollte für alle, welche das Dorf auf dem breiten Paßweg betraten, besser: befuhren, als Blickfang dienen und nicht zu verfehlen sein. Man kam also überein, das Schild kurz vor dem Wegekreuz anzubringen, gewissermaßen als Gruß, den die Ortschaft jedem Fremden entgegenschickte. Leider stellte sich aber heraus, daß der Pfosten dann in den Pflasterbelag einer Tankstelle hätte gesetzt werden müssen – eine Sache, die sich von selbst verbot, da die Wagen, besonders die größeren, dann am Wenden behindert waren. Die Männer schleppten also den Pfosten noch ein Stück weiter hinaus bis zur Gemeindewiese und wollten schon mit der Arbeit beginnen, als ihnen auffiel, daß diese Stelle bereits zu weit von dem Ortsschild entfernt war, das den Namen angab und die Gemeinde, zu welcher der Flecken gehörte. Wenn also das Dorf

den Vorzug des Schildes und seiner Inschrift für sich beanspruchen wollte, mußte das Schild wieder näherrücken – am besten gerade dem Kreuz gegenüber, so daß Wagen und Fußgänger zwischen beiden hätten passieren müssen.
Dieser Vorschlag, von dem Mann mit den Nägeln und dem Hammer gemacht, fand Beifall. Die beiden anderen luden von neuem den Pfosten auf ihre Schultern und schleppten ihn vor das Kreuz. Nun sollte also das Schild mit der Inschrift zu dem Wegekreuz senkrecht stehen; doch zeigte es sich, daß die uralte Buche, welche gerade hier ihre Äste mit riesiger Spanne nach beiden Seiten wie eine Mantelmadonna ihren Umhang entfaltete, die Inschrift im Sommer verdeckt und ihr Schattenspiel deren Bedeutung verwischt, aber mindestens abgeschwächt hätte.
Es blieb daher nur noch die andere Seite neben dem Herrenkreuz, und da die erste, die in das Pflaster der Tankstelle überging, gewissermaßen den Platz des Schächers zur Linken bezeichnet hätte, wurde jetzt der Platz zur Rechten gewählt und endgültig beibehalten. Zwei Männer hoben die Erde aus, der dritte nagelte rasch das Schild mit wuchtigen Schlägen auf; dann stellten sie den Pfosten gemeinsam in die Grube und rammten ihn rings von allen Seiten mit größeren Feldsteinen an.
Ihre Tätigkeit blieb nicht ungeachtet. Schulkinder machten sich gegenseitig die Ehre streitig, dabei zu helfen, den Hammer, die Nägel hinzureichen und passende Steine zu suchen; auch einige Frauen blieben stehen, um die Inschrift genau zu studieren. Zwei Nonnen, welche die Blumenvase zu Füßen des Kreuzes aufs neue füllten, blickten einander unsicher an, bevor sie weitergingen. Bei den Männern, die von der Holzarbeit oder vom Acker kamen, war die Wirkung verschieden: einige lachten, andere schüttelten nur den Kopf, ohne etwas zu sagen; die Mehrzahl blieb davon unberührt und gab weder Beifall noch Ablehnung kund, sondern war gleichgültig, wie sich die Sache auch immer entwickeln würde. Im ganzen genommen konnten die Männer mit der Wirkung zufrieden sein. Der Pfosten, kerzengerade, trug das Schild mit der weithin sichtbaren Inschrift, die Nachmittagssonne glitt wie ein Finger über die zollgroßen Buchstaben hin und fuhr jeden einzelnen langsam nach wie den Richtspruch auf einer Tafel. . .
Auch der sterbende Christus, dessen blasses, blutüberronnenes Haupt im Tod nach der rechten Seite geneigt war, schien sich mit letzter Kraft zu bemühen, die Inschrift aufzunehmen: man merkte, sie ging ihn gleichfalls an, welcher bisher von den Leuten als einer der ihren betrachtet und wohl gelitten war. Unerbittlich und dauerhaft wie sein Leiden würde sie ihm nun für lange Zeit schwarz auf weiß gegenüberstehen.
Als die Männer den Kreuzigungsort verließen und ihr Handwerkszeug wieder zusammenpackten, blickten alle drei noch einmal befriedigt zu dem Schild mit der Inschrift auf. Sie lautete: „In diesem Kurort sind Juden unerwünscht.“

→ *Johannes 19,16-22* *Elisabeth Langgässer*

37. Jesus macht nicht mehr mit

Er lag unbequem in dem flachen Grab. Es war wie immer reichlich kurz geworden, so daß er die Knie krumm machen mußte. Er fühlte die eisige Kälte im Rücken. Er fühlte sie wie einen kleinen Tod. Er fand, daß der Himmel sehr weit weg war. So grauenhaft weit weg, daß man gar nicht mehr sagen mochte, er ist gut oder er ist schön. Sein Abstand von der Erde war grauenhaft. All das Blau, das er aufwandte, machte dem Abstand nicht geringer. Und die Erde war so unirdisch kalt und störrisch in ihrer eisigen Erstarrung, daß man sehr unbequem in dem viel zu flachen Grab lag. Sollte man das ganze Leben so unbequem liegen? Ach nein, den ganzen Tod hindurch sogar! Das war ja noch viel länger.
Zwei Köpfe erschienen am Himmel über dem Grabrand. Na, paßt es, Jesus? fragte der eine Kopf, wobei er einen weißen Nebelballen wie einen Wattebausch aus dem Mund fahren ließ. Jesus stieß aus seinen beiden Nasenlöchern zwei dünne ebenso weiße Nebelsäulen und antwortete: Jawoll. Paßt.
Die Köpfe am Himmel verschwanden. Wie Kleckse waren sie plötzlich weggewischt. Spurlos. Nur der Himmel war noch da mit seinem grauenhaften Abstand.
Jesus setzte sich auf, und sein Oberkörper ragte etwas aus dem Grab heraus. Von weitem sah es aus, als sei er bis an den Bauch eingegraben. Dann stützte er seinen linken Arm auf die Grabkante und stand auf. Er stand in dem Grab und sah traurig auf seine linke Hand. Beim Aufstehen war der frischgestopfte Handschuh am Mittelfinger wieder aufgerissen. Die rotgefrorene Fingerspitze kam daraus hervor. Jesus sah auf seinen Handschuh und wurde sehr traurig. Er stand in dem vielzuflachen Grab, hauchte einen warmen Nebel gegen seinen entblößten frierenden Finger und sagte leise: Ich mach nicht mehr mit. Was ist los, glotzte der eine von den beiden, die in das Grab sahen, ihn an. Ich mach nicht mehr mit, sagte Jesus noch einmal ebenso leise und steckte den kalten nackten Mittelfinger in den Mund.
Haben Sie gehört, Unteroffizier, Jesus macht nicht mehr mit.
Der andere, der Unteroffizier, zählte die Sprengkörper in eine Munitionskiste und knurrte: Wieso? Er blies den nassen Nebel aus seinem Mund auf Jesus zu: Hä, wieso? Nein, sagte Jesus noch immer ebenso leise, ich kann das nicht mehr. Er stand in dem Grab und hatte die Augen zu. Die Sonne machte den Schnee so unerträglich weiß. Er hatte die Augen zu und sagte: Jeden Tag die Gräber aussprengen. Jeden Tag sieben oder acht Gräber. Gestern sogar elf. Und jeden Tag die Leute da reingeklemmt in die Gräber, die ihnen immer nicht passen. Weil die Gräber zu klein sind. Und die Leute sind manchmal so steif und krumm gefroren. Das knirscht dann so, wenn sie in die engen Gräber geklemmt werden. Und die Erde ist so hart und eisig und unbequem. Das sollen sie den ganzen

Tod lang aushalten. Und ich, ich kann das Knirschen nicht mehr hören. Das ist ja, als wenn Glas zermahlen wird. Wie Glas.
Halt das Maul, Jesus. Los, raus aus dem Loch. Wir müssen noch fünf Gräber machen. Wütend flatterte der Nebel vom Mund des Unteroffiziers weg auf Jesus zu. Nein, sagte der und stieß zwei feine Nebelstriche aus der Nase, nein. Er sprach sehr leise und hatte die Augen zu: Die Gräber sind doch auch viel zu flach. Im Frühling kommen nachher überall die Knochen aus der Erde. Wenn es taut. Überall die Knochen. Nein, ich will das nicht mehr. Nein, nein. Und immer ich. Immer soll ich mich in das Grab legen, ob es paßt. Immer ich. Allmählich träume ich davon. Das ist mir gräßlich, wißt ihr, daß ich das immer bin, der die Gräber ausprobieren soll. Immer ich. Nachher träumt man noch davon. Mir ist das gräßlich, daß ich immer in die Gräber steigen soll. Immer ich.
Jesus sah noch einmal auf seinen zerrissenen Handschuh. Er kletterte aus dem flachen Grab heraus und ging vier Schritte auf einen dunklen Haufen los. Der Haufen bestand aus toten Menschen. Die waren so verrenkt, als wären sie in einem wüsten Tanz überrascht worden. Jesus legte seine Spitzhacke leise und vorsichtig neben den Haufen von toten Menschen. Er hätte die Spitzhacke auch hinwerfen können, der Spitzhacke hätte das nicht geschadet. Aber er legte sie leise und vorsichtig hin, als wollte er keinen stören oder aufwecken. Um Gottes willen keinen wecken. Nicht nur aus Rücksicht, aus Angst auch. Aus Angst. Um Gottes willen keinen wecken. Dann ging er, ohne auf die beiden anderen zu achten, an ihnen vorbei durch den knirschenden Schnee auf das Dorf zu.
Widerlich, der Schnee knirscht genau so, ganz genau so. Er hob die Füße und stelzte wie ein Vogel durch den Schnee, nur um das Knirschen zu vermeiden. Hinter ihm schrie der Unteroffizier: Jesus! Sie kehren sofort um! Ich gebe Ihnen den Befehl! Sie haben sofort weiterzuarbeiten! Der Unteroffizier schrie, aber Jesus sah sich nicht um. Er stelzte wie ein Vogel durch den Schnee, wie ein Vogel, nur um das Knirschen zu vermeiden. Der Unteroffizier schrie – aber Jesus sah sich nicht um. Nur seine Hände machten eine Bewegung, als sagte er: Leise, leise! Um Gottes willen keinen wecken! Ich will das nicht mehr. Nein. Nein. Immer ich. Immer ich. Er wurde immer kleiner, kleiner, bis er hinter einer Schneewehe verschwand. Ich muß ihn melden. Der Unteroffizier machte einen feuchten wattigen Nebelballen in die eisige Luft. Melden muß ich ihn, das ist klar. Das ist Dienstverweigerung. Wir wissen ja, daß er einen weg hat, aber melden muß ich ihn.
Und was machen sie dann mit ihm? grinste der andere.
Nichts weiter. Gar nichts weiter. Der Unteroffizier schrieb sich einen Namen in sein Notizbuch. Nichts. Der Alte läßt ihn vorführen. Der Alte hat immer seinen Spaß an Jesus. Dann brüllt er ihn zusammen, daß er zwei Tage nichts ißt und redet, und läßt ihn laufen. Dann ist er wieder ganz normal für eine Zeitlang. Aber melden muß ich ihn erstmal. Schon weil der Alte seinen Spaß dran hat. Und die Gräber müssen doch gemacht werden. Einer muß doch rein, ob es paßt.

Das hilft doch nichts.
Warum heißt er eigentlich Jesus, grinste der andere.
Oh, das hat weiter keinen Grund. Der Alte nennt ihn immer so, weil er so sanft aussieht. Der Alte findet, er sieht so sanft aus. Seitdem heißt er Jesus. Ja, sagte der Unteroffizier und machte eine neue Sprengladung fertig für das nächste Grab, melden muß ich ihn, das muß ich, denn die Gräber müssen ja sein.

Wolfgang Borchert

QELLENNACHWEIS

1 Aus: Du bist mir nah. Liebesgeschichten dieser Zeit, ausgewählt von Gerhard Wolter, Agentur des Rauhen Hauses, Hamburg 1971, 5-17.
2 Aus: *Marie Luise Kaschnitz,* Erzählungen, Scherpe Verlag, Krefeld 1952.
3 Aus: *Robert Wolfgang Schnell,* Das verwandelte Testament, Hammer Verlag, Wuppertal 1973.
4 Aus: *Wolfgang Hildesheimer,* Tynset, Suhrkamp Verlag, Frankfurt/M. 1965.
5 Aus: *Alejo Carpentier,* Krieg der Zeit. Sieben Erzählungen und ein Roman, Suhrkamp Verlag, Frankfurt/M. 1977.
6 Aus: *Westermanns Monatshefte,* Februar 1972.
7 Aus: *Eva Zeller,* Der Turmbau. Erzählungen, Deutsche Verlags-Anstalt, Stuttgart 1973.
8 Aus: *W. Benjamin,* Angelus Novus, Suhrkamp Verlag, Frankfurt 1966, 258.
9 Aus: *Thomas Mann,* Joseph und seine Brüder. Erster Band: Die Geschichten Jaakobs, Der junge Joseph, Fischer Verlag, Frankfurt/M.
10 Aus: *Leszek Kolakowski,* Der Himmelsschlüssel. Erbauliche Geschichten, Piper Verlag, München 1965.
11 Aus: Akzente 12 (1965) 2, 170, Hanser Verlag, München.
12 Aus: *Thomas Mann,* Das Gesetz, aus: ders., Gesammelte Werke Bd. VIII, Fischer Verlag, Frankfurt 1960 (gekürzt; mit Zwischenüberschriften versehen).
13 Aus: *Ephraim Kishon,* Wie unfair, David! und andere israelische Satiren, Ullstein Verlag, Frankfurt 1978; Albert Langen – Georg Müller Verlags GmbH, München/Wien.
14 Aus: *Stefan Heym,* Der König David Bericht. Roman, Kindler Verlag, München 1972.
15 Aus: *Adolf Holl,* Wo Gott wohnt, Deutsche Verlags-Anstalt, Stuttgart 1976.
16 Aus: *Joseph Roth,* Hiob, Roman eines einfachen Mannes, Herder Verlag, Freiburg 1958; Albert de Lange, Amsterdam 1956/Kiepenheuer und Witsch, Köln.
17 Aus: Akzente 18 (1971) 1, 69 f, Hanser Verlag, München.
18 Aus: *Uwe Johnson,* Karsch und andere Prosa, Suhrkamp Verlag, Frankfurt/M. 1964.
19 Aus: *Stefan Andres,* Der Mann im Fisch, Piper Verlag, München 1963 (aus Gründen der Verständlichkeit ist statt Dr. Calame durchgehend Dr. Jonas eingesetzt, da der Abschnitt, der die Namensänderung dem Leser erklärt, im Textauszug fehlt).
20 Aus: *Peter Handke,* Prosa, Gedichte, Theaterstücke, Hörspiele, Aufsätze, Suhrkamp Verlag, Frankfurt 1969.
21 Aus: *Wolfdietrich Schnurre,* Klopfzeichen, Gütersloher Verlagshaus Gerd Mohn, Gütersloh 1978.
22 Aus: *Wolfgang Borchert,* Das Gesamtwerk, Rowohlt Verlag, Reinbek bei Hamburg 1949.
23 Aus: *Paul Roth,* Sie sind alle noch am Leben, Echter Verlag, Würzburg 1965.
24 Wie 10.
25 Aus: *Franz Kafka,* Beschreibung eines Kampfes, Fischer Verlag, Frankfurt; bzw. *ders.,* Die Erzählungen, hrsg. von Klaus Wagenbach, Fischer Verlag, Frankfurt 1961.
26 Aus: *André Gide,* Die Heimkehr des verlorenen Sohnes, in: Sämtliche Erzählungen, Deutsche Verlags-Anstalt, Stuttgart 1965.
27 Aus: Der barmherzige Samariter, hrsg. von *Walter Jens,* Kreuz Verlag, Stuttgart 1973.
28 Aus: Almanach 5 für Literatur und Theologie, Redaktion G. Debus und A. Juhre, Hammer Verlag, Wuppertal 1971.
29 Aus: *Horst Bingel* (Hrsg.), Deutsche Prosa. Erzählungen seit 1945, Deutsche Verlags-Anstalt, Stuttgart 1963.
30 Aus: *Günter Grass,* Die Blechtrommel. Roman, Luchterhand Verlag, Darmstadt 1960.
31 Aus: *Fjodor M. Dostojewskij,* Der Großinquisitor, Sigbert Mohn Gütersloh o.J. (nach: Die Brüder Karamasow, gekürzt).

32 Aus: *Friedrich Dürrenmatt,* Die Stadt, Verlag Die Arche, Zürich 1952.
33 Aus: Das Zeichen 79/4 (1972), dort ohne Quellenangabe.
34 Aus: *Walter Jens,* Der Fall Judas, Kreuz Verlag, Stuttgart 1975.
35 Aus: *Ernest Hemingway,* 49 stories, Rowohlt Verlag, Reinbek bei Hamburg 1951.
36 Aus: *Elisabeth Langgässer,* Gesammelte Werke, Econ/Claasen Verlag, Düsseldorf/Hamburg o.J.
37 Wie 22.